다양성과
사회통합 사이에서

허영식 저

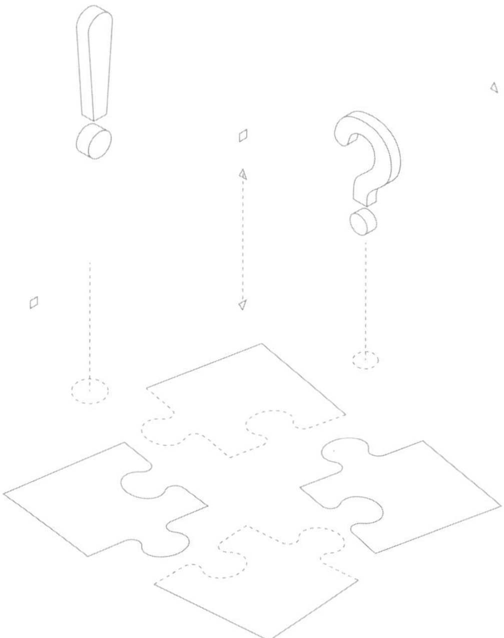

Between Diversity and Social Integration

박영story

PREFACE

머리말

국민국가 내에서 민족적 차이와 다양성이 증가하고, 그에 따라 문화적 인정과 권리를 추구하는 경향이 두드러지게 나타나면서 동화주의에 입각한 정책과 교육은 세계 여러 곳에서 도전을 받고 있다. 이러한 도전에 대처하기 위해서 정책과 교육은 다양성과 사회통합 사이의 긴장관계 속에서 미묘하고 처리하기 어려운 균형과 조화를 모색해야 한다. 하지만 다양성과 사회통합의 균형을 잡는 일은 점점 더 복합적이고 어려운 과제가 되고 있다. 이 과제를 해결하기 위해서는 적절한 정치적·교육적 개념을 개발하는 일이 요청된다. 여기서 요청되는 개념은 한편으로 차이와 다양성을 존중하고, 다른 한편으로 평등과 포용을 증진시키는 방향으로 나아가야 하며, 다문화사회 혹은 다양성사회의 통합은 바로 다양성 혹은 다중성에 놓여 있다는 아이디어를 시민의 의식 안으로 전이시키고, 지방적·지역적·국가적·국제적 수준의 여러 가지 제도와 기구의 일상적인 실천으로 옮겨야 한다.

유럽에서는 최근 포퓰리즘(대중인기영합주의)에 입각한 정당의 부상과 함께 국가와 사회 특히 시민사회의 분열에 관한 우려와 불안이 사회통합의 관점에서 적지 않게 제기되고 있다. 포퓰리스트들은 특히 난민·망명·이주·이슬람과 관련된 주제영역을 집중적으로 거론하면서, 걱정이 많거나 분노한 시민들의 관심사를 대변하겠다고 나서고 있다. 이와 같은 맥락에서 그들은 기존의 정당과 대중매체, 그리고 민주정치체제와 유럽연합에 대한 불신을 노골적으로 표출하고 있다. 정치계급에 대한 적대감을 표방하면서 국민을 동원하려고 시도하고 있다. 하지만 이러한 움직임은 모두 사회통합과 더불어 민주정치체제 그 자체의 존속을 위해 그렇게 바람직하지 못하다는 진단이 여러 곳에서 나오고 있다.

우리는 세계 곳곳에서 민족적·종교적 불화, 인종차별주의, 외국인 공포증, 반유대주의, 이슬람공포증의 문제에 봉착하고 있으며, 완미(頑迷)하고 편협한 신앙, 불관용, 차별의 형태를 관찰하고 있다. 이와 같은 민족적·종교적 갈등의 증가는 용광로(melting pot) 혹은 샐러드용 사발(salad bowl)로 상징되는 기존의 동화주의나 다문화주의의 성공적인 이행을 의문시하게 만들고 있다. 그리고 이와 관련된 여러 가지 사건과 소요는 다문화주의의 함정과 실패에 관한 정서적·논쟁적 토론을 초래하고 있으며, 일부에서는 심지어 다문화주의의 종언을 선언하고 있는 실정이다. 그렇지만 다문화주의에 대하여 각자 어떤 입장을 취하더라도 부인할 수 없는 사항은 현대의 다문화·다양성사회에서는 아무도 무수히 많은 세계관, 전통, 종교적 신념, 그리고 인간실존에 관한 생각들을 서로 조화시켜야 한다는 과제를 회피할 수 없다는 점이다. 이와 같은 다양성은 한편으로는 상호이해와 풍부함을 증가시킬 수도 있지만, 다른 한편으로는 고립주의적 경향을 고착화하고 정치적·종교적 근본주의를 조장할 수도 있다. 다양성의 증가는 정치적·사회적·문화적 생활의 여러 가지 다른 수준에서 기관 및 시민에게 적절한 대응을 요청하고 있으며, 이 맥락에서 간문화교육과 다양성관리가 중요한 의제로 부각되고 있다.

이와 같은 배경과 문제의식에서 출발할 때, 정책과 교육이 안고 있는 과제는 다양성사회의 통합을 위해 기여할 수 있는 방안을 모색하는 데 놓여 있다. 이때 교육은 한편으로는 특정한 집단, 예를 들면 걱정이 많거나 분노한 시민 혹은 난민이나 무슬림을 위한 특별프로그램을 마련하여 자유민주적 기본질서를 핵심적인 요소로 포함하고 있는 정치체제를 그들에게 보다 더 친숙하게 만들어야 한다. 하지만 다른 한편으로는 표적집단에 특정한 교육프로그램에 국한시킬 것이 아니라, 이주와 다양성의 맥락을 위해 더 포괄적인 혹은 포용적인 프로그램이 요청된다. 즉, 참여자들이 가능하면 논쟁적으로 그리고 공동으로 정치와 사회에 관하여 소통적 이해를 할 수 있는 기회와 조건을 마련해줄 필요가 있다.

교육환경은 교육에 대한 접근, 교육의 과정(過程) 및 내용의 쟁점과 관련하여 포용과 평등을 보여주고 그것에 관하여 성찰할 수 있어야 한다. 그러므로 다양성시대에 있어서 교육의 목표와 과제는 평등과 다양성 사이의 연결을 탐구하고, 지방·국가·지역·국제사회의 수준에서 차이와 다양성을 받아들이고 존중할 수 있는 여건을 마련하고, 국민을 다양하고 포용적인 공동체로 간주하는 데 놓여 있다. 규범적 가정에 입각한 이러한 교육의 목표와 과제는 세계시민교육과 간문화교육의 잠재적인 교차점 혹은 공통부분을 시사하고 있다. 물론 이론과 실천 측면에서 이 공통부분에 대한 체계적인 탐구는 아직 많이 이루어졌다고 볼 수 없다. 그렇지만 학습자들로 하여금 간문화역량을 갖추기 위한 간문화교육 혹은 다양성역량을 기르기 위한 다양성교육을 실행에 옮기는 데 있어서 적어도 몇 가지 도전을 확인할 수 있다. 오늘날 간문화교육과 다양성교육이 안고 있는 문제는 모든 학습자들이 문화적 다양성을 받아들이도록 가르치는 일이다. 간문화교육과 다양성교육은 이중적인 과제를 떠맡고 있다. 그 하나는 문화적 소수집단을 포함시키는 일이고, 다른 하나는 문화적 다수집단이 소수집단을 받아들이도록 설득하는 일이다. 그렇게 함으로써 문화 사이에 성공적인 의사소통이 이루어지도록 장려할 수 있다. 이러한 이유 때문에 간문화교육 혹은 다양성교육은 문화들 사이의 대화를 가르치고, 사회에서 서로 다른 집단의 내러티브(이야기)와 기억에 관하여 가르치려고 노력하며, 이러한 방식을 통하여 초문화적인 관점을 신장시키려고 한다. 즉, 문화들 사이의 상호침투를 위한 조건을 마련하고, 특정한 문화적 정체성을 부인하지 않으면서 각 문화를 더욱 풍부하게 하려고 시도한다.

이 연장선상에서 바라볼 때, 다문화적인 교육환경에서 불가피한 구성요소를 이루는 여러 가지 서로 다른 관점의 이질성을 받아들이고 존중하는 것이 중요하다. 예를 들면, 학교에서 서로 다른 문화와 언어를 반영한다든지, 학교의 활동과 행사에서 지역사회의 다원성을 대표하는 소수집단의 학부모, 지역사회의 지도자, 그리고 다른 행위자들을 참여시킨다든지, 아니면 다양한 이해관계, 능력, 문화적 배경을 적절하게 고려하는 다양한 학습기회를 제공한다든지 하면서 그러한 일에 기여할 수 있다. 다양성을 일반적인 수준에서 바라볼 때 그것을 민족문화와 지역문화에 대한 위협적인 요인으로 간주하기보다는 오히려 비평적인 (자기)성찰을 위한 기회, 다중관점에서 학습할 수 있는 장(場), 그리고 서로를 풍부하게 할 수 있는 출처로 간주하고 내세워야 한다. 그러므로 교육은 다원주의, 차별의 금지와 철폐, 사회정의의 원칙을 증진시켜야 한다.

요컨대, 다양성이 없는 사회통합은 결과적으로 문화적 억압과 패권(霸權)을 낳는다. 거꾸로 사회통합이 없는 다양성은 소국분할의 현상과 국민국가의 분열을 가져온다. 따라서 다양성과 사회통합은 미묘하고 처리하기 어려운 균형을 이루면서 공존해야 한다. 여기서 교육적 도전은 구별과 차이가 어떻게 공유된 이해와 공동의 투쟁을 개발하는 데 사용될 수 있는가를 결정하는 일이다. 공유된 이해가 부재한 상태에서는 '작은 차이의 자기도취증세'(Freud)가 움직이기 시작할 것이며, 집단간의 격차와 구분을 심화시킬 것이다. 이 맥락에서 간문화교육 혹은 다양성교육은 다양성과 사회통합의 미묘하고 처리하기 어려운 균형과 조화를 수립하는 데 기여할 수 있을 것이다. 물론 교육의 사실적인 정치적·사회적 영향력을 과대평가해서는 안 되지만, 다양성·평등·포용을 동시에 아우르는 방향으로 나아갈 때, 교육은 다양성과 사회통합 사이에서 적절한 균형을 잡는 데 있어서 중요한 기여를 할 수 있을 것으로 기대된다. 그러한 균형은 결국 사회적 결속과 민주주의를 강화시키는 데 도움을 줄 것이다.

이러한 배경과 문제의식에서 출발하여, 이 책에서는 다양성과 사회통합이라는 키워드를 중심으로 하여, 차이·다양성이 점점 더 증가하는 사회변동과정을 고려하고, 특히 사회통합의 관점에서 바람직하고 적절한 접근방안을 탐색하는 차원에서 관련된 이론적 기초를 살펴보고, 실천적 과제와 방안을 모색하는 데 주된 목적을 두고 있다. 그리고 이러한 목적에 다가가기 위하여 우선 다양성의 역설 관점에서 살펴본 다양성정책과 다양성관리, 다양성사회의 통합을 위한 정치교육의 과제, 다중관점과 포용적 접근을 통한 간문화 내러티브의 탐색에 주의를 기울인다(제1장~제3장). 이어서 지구촌문제와 세계시민교육의 관계를 염두에 두면서, 난민문제와 난민정책에 관한 연구동향과 함의, 세계시민교육의 가능성과 한계에 대해 살펴본다(제4장~제5장). 그 다음 사회통합을 위한 시민교육 혹은 정치교육의 과제를 고려하면서, 보이텔스바흐 합의에 관한 담론과 함의, 독일통일 이후 사회구조의 변화와 시민교육을 위한 함의에 대해 논의한다(제6장~제7장). 마지막으로 고도기술사회의 통합문제를 염두에 두면서, 인공지능과 사회통합의 관계에 주의를 기울인다. 여기서는 영화 속 인공지능 관련 내러티브에 관한 분석사례를 통해 인간과 기계 사이의 긴장관계가 논의된다

(제8장). 각 장의 내용에 해당하는 요약문은 각 장의 말미에 첨부되어 있다.

이 책의 발간을 맡아주신 박영스토리 대표님과 편집 및 교정을 담당해주신 편집진에게 진심으로 감사의 말씀을 드린다.

2019년 3월

허영식

CONTENTS

차 례

제3장

다중관점과 포용적 접근을 통한 간문화 내러티브의 탐색 / 81

제4장

난민문제와 난민정책에 관한 연구동향과 함의 / 115

제5장

세계시민교육의 가능성과 한계 / 169

제6장

제7장

제8장

01

다양성의 역설 관점에서 살펴본 다양성정책과 다양성관리

제 1 장

다양성의 역설 관점에서 살펴본 다양성정책과 다양성관리[1)]

글로벌 시장의 제도는 우선 그 효과측면에서 바라볼 때 단일화하고 동질화하는 것으로 특징지을 수 있다. 왜냐하면 등가성의 원칙이 호혜성(상호성)의 원칙과 같은 다른 대안적 접근방안에 대하여 지배적인 행위유형이 되고 있기 때문이다. 현대시장경제의 체제는 화폐에게 일반적인 등가물의 기능을 부여하고 있다. 이 일반적인 등가물은 계량화를 통하여 그리고 질적인 상이성을 도외시함으로써 일단 비교가 가능하도록 만들고, 이러한 동등취급의 작동방식을 통하여 비로소 서로 다른 종류의 생산물을 교환할 수 있도록 해준다. 모든 가치의 등가물로서 화폐는 생산물을 균등하게 만드는 도구로 작용한다. 왜냐하면 시간적 상이성과 개인적 상이성에 대하여 무차별적으로 작용하며, 호혜적인 교환에서 전제조건인 직접적·개인적 수준의 내적 결합을 무력화시키기 때문이다. 시장에서 작용하는 행위자의 지배적인 논리로서 등가성이 관철되는 데 있어서는 세계무역기구(WTO)나 국제통화기금(IMF)과

1) 제1장의 내용은 한독사회과학논총』 제27권 제2호(2017.6.)에 게재한 필자의 글을 부분적으로 수정·보완한 것임.

같은 국제기구도 일조를 하고 있다. 이렇게 세계적인 규모에서 작용하는 등가성의 원칙은 대개 특정한 지방·국가·문화에 해당하는 다양성을 별로 고려하지 않거나 거의 고려하지 않는 경향이 있다(Riedmueller and Vinz, 2007: 151).

하지만 다른 한편에서 바라볼 때, 시장에서 활동하는 행위자가 등가성의 원칙에 입각하여 구매·판매의 경제적 거래를 할 때 다양성을 도외시하는 경향이 있다고 해서, 그것이 바로 다양성에서 완전히 벗어난 상태에서 아니면 심지어 완전히 무시한 상태에서 행위를 한다는 것은 아니다. 예를 들면, 멕시코의 국경에 인접해 있으면서 미국의 남부에 위치한 일부 주에서 관찰할 수 있는 사항이지만, 여기서 여러 기업은 구매력이 높고 수가 많은 스페인계 주민에게 마케팅전략을 맞추고 있으며, 스페인어가 비공식적으로 두 번째 언어로 사용되고 있다. 이와 같이 국가나 주정부로부터 어느 정도 자율성을 확보한 상태에서 나름대로 위상을 갖추게 된 현상을 '시장에 기반을 둔 다문화주의(market–driven multiculturalism)'라고 지칭할 수 있다.

이러한 사례에서 확인할 수 있는 바와 같이, 다양성은 시장에서 활동하는 행위자에게 압력을 행사할 수 있게 된다. 그리고 이러한 압력 행사에 의하여 고객이나 직원에 대한 다양성관리가 경쟁력 확보를 위한 요인으로 부상하게 되며, 이런 맥락에서 경제성에 기여하기 위한 다양성관리의 의미와 중요성이 점점 더 커지고 있다. 이런 전개과정에서 추론할 수 있는 사항이지만, 시장에서의 행위자를 위해서 이제 사회적 다양성의 적실성이 그만큼 더 커지고 있다. 이와는 대조적으로 국가는 일차적으로 교육과 사회복지 분야에서 적극적 진흥 조치(AA: affirmative action)를 통하여 다문화시민성을 실현하려고 한다(Riedmueller and Vinz, 2007: 152; 허영식, 2010: 253–255; 허영식, 2015: 79–82; 허영식, 2017: 7–8; 허영식 외, 2014: 285–290).

다양성의 정책을 추진하는 주체로서 시장행위자의 의미와 중요성이 증가하고 있다는 명제를 뒷받침해 주는 사실은 세계화가 진행되는 과정에서 다국적기업의 역할이 강화되고 있다는 점이다. 자본주의에서 핵심적인 요인으로 작용하는 주주의 가치와 관련하여, 다국적기업을 위한 다양성전략의 적실성이 커지는 까닭은 어디에 놓여 있는가? 그것은 다름 아니라 성공가능성·혁신·미래대비능력(지속가능성)의 측면에서 기업의 이미지를 제고하는 데 기여할 수 있는 가능성에 놓여 있다. 또한 금융시장에서 활동하는 다른 참여자들이 장래의 이윤과 구매행동에 대하여 긍정적인 기대를 갖도록 하는 데 놓여 있다. 그러한 기대는 금융시장에서 성공적인 성취를 하는 데 있어서 중요한 요인으로 간주된다. 예를 들면, 여성과 소수민족집단의 구성원이 핵심적인 기능을 떠맡을 경우, 바람직한 국제적인 네트워킹을 구축하고 세계화의 도전에 능동적으로 대처한다는 것을 상징적으로 보여줄 수 있다. 이것은 다시 시장에서 우위를 차지하는 데 도움을 줄 수 있다.

주주의 가치를 넘어서서 다른 이해관계자의 가치와 관련해서 살펴보면, 다양성관리의 필요성과 적실성은 적어도 다음과 같이 세 가지 점에서 도출할 수 있다. 첫째, 기업은 점점 더 많이 인적자원의 가치에 따라 평가를 받고 있다. 둘째, 모든 재능을 충분히 활용하는 것이 긍정적인 효과를 수반할 수 있다. 셋째, 차이(상이성)의 정책은 편견·차별의 감소를 통하여, 그리고 민족적·문화적 다양성에 대한 관용적이고 개방적인 분위기를 조성함으로써, 결국 해당 기업이나 지역사회의 대외적인 매력을 강화시킬 뿐만 아니라, 성장을 위한 잠재력도 역시 제고시킬 수 있다(Riedmueller and Vinz, 2007: 152-153; Krell and Sieben, 2007: 235-238; Doege, 2008: 7-10; Petersen and Dietz, 2006: 106-107; Petersen and Dietz, 2008: 311; 허영식 외, 2014: 325-329).

다문화시민성의 개념은 그동안 지나치게 많이 국가에 지향을 두고 있었다. 즉, 사회적 다양성을 다루고 처리하는 행위주체를 국가에 국한시킨 경향이 매우 강했다. 물론 시민성은 개인과 국가 사이의 관계를 가리키는 것이기 때문에, 일단 국가에 고착되었던 점은 어렵지 않게 이해할 수 있다. 하지만 기능적으로 분화된 사회의 구조에서 다문화적 요구를 받아들일 수 있는 지점이 여러 곳에 있을 수 있다는 사실이 그동안 소홀히 다루어졌다는 진단을 내릴 수 있다. 따라서 도처에 존재하는 다문화사회의 현실을 적절히 파악하기 위해서는 현대사회에 대한 근본적인 이미지를 수정할 필요가 있다. 즉, 국가에 속박되어 있고 전적으로 국가에 의해 조정된다는 관점에서 이제 비교적 자율적인 하위체제의 다중성으로 구성되어 있다는 관점으로 전환할 필요가 있다(Riedmueller and Vinz, 2007: 153).

이와 같은 배경과 전제에서 출발할 때, 다양성정책은 이제 '다양성 거버넌스(협치·협업)'라는 의미에서 한편으로 국가수준에서 사회적 다양성을 다루고 구성하는 형태와 다른 한편으로 비정부수준에서 다양성을 다루고 구성하는 형태의 상호관계를 적절하게 파악해야 한다는 과제를 안고 있다. 이와 더불어 다양성정책과 다양성관리가 내재적으로 안고 있는 변증법적 긴장관계 혹은 역설적인 현상에도 주의를 기울일 필요가 있다. 여기서 다양성의 역설(paradox of diversity)은 다양성이 내재적으로 안고 있는 난점(문제점) 혹은 내재적인 모순(변증법적 긴장관계)을 가리키며, 그러한 현상이 차이·다양성과 관련된 여러 가지 행위영역에서 구체적으로 발생하고 작용할 수 있다는 가정에 기반을 두고 있다.

이러한 배경과 문제제기에서 출발하여, 이 장에서는 다양성정책과 다양성관리에서 관찰할 수 있는 다양성의 역설 혹은 변증법적 긴장관계를 몇 가지 행위영역의 사례를 통해 좀 더 자세하게 살펴보는 데 주된 목적이 있다. 이러한 목적에 도달하기 위하여 우선 노동시장과 국적(시민권)의 정책영역과 관련하여 차이이론의 역설과 국적의 역설에 대해 기술한다. 이어서 다양성교육의 분야에서 작용하는 다양성의 역설에 대해 분석한다. 그 다음 다양성관리와 밀접한 관련이 있는 민족마케팅의 행위영역에서 관찰할 수 있는 다양성의 역설에 관해 논의한다. 마지막 결론 부분에서는 이 장에서 강조하고자 하는 사항을 몇 가지 명제로 정리하여 제시하고자 한다.

1. 노동시장과 국적의 정책영역에서 작용하는 다양성의 역설

(1) 차이이론의 역설: 부족가설과 차이가설

정치학적인 분석에 있어서 정책과 조치를 위한 준거점으로서 다양성은 적어도 다음과 같이 두 가지 측면으로 구분하여 고려할 수 있다 (Riedmueller and Vinz, 2007: 153–154).

① 차이의 이론에 지향을 둘 경우, 다양성은 개인이나 집단 사이의 차이를 강조한다. 예를 들면, 다르다고 규정된 집단의 능력을 평가절상하거나 아니면 성별 혹은 연령에 특정한 잠재력과 사회화된 능력을 강조함으로써 차이의 적실성을 부각시킬 수 있다.

② 자기관리의 관점에서 출발할 경우, 다양성은 개인이나 집단이 자신의 정체성을 설계하고 능동적으로 형성하는 데 있어서 적실성을 갖게 된다.

아래에서는 노동시장과 국적(시민권)의 정책영역에 해당하는 사례를 통해 어떻게 다양성이 정책과 조치의 준거점 혹은 틀로서 작용할 수 있는지 예시하고자 한다.

경제상황이 바뀌고 새로운 위험요인이 발생하면서 사회적인 승리

자와 패배자의 집단이 새로 구성되며, 이에 따라 사회정책연구에서는 사회적 포용을 위한 새로운 방도를 모색해야 하는 과제가 제기된다. 이 맥락에서 서로 다른 사회집단 사이의 분화와 더불어 어느 특정한 집단 내에서의 분화를 더 적절하게 보장할 수 있는 수단이 요청된다. 따라서 사회·문화적 다양성을 고려한다는 것은 노동시장정책을 위해 적실성을 갖고 있다. 노동시장의 통합을 위한 조치를 강구하는 데 있어서 표적집단의 분화를 강화해야 하기 때문에, 노동시장정책은 다양성의 범주에 대하여 점점 더 밀접한 연관성을 갖게 된다. 취업·고용과 관련된 능력과 자질을 갖추고 유지하도록 하기 위한 통합된 프로그램을 개별적인 필요를 고려하면서 특별한 표적집단을 위하여 마련해야 한다. 이 맥락에서 예를 들면 청소년과 청년을 표적집단으로 한 수단의 분화를 관찰할 수 있다. 직업교육을 수료하지 않은 청소년을 위한 양성프로그램, 직업준비조치, 직업교육 졸업장이 없는 청년을 위한 취업기회 마련, 이주배경을 가진 청소년·청년을 위한 언어강좌 등이 그러한 분화의 보기에 해당된다(Riedmueller and Vinz, 2007: 154).

정책의 틀로서 다양성은 노동시장정책에서 소위 '부족가설'에서 '차이가설'로 패러다임의 전환을 보여주고 있는데, 직업교육 분야에 해당하는 보기를 통해 이러한 현상을 예증할 수 있다. 이주배경을 가진 청소년의 사회통합을 개선하기 위한 지원 및 동등대우조치와 관련하여 정책적 변화가 이루어지고 있다. 특히 언어지식 및 간문화적 소통능력과 관련된 간문화적 생활맥락이 점점 더 인적자원으로 간주되고 있다. 즉, 이주자의 직업교육에서 단순히 부족하다는 가설에서 출발하는 것이 아니라 이주자가 이미 갖추고 있는 강점과 역량에서 출발하려는 시도를 관찰할 수 있다. 즉, 노사관계에서 다양성정책에 지향을 두고 공공적인 패러다임의 전환이 이루어진 것이며, 이러한 현상은 다양성의 다른 차원과 관련해서도 역시 관찰할 수 있다.

나이가 많은 사람들의 잠재력으로서 경험이 강조되고 있으며, 여성의 잠재력으로서 섬세한 측면이 강조되고 있다. 이와 유사한 맥락에서 특별한 간문화역량을 갖춘 이주자의 장점이 강조되고 있다. 차별대우를 받는 집단을 부족가설에 입각하여 인지하려는 기존의 경향에 대하여 그들의 긍정적인 측면을 부각시키려는 접근방안은 이주자의 차이점을 강조한다. 하지만, 다른 한편에서 바라볼 때, 차이이론에 입각한 그러한 접근방안은 구조적인 불평등 상태를 제대로 주제화하지 못한다는 비판을 받고 있다. 그래서 다양성을 집단 사이의 차이로서 이해하려는 그러한 접근방안에 대하여 또 다른 대안적 접근방안이 제시되고 있다.

이 새로운 접근방안은 보다 더 일반적인 수준에서 간문화역량을 노동시장에서 필요한 기본적인 자질과 능력으로 간주하고, 모든 근로자와 이들을 고용하는 조직에 이득을 가져오는 요인으로 간주한다. 이 대안적인 접근방안은 직업양성교육과 계속교육에서 간문화역량을 기본적인 목표로 설정하고, 그렇게 함으로써 이주배경을 갖고 있는 사람과 그렇지 않은 사람을 채용할 때 객관화할 수 있는 기준으로 활용하고자 한다. 더 나아가서 근로과정에서 활용된 간문화역량에 대한 보상을 정식화하고, 금전적인 측면을 포함하여 그러한 능력에 대한 인정에 기여하고자 한다(Riedmueller and Vinz, 2007: 152-153; 허영식, 2015: 95-99; 허영식, 2017: 75-81). 다양성의 역설, 특히 차이이론의 역설이라는 측면에서 바라볼 때, 여기서 우리는 일종의 변증법적인 긴장관계를 확인할 수 있다(허영식, 2017: 25). 이를 간단히 도식화하면 다음과 같다.

| 그림 1-1 차이이론의 역설

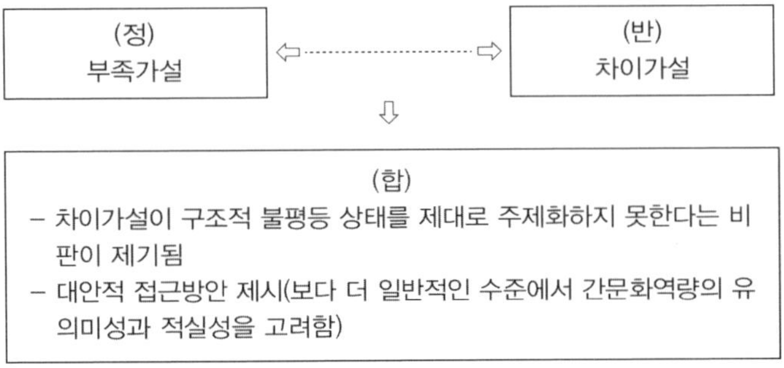

(2) 국적의 역설: 외부적 규율화의 기제와 자기관리

차이와 관련된 행위의 표현으로서 국적부여의 실제는 다양성정책을 위해 적실성을 갖추고 있다. 개인을 어느 국가에 속하는 것으로 배정함으로써 공공기관은 해당 개인의 소속에 대해 결정을 하고, 이와 더불어 내국인과 외국인을 구별하게 된다. 물론 국적을 인정함으로써 어느 개인을 어느 국가에 배정하는 일은 일견 국민국가의 양도할 수 없는 과제이며 국가정책의 고전적인 형태에 속한다. 하지만 하나의 국가에 고착되지 않은 시민성의 가정에 따르면, 소속과 참여의 새로운 역학이 점점 더 복잡해지고 있으며, 국민국가의 수준에서뿐만 아니라 지방수준과 초국가수준에서도 역시 시민성이 결정된다는 점을 보여주고 있다. 이중국적, 유럽연합시민성, 지역시민성 등이 이러한 탈국가적 시민성의 보기에 속한다. 다시 말하면, 국적의 부여에 있어서 국민국가의 역할이 부분적으로 상대화되고 있다.

국적의 주요범주에 해당하는 권리와 정체성이 이렇게 분리되는 현상을 '국적의 역설(paradox of nationality)'이라고 지칭할 수 있다. 즉, 권리는 점점 더 많이 인권·인격권과 관련하여 요구되거나 정당화되고 있는 반면, 정체성은 지방적 수준에 머물거나 특수주의적인 경향을 보여주고 있다. 이와 더불어 정체성의 차원은 국적의 개념에 대해 그만큼 비중이 더 커지고 있으며, 따라서 정책과 조치의 준거점으로 작용하고 있다. 국적과 관련된 이와 같은 정체성의 차원은 한편으로 외부적인 규율화의 기제(메커니즘)와 다른 한편으로 내면적인 자기관리 및 능동적인 정체성 획득의 공동작용을 특징으로 한다. 이러한 접근방안의 관점에서 바라볼 때, 사회적 정체성은 하향식으로 강제하는 것이 아니라, 오히려 담론을 통하여 산출되고 고안되는 것이다. 자기관리의 요청에 따라, 이제 개인은 스스로 그리고 능동적으로 주류사회로 통합하려는 자세를 갖추어야 하며, 내면적으로 해당국가에 소속되어 있다는 것을 보여주어야 한다(Riedmueller and Vinz, 2007: 157–159).

시민성과 관련하여 합리화의 전략과 자기관리의 지침이 점점 더 중요해지고 있다는 점을 보기를 들어 예증하자면, 우선 2005년에 영국 런던에서 발생한 테러사건을 상기할 필요가 있다. 영국에서 성장하고 영국여권을 소지한 젊은이들이 저지른 대규모 테러공격을 경험한 다음, 많은 사람들은 그때까지 실천에 옮겨졌던 함축적인 다문화주의를 의문시하고 그것에 대하여 회의적인 입장을 제기하기 시작하였다. 프랑스 파리에서 2015년 11월 13일(금)에 발생한 연쇄테러사건과 그 파급효과도 역시 이와 비슷한 맥락에서 고려할 수 있다. 한편 2000년부터 독일에서는 독일과 유럽의 주도문화(Leitkultur, leading culture)에 대한 논쟁이 격렬하게 벌어졌으며, 이주자에 대한 귀화시험과 어학시험의 필요성에 대한 논의가 이루어졌다(주도문화의 개념과 그 함의에 대해서는 허영식, 2015: 38–42; 허영식, 2017: 86–87 참조).

이와 유사하게 영국에서는 스스로 영국인이라는 것을 느끼고 자기관리를 통하여 국가에 대하여 이를 입증할 수 있는 사람들만을 귀화시켜야 한다는 요구가 강력하게 제기되었다. 이 맥락에서 합리화전략의 일환으로 포인트 시스템(point system)에 의거하여 점수로 환산하자는 방안이 제기되었다. 이 방안에 따르면, 영어구사능력, 사회봉사활동, 체류기간, 상당한 규모의 금전이 가점을 부여받아 그만큼 대우를 받는 반면, 반사회적 행동이나 부족한 사회통합의지는 감점을 부여받아 제재의 대상이 된다. 이러한 보기에서 확인할 수 있는 사항이지만, 자기 자신과 타자, 친숙한 자와 낯선 자(이방인), 내국인과 외국인을 구별하는 기준선을 어떻게 그을 것인가의 질문과 관련하여, 즉 차이와 다양성을 어떻게 다룰 것인가의 질문과 관련하여, 자기관리의 요청사항이 강조되고 있으며, 사회·문화적으로 안정된 생활을 적절하게 영위하고자 하는 개인 혹은 주체의 모습에 기대를 걸고 있다(Riedmueller and Vinz, 2007: 159; 허영식, 2015: 35-37).

2. 다양성교육의 영역에서 작용하는 다양성의 역설

(1) 다양성의 불가능성과 구조화의 필요성

다양성교육의 개념과 구상은 교육적 실천, 이론형성, 그리고 경험적 연구의 수준에서 전개되고 있다. 이 여러 가지 수준에서 나온 인식과 통찰은 서로 영향을 미치고 있다. 두 가지 사고방식이 그러한 인식과 통찰을 가능하게 만들고 있다. 한편으로 적절한 행위·활동전략을 탐색하는 실천의 관점에서 이론적·경험적 연구결과가 요청되고 있으며, 다른 한편으로 성공적인 해결방안을 도출하는 데 주된 관심을 두고 있는 학문적 연구는 실천의 지혜를 구하고자 한다. 다양성교육은 일련의 이론적인 가정에 기초하고 있다. 그러한 가정은 조사·연구의 결과에 의해 뒷받침되고 있으며, 이 조사·연구의 결과는 다시금 일정한 이론적 대안과 선택에 기반을 두고 있다. 여기서 조사·연구의 결과에는 연구대상인 개인과 집단의 평등성과 상이성, 그 개인과 집단에 대한 교육적 처리방식에 대한 기술적(記述的)인 연구결과, 그리고 교육적 행위·활동을 위한 규범적·당위적인 목표설정이 속한다.

의무교육이 도입되고 교육에 대한 학문적인 담론이 전개되기 시작하면서 상이성·다양성의 현상과 더불어 교육에 대한 그 의미와 중요성이 주제로 다루어지고 있다. 특히 1980년대부터 상이성과 다양성에 대한 취급과 논의가 새로운 국면을 맞은 것으로 보이며, 국제적인 수준에서 다양성교육이 본격적으로 거론되기 시작하였다. 그러나 그 기본적인 아이디어는 이미 1960년대의 교육개혁으로 소급시킬 수 있다. 왜냐하면 다원성에 대한 새로운 강조는 기회균등의 개념을 전제로 하지 않고서는 생각하기 어렵기 때문이다. 교육영역에서의 전개과정은 다른 사회적 분야에서 진행된 전개과정의 일부분으로 간주할 수 있다. 여성, 유색인종, 외국인노동자 혹은 이민자, 동성애자, 남성, 장애자, 정신질환자 등이 전개시킨 여러 가지 운동의 결과, 이들에 해당하는 집단과 그들의 요구도 역시 교육영역에서 주의와 관심을 끌게 되었다. 또한 아동의 권리를 보호·옹호하기 위한 운동도 역시 다양성교육의 등장에 나름대로 기여했다고 간주할 수 있다(Prengel, 2007: 49–50; Krueger, 1997: 158–160; 허영식, 2010: 44, 326–334; 허영식, 2015: 99–101; 허영식, 2017: 145–151).

상기한 배경에서 출발하여 이 부분에서는 다양성교육이 내재적으로 안고 있는 어려운 점 혹은 아직 해결되지 않은 문제를 소개하고자 한다. 특히 다양성의 불가능성과 구조화의 필요성, 그리고 위계질서의 부분적인 인정을 중심으로 하여 다양성교육이 내재적으로 안고 있는 문제점에 대해 논의한다. 다양성교육은 모든 문제를 해결할 수 있는 어떤 이상적인 방안을 아직 갖고 있지 못하다. 다양성교육은 다른 모든 사회적 구상이나 고안과 마찬가지로 나름대로 특정한 문제점과 모순점을 수반하게 된다. 다양성의 역설이라는 의미에서 다양성이 내재적으로 안고 있는 어려운 점 중 여기서는 두 가지 측면, 즉 다양성의 불가능성과 구조화의 필요성, 그리고 위계질서의 부분적인 인정·수용에 관해 기술하고자 한다.

상이성이나 다양성에 해당하는 요소는 얼마든지 확장하여 거론할 수 있다. 그러나 우리가 이해하고 파악할 수 있는 능력의 한계로 인하여 상이성·다양성에 대해 제한을 가할 수밖에 없는 상황이 발생하게 된다. 즉, 관점의 탈중심화(자신의 특정한 관점을 중심으로 삼는 것에서 벗어날 수 있는 능력; 이 개념의 의미와 활용방안에 관해서는 허영식, 2015: 130; 허영식·정창화, 2012: 250-253 참조)가 무한히 가능한 것이 아니다. 다양성에 대한 인식과 진술은 제한되어 있다. 다양성교육은 가능하면 학습자의 상이성을 긍정적으로 받아들이고, 자유를 많이 부여하려고 시도한다. 하지만 학습자의 다양성을 완전히 혹은 충분히 적절하게 고려한다는 것이 그렇게 쉬운 일은 아니다. 그 반대로 잠재적으로 헤아릴 수 없이 많은 이질성의 차원 중 기껏해야 일부분만을 고려할 수 있을 뿐이다. 모든 교육모형은 특정한 시대의 산물이며, 맥락과 조건을 가진 일정한 역사적 상태의 산물이다. 따라서 다양성교육에서는 실제로 이행할 수 없는 것을 주장하는 위험성을 안고 있다. 통약불가능성(incommensurability: 같은 단위 혹은 표준으로 잴 수 없음, 약분할 수 없음)은 이와 같은 다양성의 역설적인 현상을 비유적으로 잘 표현해주고 있다(Prengel, 2007: 60-61; 허영식, 2015: 15-18).

따라서 다양성교육에서는 한계를 투명하게 의식하고, 상이성이나 자유의 여지와 관련하여 학습자에게 결국에는 이행할 수 없는 지나친 약속을 하지 않는 것이 현명하다. 다양성교육에서 선정한 교수학습방안은 학습자의 자유와 더불어 상이성에 대한 인정에 어느 정도 혹은 상당 부분 제한을 가할 수밖에 없다. 여기서 말하는 제한은 나의 자유를 제한하는 타자의 자유를 의미하는 것이 아니라, 오히려 근본적인 수준에서 모든 다양성의 선택에 내재하고 있는 한계의 설정을 뜻한다.

다양성교육은 물론 학습자의 이질성을 장려하고, 학습자에게 가능하면 많은 자유의 여지를 부여하려는 취지를 갖고 있다. 그럼에도 불구하고, 예를 들면, 원탁토의에 참여한 학습자의 언어구사능력, 학습이나 놀이를 위해 교실에 구비된 자료, 일과시간과 관련된 리듬, 교육자의 재량과 가능성 등으로 인하여 제한을 받게 된다.

다양성은 언제나 제한과 구조화의 조건하에서 체험할 수 있는 것이다. 다양성을 지향한 개방이 적절하게 실현되기 위해서는 구조화를 필요로 한다. 학교교육이나 평생교육 수준에서 실시되는 다양성교육은 잠재적으로 무한한 이질성의 차원을 제한된 범위 내에서 적절하게 다룰 수 있는 것이다. 따라서 다양성을 제한하는 교육과정의 구조와 교수학습의 과정적 구조를 의식적으로 명료화해야 한다. 왜냐하면 이러한 구조가 일단 다양성을 가능하도록 만드는 조건이 되기 때문이다. 이와 같은 맥락에서, 다양성교육이 단지 구호로만 사용되고, 실제로 갈등적인 상황이 발생하면 실행되지 못하는 위험성에도 유의해야 한다. 어쨌든 다양성교육은 갈등사례가 발생할 경우에 당사자인 학습자를 배척하거나 부정적으로 낙인찍을 것이 아니라, 가능하면 끌어안고 포용할 수 있도록 해야 하며, 자아존중과 더불어 타자에 대한 존중을 할 수 있는 태도와 자세를 갖추도록 해야 한다(Prengel, 2007: 61–62; 허영식, 2015: 178–182).

(2) 위계질서의 부분적인 인정·수용

다양성을 긍정적인 요인으로 다루고자 하는 접근방안은 대개 상이성의 위계질서에 대한 비판을 하고 동등한 권리와 대우를 요구하는 경향이 강하다. 평등을 향한 바람은 위계질서 속에서 우위에 놓여 있는 자의 가치에 동화시킴으로써 충족되는 것이 아니라, 타자의 다름을 인정하면서 그 타자를 동등하게 대우함으로써 충족될 수 있다.

하지만 다양성을 표방하는 교육기관이나 프로그램을 살펴보면, 위계질서를 완전히 부정하거나 철폐하지 않으며 또한 그렇게 할 수 없다는 것을 분명하게 보여주고 있다. 위계질서에 대한 비판은 어떤 점에서는 위계질서에 대한 인정을 수반한다. 그런데 다양성에 관한 수사(修辭)는 대개 표면 밑에서 작용하는 인정, 즉 위계질서에 대한 인정을 명시적으로 드러내지 않는 경향이 있다. 이와는 대조적으로 조직사회학에서는 본격적으로 조직의 위계적 구조를 주제로 삼고 있으며, 다른 사회과학 분야에서도 역시 모든 사회영역 속에 들어있고 서로 얽혀있는 권력관계를 분석의 대상으로 삼고 있다. 따라서 다양성교육에서도 이러한 맥락에 주의를 기울일 필요가 있다.

다양성교육은 학교의 사회적 선발기능을 무시할 수 없다. 오히려 성취(성과)에 따른 위계질서를 인정한다는 조건하에서 비로소 다양성교육이 가능하다. 다양성관리의 영역에서도 이러한 맥락을 분명하게 인식할 수 있다. 조직에서 인적자원의 다양성을 관리하기 위해서는 우선 조직의 위계구조를 상당 부분 인정해야 한다. 학교교육을 넘어서서 청소년교육이나 성인교육을 담당하는 기관·단체도 역시 사회적 위계질서의 틀 속에서 부분적인 체제를 형성한다. 따라서 학습자의 기회균등을 지향하는 다양성교육도 역시 위계적 구조를 적어도 부분적으로 인정해야 할 것이다. 학습자 자신도 이러한 위계구조를 위해 준비를 해야 하며, 그 속에서 적절하게 살아갈 수 있도록 안내를 받아야 할 것이다. 이를 뒤집어 표현하자면, 만약 위계질서에 대한 인정을 전적으로 거부한다면, 다양성교육은 오히려 기회균등을 포기하는 대가를 치르게 될 것이다(Prengel, 2007: 62–63; 허영식, 2015: 135).

3. 민족마케팅의 영역에서 작용하는 다양성의 역설

(1) 민족마케팅과 다양성관리

마케팅은 서로 다른 고객이 가진 필요나 욕구를 충족시키는 데 있어서 필요나 욕구의 다양성을 고려해야 한다. 이를 위해 활용하는 수단이 시장분할이며, 이 시장분할의 수단을 통하여 가능한 한 동질적인 고객집단을 형성하게 된다. 그리고 고객집단 혹은 표적집단에 지향을 둔 기준은 대개 다양성 접근방안에서 차용되고 있다. 노인마케팅, 아동마케팅, 젠더마케팅 이외에 최근 민족마케팅이 점점 더 강하게 마케팅개념으로 자리를 잡아가고 있다. 이 개념은 민족집단에 목표를 두고 마케팅을 전문화하는 것으로 이해할 수 있다. 민족마케팅은 민족과 관련된 매개변수에 따라 사람들과 집단, 그리고 부분적인 공중(公衆)의 필요나 욕구를 분석·분할·충족시키는 것으로 개념정의를 내릴 수 있다.

이 절에서는 시장분할의 특별한 형태인 민족마케팅의 개념과 특징을 개괄적으로 소개하고, 사회통합의 관점에서 민족마케팅의 함의를 비평적으로 분석하고 해석하는 데 놓여 있다. 이러한 목적에 다가가기 위하여 우선 민족마케팅과 다양성관리의 연관성에 대해 기술한다. 이어서 전통적인 마케팅과 사회적 마케팅의 관점에서 시장분할의 특수형태로서 민족마케팅의 개념을 분석한다. 그 다음에는 전략으로서 활용되는 다양성의 접근방안에 관한 이론적 기초를 배경으로 하여, 민족마케팅에 대한 비판적 고찰을 시도한다. 이때 사회통합정책의 측면에서 민족마케팅이 수반할 수 있는 귀결에 대해 명료화하고 논의하고자 한다(Schuchert-Gueler and Eisend, 2007: 217-218).

다문화사회에서 마케팅 담당자는 서로 다른 문화와 민족정체성을 유지하고자 하는 사람들이나 집단을 고려할 필요가 있다. 문화는 민족·국민의 사회적 유산과 관련된다. 문화는 사회구성원들이 공유하고 있는 특징과 풍속습관으로 구성되며, 특히 가치·언어·신념을 포괄한다. 문화는 사회의 다른 구성원과의 상호작용과 더불어 환경과의 상호작용을 위한 기초가 된다.

국제적인 마케팅전략은 가능하면 여러 문화권의 가치·의식(儀式)·언어·실천과 같은 문화적 특수성을 고려하는 데 목표를 두고 있다. 즉, 각 문화를 훼손하지 않고 가능하면 존중하고자 한다. 예를 들면, 이슬람국가에서 알코올 성분을 포함하고 있는 주류에 대한 광고를 지양하거나 금지하고 있다. 외국인이나 이주배경을 가진 사람들이 시장에서 상당한 비중을 차지하고 있을 때, 출신국가·민족·문화와 같은 특징에 의거하여 국내시장을 분할할 경우도 역시 민족마케팅의 보기에 해당한다.

외국인이나 이주배경을 가진 사람들이 차지하는 비중이 상당하고, 언어·의식·가치 측면에서 여러 가지 서로 다른 문화의 다양성이 존재할 때, 성공적인 시장분할을 위한 전제조건이 갖추어진 것으로 간주할 수 있으며, 또한 기업은 그러한 분할의 변수를 경제적으로 적절하게 이용할 필요가 있다. 다시 말하면, 민족마케팅은 마케팅목표를 일관성 있게 추구하기 위한 논리적인 결과라고 간주할 수 있다.

인구에서 차지하는 서로 다른 국민·민족·문화의 다양성을 관리해야 할 여건이 조성되어 있을 경우, 민족마케팅과 다양성 접근방안 사이에 밀접한 연관성이 있다는 점을 관찰할 수 있으며, 또한 동등한 권리·대우에 대한 논의와 연결되어 있다. 이러한 논의가 법률과 각종 금지사항에 반영되어 있는 경우, 기업은 이 주제를 진지하게 다루지 않으면 안 된다. 이 맥락에서 민족마케팅의 주제는 단순히 판매에 중점을 둔 경제적 관점에서 다룰 문제가 아니며, 사회통합정책의 관점에서 비평적으로 취급해야 할 과제이기도 하다(Schuchert-Gueler and Eisend, 2007: 223-224; 허영식 외, 2014: 284-290).

다양성관리의 목표는 문화적·사회적 다양성을 존중하고 적절하게 잘 활용하는 데 놓여 있다. 차별의 철폐와 감소 또는 잠재적인 약자의 사회적 포용이 이를 위한 전제조건이 된다. 여기서 다양성에 해당하는 특징 혹은 차원으로는 성별, 연령, 인종·민족, 인성·성격, 종교, 문화적 가치, 성적(性的) 지향을 들 수 있다. 예를 들면, 기업에서 인적자원의 다양성을 확보·인정하고, 효율성과 기업실적의 제고를 위해 그 다양성을 이용하는 데 목표를 두고 취하는 인사조치에서 다양성관리를 확인할 수 있다. 이때 물론 기업 내외의 참여자들을 고려하게 되며, 여기에는 직원, 경영진, 고객, 주주, 조달·하청업체 등이 속한다.

다양성관리라는 접근방안의 경제적 적실성은 특히 판로(판매시장), 원료·부품조달시장, 노동시장의 변화와 더불어 기업수준에서 발생하는 인적자원구조의 변화에서 연유한다. 기업은 내부적·외부적 다양성에 대처하지 않으면 안 되는 상황에 처하고 있으며, 따라서 점점 더 많이 다양성관리라는 접근방안을 통해 이러한 다양성을 적절하게 다루려고 시도한다.

마케팅의 관점에서 바라볼 때, 다양성관리와 민족마케팅 두 가지 모두 다양성에 지향을 둔 시장분할의 특별한 형태라고 관찰할 수 있다. 기업은 이러한 접근방안을 이용하여 외부환경의 변화에 적절하게 대응하고자 한다. 여기서 민족마케팅은 주로 판매시장의 측면에서 다양성개념 혹은 다양성관리를 고려한다고 볼 수 있다. 그러나 민족마케팅은 기업의 다른 영역과도 연결되어 있다. 예를 들면, 시장에의 진입·접근을 용이하게 하거나 아니면 다양성에 대한 학습을 하기 위한 목적으로 의식적으로 소수민족집단에 속하는 사람을 직원으로 채용할 경우 인사관리(정책)와도 연결되어 있다(Schuchert-Gueler and Eisend, 2007: 225-226; 허영식 외, 2014: 294-298).

다양성관리의 접근방안 중 차별·공정(공평)의 접근방안(discrimination/

fairness approach)에 중점을 두고 민족마케팅을 비평적으로 분석·해석하자면 다음과 같다. 차별·공정의 접근방안은 기존의 다양성과 잠재적인 공통점을 이용하기 위하여 동등한 권리행사의 원칙에 지향을 두고 있다. 이 맥락에서 차별과 관련된 가능한 출발점이나 출처를 확인하고 적절하게 대처하고자 한다. 여기서 기초가 되는 것은 법적인 조건과 사회적 요구사항이다. 이 차별·공정의 접근방안은 경제적인 주장보다는 우선적으로 법적·도덕적인 주장을 준거로 삼고 있다. 바로 그렇기 때문에, 이 접근방안은 사회적 마케팅의 목표와 대체로 일치한다고 볼 수 있다. 사회적 마케팅의 관점에서 바라볼 때, 마케팅 담당자는 기업과 마케팅활동의 역할에 대해 의식하고 있어야 할 뿐만 아니라, 사회적 후생·복지에 대한 영향·결과에 대해서도 역시 의식하고 있어야 한다. 그런데 이러한 의식은, 예를 들면, 소비자보호법과 같은 기존의 법적인 조건을 넘어서는 것이다.

이와는 대조적으로 다양성관리의 접근방안 중 시장접근·정당화의 접근방안(access–to–market & legitimacy approach)에 중점을 두고 민족마케팅을 살펴볼 때, 이 접근방안은 우선 시장에 지향을 둔 시각에 입각하고 있다. 이에 따르면, 다양성은 서로 다른 시장과 부문으로의 진입·접근을 쉽게 하기 위하여 잘 활용해야 할 전략적 자원으로 간주된다. 이 접근방안에서는 경제적인 측면이 전면에 놓여 있으며 시장분할이 요청된다. 따라서 시장접근·정당화의 접근방안에 대한 비평은 일반적으로 시장분할에 대해 가하는 비판과 유사하다. 예를 들면, 직원이나 고객과 같은 개인이 그가 속한 민족·국민·문화에 비추어보면서 일정한 사회적 집단으로 환원되는 경향이 있다. 이에 따라 그 개인에게서 집단에 전형적인 태도와 행동방식을 기대하는 결과를 낳을 수 있다. 하지만 그럴 경우 해당하는 집단구성원 사이에서 존재하는 다른 상이성이 고려되지 못하기 때문에, 시장접근·정당화의 접근방안은 고정관념의 강화를 수반할 수 있다(Schuchert-Gueler and Eisend, 2007: 226-227; Vedder, 2006: 18-19; 허영식 외, 2015: 334-338).

(2) 민족마케팅과 사회적 마케팅

기업과 고객 사이의 교환과정에서 고객의 필요와 욕구를 충족시켜야 한다는 시장분할의 목표를 이제 사회통합정책의 관점에서 바라볼 때, 목표의 갈등이 발생할 수 있다는 점을 확인할 수 있다. 예를 들면, 한편으로 아동이라는 표적집단의 필요와 욕구를 충족시켜야 하지만, 다른 한편으로 그들을 단지 상업적으로 이용하는 차원에서 그들의 무지를 이용하여 이익을 취하거나 아니면 감언으로 속여 넘기는 일이 벌어질 수 있다.

바로 이와 같은 문제점을 사회적 마케팅의 접근방안이 비평적으로 다루고 있다. 사회적 마케팅은 인간관계와 사회적 과정을 조절하고 관리하는 데 있어서 마케팅이 핵심적인 역할을 수행한다는 가정에서 출발한다. 이 맥락에서는, 윤리적·법률적 규범과 더불어 사회적 의미와 중요성 혹은 사회적 관심사에 비추어보면서, 마케팅의 틀 속에서 어떤 기업이나 부문의 활동이 수반하는 귀결이나 영향을 포괄적으로 고려하는 일이 중요하다. 즉, 사회적 마케팅은 기업과 고객의 한계를 넘어서서 마케팅이 사회전체에 미치는 효과나 결과로 시야를 확장시킨다. 여기서 제기되는 질문은 도대체 민족마케팅이 다양성개념의 틀 속에서 정식화된 사회통합정책의 요구사항을 얼마나 적절하게 고려하는가 하는 것이다.

시장분할 접근방안으로서의 민족마케팅은, 위에서 언급한 사회적 마케팅에서 요구하고 있는 바와 같이, 마케팅의 사회적 귀결에 대한 총체적인 관찰이 이루어지지 않고, 고객이 갖고 있다고 가정된 필요·욕구에만 국한되어 있을 경우, 문제가 될 수 있다. 즉, 해당되는 집단이나 사회적 후생·복지 차원에서 의도하지 않은 귀결을 수반할 수 있다.

민족이라는 변수를 마케팅에 특정한 방식으로 측정할 경우, (시장분할에 의해 파악된) 각 판매부문에 대한 고정관념이 발생할 수 있다는 문제점이 있다. 또한 민족에 따른 시장분할은 심지어 인종차별주의의 한 가지 형태가 될 수 있다. 시장분할의 결과 나타난 시장부문의 형성은 상품을 갖고 시장 속으로 침투해 들어가기 위한 목적에 기여하는 수단에 불과하다는 지적을 할 수 있다. 이러한 방식으로 민족적 집단이 구성되거나 아니면 사회적 집단이 민족적 측면을 중심으로 하여 분류된다. 그리고 이 집단은 일정한 필요·욕구와 관련하여 동질적인 것으로 나타나며, 이 필요·욕구를 충족시키는 특정한 상품의 판매를 용이하게 만들 것이다. 그 결과 나타나는 마케팅의 형태는 고정관념의 발생과 지속을 강화시킬 것이다. 다시 말하면, 해당하는 집단에 속하는 개개인 모두가 해당 문화의 가치·의식·상징과 동일시하지 않을 경우에도 집단적 수준에서 동일하다는 고정관념을 강화시킬 수 있다(Schuchert-Gueler and Eisend, 2007: 227).

하지만 기업에 의한 민족의 구성이 그렇게 명백한 것이 아니라, 오히려 소비자가 민족성을 상징적으로 습득하는 과정을 강조하는 견해가 있다. 다시 말하면, 민족마케팅은 소비자의 정체성과 민족성에 대한 새로운 의식 혹은 포스트모던 의식을 통해 야기되고 있다는 해석이 있다. 많은 사람들에게 있어서 정체성과 민족성은 더 이상 단순히 이미 주어진 것이 아니라, 해당하는 사람들이나 집단의 바람에 따라 취득하거나 아니면 심지어 새로 창출할 수도 있는 것이다. 이러한 관점에서 바라볼 때, 소비의 가능성에서 이제 '나는 구입한다, 고로 나는 존재한다.(I purchase, therefore I am.)'라고 하는 귀결을 도출할 수 있다. 따라서 민족마케팅은 한편으로 기업을 위해서는 판매의 도구가 될 수 있지만, 다른 한편으로 소비자의 편에서 바라볼 때 동일시를 위한 통로, 즉 자신의 정체성과 민족성을 다시 확인할 수 있는 단서가 되기도 한다(Schuchert-Gueler and Eisend, 2007: 227-228; 허영식 외, 2014: 104-108).

어느 한 나라 내부에서 존재하는 서로 다른 민족과 관련된 사회적 사안이나 관심사는 대개 사회통합정책의 일부분에 해당한다. 여기서 제기되는 질문은 민족마케팅이 어느 정도로 사회통합을 위해 도움을 주는 요인으로 작용하거나 아니면 거꾸로 방해가 되는 요인으로 작용할 수 있는가 하는 것이다. 이주·통합정책의 차원에서 바라볼 때, 예를 들면, 민족마케팅이 특정한 소수민족집단을 배제시키는 요인으로 작용하여 오히려 사회통합에 역행할 수 있다는 진단이 있다.

언어와 사회통합정책의 연관성을 고려할 때, 이러한 측면을 예시할 수 있다. 성공적인 사회통합을 위한 가장 중요한 전제조건으로서 대개 해당 국가의 공식적인 언어를 구사할 수 있는 능력이 거론되고 있다. 언어구사능력이 부족할 경우, 교육과 고용 분야에서 제대로 활동하거나 참여하기 어렵기 때문이다. 한편으로 이주배경을 가진 사람들에게서 사회통합을 위한 전제로서 해당국가의 언어를 습득하고 구사할 수 있는 능력을 기대하고 있는데, 다른 한편으로 이와 동시에 기업이 경제적인 목적을 달성하기 위하여 소수민족집단의 언어를 홍보·광고 차원에서 적극적으로 활용할 경우, 사회통합정책의 관점에서 문제가 발생할 수 있는 것이다.

또 다른 문제점으로는 민족마케팅이 해당 집단의 민족경제, 특히 보완경제(보기: 생필품판매점, 수출입업자, 비디오판매점, 서점, 번역사무소, 은행, 여행사, 운송업자 등)에 미치는 영향을 지적할 수 있다. 시장에서 상당한 힘을 행사하는 기업이 민족마케팅을 일관되게 추진하고 실행할 경우, 해당 소수집단의 민족경제 혹은 보완경제를 밀어내는 결과를 낳을 수 있다. 사회통합과 소통의 틀 속에서 보완경제가 나름대로 긍정적인 기능을 수행하고 있다는 점을 고려할 때, 그런 방식으로 보완경제를 쫓아낸다면 결국 사회통합정책에서 문제점으로 등장할 수 있는 것이다.

하지만 민족마케팅을 일관적으로 적용한다고 해서, 상기한 바와 같이, 부정적인 효과만 나타나는 것은 아니다. 적지 않은 기업이 긍정적인 측면에서 사회통합정책의 과제를 간접적으로 떠맡고 있다. 예를 들면, 민족적·문화적으로 점점 더 다양한 고객의 필요와 욕구에 더 잘 부응하기 위하여, 목표의식을 갖고 소수민족집단의 구성원을 적극적으로 고용한다. 이러한 활동을 통하여 기업은 소수민족집단에 속하는 구성원이 노동시장정책의 차원에서 처한 어려운 상황을 개선하는데 기여할 수 있다.

또한 기업이 표적집단의 문화에 대해 관심을 갖고 이와 더불어 해당 문화의 상징·의식(儀式)을 다룬다는 점에서, 민족마케팅은 사회통합을 촉진하는 효과를 갖고 있다. 이를 통하여 기업은 다수의 주류사회에서 이 상징과 의식의 소통이나 설명에 간접적으로 기여하게 된다. 여기에 해당하는 보기로는 각 민족집단의 공휴일이나 경축일에 대한 의식을 갖추고, 그 민족집단의 문화적 전통과 풍속습관을 배려하는 태도를 들 수 있다(Schuchert-Gueler and Eisend, 2007: 228-230; 허영식 외, 2014: 290-291).

이 장의 논지와 핵심내용을 개괄적으로 요약하는 차원에서, 다양성의 역설에 초점을 맞추어 이상에서 논의한 사항을 도식화하여 제시하면 다음과 같다.

| 표 1-1 다양성정책·다양성관리의 행위영역에서 관찰할 수 있는 다양성의 역설

노동시장과 국적의 정책영역
(1) 차이이론의 역설 – 정책의 틀로서 다양성은 노동시장정책에서 소위 부족가설에서 차이가설로의 패러다임 전환을 보여주고 있음. – 차별대우를 받는 집단을 부족가설에 입각하여 인지하려는 기존의 경향에 대하여 그들의 긍정적인 측면을 부각시키려는 차이가설은 이주자의 차이점을 강조함. – 하지만 차이이론에 입각한 접근방안은 구조적인 불평등 상태를 제대로 주제화하지 못한다는 비판을 받고 있음. – 다양성을 집단 사이의 차이로서 이해하려는 그러한 접근방안에 대하여 또 다른 대안적 접근방안이 제시되고 있음. – 이 새로운 접근방안은 보다 더 일반적인 수준에서 간문화능력을 노동시장에서 필요한 기본적인 자질과 능력으로 간주함.
(2) 국적의 역설 – 국적의 주요범주에 해당하는 권리와 정체성이 분리되는 현상을 관찰할 수 있음. – 권리는 점점 더 많이 인권·인격권과 관련하여 요구되거나 정당화되고 있는 반면, 정체성은 지방적 수준에 머물거나 특수주의적인 경향을 보여주고 있음. – 국적과 관련된 정체성의 차원은 외부적인 규율화의 기제와 내면적인 자기관리 및 능동적인 정체성 획득의 공동작용을 특징으로 함. – 다문화시민성과 관련하여 합리화의 전략과 자기관리의 지침이 점점 더 중요해지고 있음. – 차이·다양성을 어떻게 다룰 것인가의 질문과 관련하여, 자기관리의 요청사항이 점점 더 많이 강조되고 있음.

다양성교육의 영역

(1) 다양성의 불가능성과 구조화의 필요성

- 우리가 이해하고 파악할 수 있는 능력의 한계로 인하여 상이성·다양성에 대해 제한을 가할 수밖에 없는 상황이 발생하게 됨.
- 다양성교육은 잠재적으로 헤아릴 수 없이 많은 이질성의 차원 중 일부분만을 고려할 수 있을 뿐임.
- 따라서 다양성교육에서는 한계를 투명하게 의식하고, 상이성이나 자유의 여지와 관련하여 학습자에게 결국 이행할 수 없는 지나친 약속을 하지 않는 것이 현명함.
- 다양성은 언제나 제한과 구조화의 조건하에서 체험할 수 있음.
- 다양성을 제한하는 교육과정의 구조와 교수학습의 구조를 의식적으로 명료화해야 함.
- 왜냐하면 이러한 구조가 일단 다양성을 가능하도록 만드는 조건이 되기 때문임.

(2) 위계질서의 부분적인 인정·수용

- 위계질서에 대한 비판은 어떤 점에서는 위계질서에 대한 인정을 수반함.
- 다양성에 대한 수사는 위계질서에 대한 인정을 명시적으로 드러내지 않는 경향이 있지만, 조직사회학이나 다른 사회과학에서는 이미 조직의 위계적 구조를 주제로 삼거나 아니면 적어도 모든 사회영역 속에 깃들어 있고 서로 얽혀 있는 권력관계를 분석의 대상으로 삼고 있다는 점에 유의해야 함.
- 따라서 다양성교육에서도 이러한 맥락에 주의를 기울일 필요가 있음.
- 다양성교육은 학교의 사회적 선발기능을 무시할 수 없으며, 오히려 성취에 따른 위계질서를 인정한다는 조건하에서 비로소 다양성교육이 가능함.
- 조직에서 인적자원의 다양성을 관리하기 위해서는 우선 조직의 위계질서를 상당 부분 인정해야 한다는 점에서 다양성관리의 영역에서도 이러한 맥락을 분명하게 인식할 수 있음.
- 따라서 학습자의 기회균등을 지향하는 다양성교육도 역시 위계적 구조를 적어도 부분적으로 인정해야 함.

민족마케팅의 영역

- 마케팅의 관점에서 바라볼 때, 다양성관리와 민족마케팅 두 가지 모두 다양성에 지향을 둔 시장분할의 특별한 형태라고 관찰할 수 있음.
- 사회적 마케팅은 기업과 고객의 한계를 넘어서서 마케팅이 사회전체에 미치는 효과나 결과로 시야를 확장시킴.
- 여기서 제기되는 질문은 민족마케팅이 다양성개념의 틀 속에서 정식화된 사회통합정책의 요구사항을 얼마나 적절하게 고려하는가 하는 것임.
- 민족이라는 변수를 마케팅에 특정한 방식으로 측정할 경우, 각 판매부문에 대한 고정관념이 발생할 수 있다는 문제점이 있음.
- 또한 민족에 따른 시장분할은 심지어 인종차별주의의 한 가지 형태가 될 수 있음.
- 해당하는 집단에 속하는 개개인 모두가 해당 문화의 가치·의식(儀式)·상징과 동일시하지 않을 경우에도 집단적 수준에서 동일하다는 고정관념을 강화시킬 수 있음.
- 이주·통합정책의 차원에서 바라볼 때, 민족마케팅이 특정한 소수민족집단을 배제시키는 요인으로 작용하여 오히려 사회통합에 역행할 수 있다는 진단이 있음.
- 시장에서 상당한 힘을 행사하는 기업이 민족마케팅을 일관되게 추진하고 실행할 경우, 해당 소수집단의 민족경제 혹은 보완경제를 밀어내는 결과를 낳을 수 있음.
- 하지만 민족마케팅은 사회통합을 위해 부정적인 효과만을 수반하는 것이 아니라, 긍정적인 측면에서 사회통합정책의 과제를 간접적으로 떠맡고 있다는 점에 유의할 필요가 있음.

이 장은 다양성정책과 다양성관리에서 관찰할 수 있는 다양성의 역설 혹은 변증법적 긴장관계를 몇 가지 행위영역의 사례를 통해 살펴보는 데 목적을 두었다. 이상의 분석과 논의에서 도출할 수 있는 유의미한 일반화는 다음과 같이 몇 가지 명제로 정식화할 수 있다.

첫째, 다문화시민성의 개념은 그동안 지나치게 많이 국가에 지향을 두고 있었다. 하지만 기능적으로 분화된 사회의 구조에서 다문화적 요구를 받아들일 수 있는 지점이 여러 곳에 있을 수 있다는 사실이 그동안 소홀히 다루어졌다는 진단을 내릴 수 있다. 따라서 국가에 속박되어 있고 전적으로 국가에 의해 조정된다는 관점에서 이제 비교적 자율적인 하위체제의 다중성으로 구성되어 있다는 관점으로 전환할 필요가 있다. 이러한 맥락에서 다양성정책은 이제 '다양성 거버넌스(협치·협업)'라는 의미에서 국가수준에서 사회적 다양성을 다루고 구성하는 형태와 비정부수준에서 다양성을 다루고 구성하는 형태의 상호관계를 적절하게 파악해야 한다는 과제를 안고 있다.

둘째, 정치학적인 관점에서 바라볼 때, 우선 다양성정책을 여러 가지 서로 다른 정책영역과 관련하여 주제로 삼는 일이 필요하다. 다시 말하면, 다양성을 주로 차별철폐정책과 동등대우정책의 개념으로 다루려는 기존의 경향에 국한하지 말아야 한다는 것이다. 이때 연구의 계획과 수행에 있어서 한편으로 다양성에 대하여 다중패러다임의 관점을 취하는 일이 적절한 것으로 보이며, 다른 한편으로 정책과 조치의 서로 다른 개념과 접근방안(국가와 정부의 공공정책, 국가기관과 비정부기구의 협치, 자기관리)을 고려할 필요가 있다. 이러한 요청사항의 중요성은 노동시장과 국적의 정책영역에서 살펴본 차이이론의 역설과 국적의 역설에서 다시 확인할 수 있다.

셋째, 다양성의 역설과 관련하여 기술한 다양성교육의 문제점에서 도출할 수 있는 귀결은 무엇인가? 다양성교육은 서로 모순된 목표 혹은 서로 긴장관계에 놓여 있는 목표를 추구할 수밖에 없다. 즉, 한편으로 인간의 존엄성과 자유에 유의하면서, 다른 한편으로 현대사회, 즉 과거 신분에 의한 위계질서 대신에 점점 더 많이 성취·성과에 따른 위계질서가 자리를 잡고 있는 사회에서 적절하게 살아갈 수 있는 능력과 자질을 길러주어야 한다. 이렇게 서로 긴장관계에 놓여 있는 두 가지 목표설정을 동시에 고려하면서 상황과 맥락에 적절한 교육적 방안을 모색해야 할 것이다. 이와 같은 긴장상태 혹은 긴장의 장(場)을 견뎌내고 또한 구성해 나가는 일을 특히 이질적인 학습 집단에서 성공적으로 수행하는 것이 중요하다. 학습자 개개인이 갖고 있는 특수한 인성이나 성격을 인정해 주면서, 즉 자유에 지향을 두면서, 이것을 성취에 대한 지향과 적절하게 결합해야 한다. 서로 다른 학습자가 그들의 개인적인 경험을 교환하고, 그들의 개인적인 학습양식에 따라 학습하며, 개인 내의 서로 다른 측면을 가능하면 충분히 펼칠 수 있도록 해야 한다. 물론 학습은 인내와 고통을 수반하는 일이며, 거기서 때로는 갈등과 논쟁이 벌어질 수도 있다. 그렇지만 학습자의 상이성과 변화 가능성을 고려하면서 그들을 인정해 주는 일은 다양성교육에서 포기할 수 없는 것이다. 이 맥락에서 위계질서의 인정·수용은 단순히 기존의 체제를 지속적으로 유지하는 요인으로만 간주할 것이 아니라, 오히려 부분적이고 잠정적인 것으로 이해하고, 상이성·이질성에 대한 자유의 여지를 확장하려는 바람과 결합시켜야 할 것이다.

넷째, 민족마케팅의 행위영역에서 살펴본 다양성의 역설에서 도출할 수 있는 사항은 다음과 같이 진술할 수 있다. 후생·복지의 측면에서 민족마케팅을 기존의 전통적인 표적집단 대상 마케팅의 관점에서만 관찰할 것이 아니라, 더 나아가서 사회적 마케팅의 관점에서 관찰하는 일이 요청된다. 이러한 관점에서 출발하여 마케팅과 관련된 주제를 다루기 위해서는 경제적·사회적·정치적 맥락에서 민족마케팅이 차지하고 있는 위상과 연관성에 대하여 경험적인 상관관계분석이나 인과관계분석이 필요하다. 예를 들면, 다문화사회에서 서로 다른 민족이나 집단이 민족마케팅을 어떻게 인지하고 판단·평가하는지를 조사·연구할 수 있으며, 이 맥락에서 특히 사회통합과 민족마케팅 사이의 연관성을 확인하고 분석할 수 있다. 이를 통하여 사회 전체의 통합과 더불어 특히 소수민족집단의 사회통합을 위해 비생산적인 혹은 역기능적인 효과가 발생하지 않도록 예방적인 조치와 수단을 모색할 수 있을 것으로 기대된다.

요/약

이 장의 목적은 다양성정책과 다양성관리에서 관찰할 수 있는 다양성의 역설 혹은 변증법적 긴장관계를 몇 가지 행위영역의 사례를 통해 살펴보는 데 놓여 있다. 이 글에서 강조할 사항은 다음과 같이 진술할 수 있다. 첫째, 다문화시민성의 개념은 그동안 지나치게 많이 국가에 지향을 두고 있었지만, 다양성정책은 이제 '다양성 거버넌스'라는 의미에서 국가수준과 비정부수준의 상호관계를 적절하게 파악해야 한다는 과제를 안고 있다. 둘째, 다양성정책을 여러 가지 서로 다른 정책영역과 관련하여 주제로 삼아야 하며, 정책과 조치의 서로 다른 개념과 접근방안(국가와 정부의 공공정책, 국가기관과 비정부기구의 협치, 자기관리)을 고려할 필요가 있고, 이러한 요청사항의 중요성은 노동시장과 국적의 정책영역에서 거론한 차이이론의 역설과 국적의 역설에서 확인할 수 있다. 셋째, 다양성교육이 안고 있는 다양성의 역설에서 도출할 수 있는 귀결은 서로 모순되거나 긴장관계에 놓여 있는 목표를 추구할 수밖에 없다는 것, 즉 자유에 대한 지향을 성취에 대한 지향과 적절하게 결합해야 한다는 것이다. 넷째, 민족마케팅의 행위영역에서 살펴본 다양성의 역설에서 도출할 수 있는 사항은 후생·복지의 측면에서 민족마케팅을 기존의 전통적인 표적집단 대상 마케팅의 관점에서만 관찰할 것이 아니라 더 나아가서 사회적 마케팅의 관점에서 관찰하는 일이 요청된다는 점이다.

01 참고문헌

허영식. 『다문화사회와 간문화성』. 서울: 강현출판사, 2010.

허영식. 『다양성과 간문화』. 서울: 박영스토리, 2015.

허영식. 『다양성과 세계시민교육』. 서울: 박영스토리, 2017.

허영식·정창화. 『간문화성과 한국의 정체성』. 서울: 원미사, 2012.

허영식·정창화·최치원·김진희·게오르크 바이세노. 『한국의 정체성 재정립과 사회통합을 위한 간문화주의와 다양성관리』. 서울: 박영스토리, 2014.

Doege, P. *Von der Antidiskriminierung zum Diversity-Management.* Goettingen: Vandenhoeck & Ruprecht, 2008.

Krell, G. and Sieben, B. "Diversity Management und Personalforschung". Krell, G. et al. (eds.). *Diversity Studies. Grundlagen und disziplinaere Ansaetze*. Frankfurt/M.: Campus, 2007, pp. 235-254.

Krueger, H.-H. *Einfuehrung in Theorien und Methoden der Erziehungswissenschaft.* Opladen: Leske+Budrich, 1997.

Petersen, L.-E. and Dietz, J. "Die Bedeutung von Stereotypen und Vorurteilen fuer das Diversity Management". Becker, M. and Seidel, A. (eds.). *Diversity Management. Unternehmens- und Personalpolitik der Vielfalt.* Stuttgart: Schaeffer-Poeschel, 2006, pp. 105-122.

Petersen, L.-E. and Dietz, J. "Diversity Management". Petersen, L.-E. and Six, B. (eds.). *Stereotype, Vorurteile und soziale Diskriminierung. Theorien, Befunde und Interventionen.* Weinheim: Beltz, 2008, pp. 311-319.

Prengel, A. "Diversity Education-Grundlagen und Probleme der Paedagogik der Vielfalt." Krell, G. et al. (eds.). *Diversity Studies.* Frankfurt/New York: Campus, 2007, pp. 49-67.

Riedmueller, B. and Vinz, D. “Diversity Politics.” Krell, G. et al. (eds.). *Diversity Studies*. Frankfurt/New York: Campus, 2007, pp. 143–162.

Schuchert–Gueler, P. and Eisend, M. “Ethno–Marketing–Eine kritische Betrachtung.” Krell, G. et al. (eds.). *Diversity Studies*. Frankfurt/New York: Campus, 2007, pp. 217–233.

Vedder, G. “Die historische Entwicklung von Diversity Management in den USA und in Deutschland”. Krell, G. and Waechter, H. (eds.). *Diversity Management. Impulse aus der Personalforschung*. Muenchen: Rainer Hampp, 2006, pp. 1–23.

02

다양성사회의 통합을 위한 정치교육의 과제

1. 다양성사회의 갈등과 정치교육
2. 정치교육과 논쟁점반영의 원칙
3. 다양성사회의 통합을 위한 정치교육 사례

제2장

다양성사회의 통합을 위한 정치교육의 과제[1)]

독일과 유럽에서는 최근 포퓰리즘(대중인기영합주의)에 입각한 정당의 부상과 함께 국가와 사회 특히 시민사회의 분열에 관한 우려와 불안이 사회통합의 관점에서 적지 않게 제기되고 있다. 포퓰리스트들은 특히 난민·망명·이주·이슬람과 관련된 주제영역을 집중적으로 거론하면서, 걱정이 많거나 분노한 시민들의 관심사를 대변하겠다고 나서고 있다. 이와 같은 맥락에서 그들은 기존의 정당과 대중매체, 그리고 민주정치체제와 유럽연합에 대한 불신을 노골적으로 표출하고 있다. 이들은 정치계급에 대한 적대감을 표방하면서 국민을 동원하려고 시도하고 있다. 하지만 이러한 움직임은 모두 사회통합과 더불어 민주정치체제 그 자체의 존속을 위해 그렇게 바람직하지 못하다는 진단이 여러 곳에서 나오고 있다(Gómez, 2017; Havertz, 2016; Kinkartz, 2016; Muno, 2016; Scholz, 2017; Wolf, 2017).

이와 같은 배경과 문제의식에서 출발할 때, 정치교육이 안고 있는

---

1) 제2장의 내용은 『한독사회과학논총』 제28권 제3호(2018.9.)에 게재한 필자의 글을 부분적으로 수정·보완한 것임.

과제는 다양성사회의 통합을 위해 기여할 수 있는 방안을 모색하는데 놓여 있다. 이때 정치교육은 한편으로는 특정한 집단, 예를 들면 걱정이 많거나 분노한 시민 혹은 난민이나 무슬림을 위한 특별프로그램을 마련하여 자유민주적 기본질서를 핵심적인 요소로 포함하고 있는 정치체제를 그들에게 보다 더 친숙하게 만들어야 한다. 하지만 다른 한편으로는 표적집단에 특정한 정치교육 프로그램에 국한시킬 것이 아니라, 이주와 다양성의 맥락을 위해 더 포괄적인 혹은 포용적인 프로그램이 요청된다. 즉, 참여자들이 가능하면 논쟁적으로 그리고 공동으로 정치와 사회에 관하여 소통적 이해를 할 수 있는 기회와 조건을 마련해 줄 필요가 있다.

이러한 점을 고려하여 이 장의 주된 목적은 독일의 사례를 중심으로 하여, 다양성사회의 통합을 위한 정치교육의 과제를 살펴보는 데 놓여 있다. 이 목적에 도달하기 위하여, 우선 다양성사회의 갈등과 정치교육의 관계에 대해 기술한다. 이어서 다양성사회의 갈등을 다루기 위한 정치교육의 과제를 염두에 두면서, 특별히 정치교육의 합의사항으로 간주되고 있는 논쟁점반영의 원칙에 초점을 맞추어 논의한다. 그 다음 다양성사회의 통합을 위한 정치교육 사례를 중심으로 하여 다양성사회의 갈등에 적절하게 대처하기 위한 정치교육 방안을 탐색하고자 한다. 마지막으로 이 글에서 강조하고자 하는 핵심적인 주요사항을 몇 가지 명제로 정리하여 제시하고자 한다.

1. 다양성사회의 갈등과 정치교육

이 절에서는 세 가지 주제영역, 즉 사회의 양극화, 편견과 차별, 문화적 본질주의에 초점을 맞추어, 다양성사회가 안고 있는 갈등과 정치교육의 관계에 대해 알아보기로 한다.

(1) 사회의 양극화와 정치교육

독일국민의 대부분은 민주주의의 기반으로서 모든 사람이 동등한 가치를 갖고 있다는 것, 그리고 다양성과 자유, 세계에 대한 개방성에 동의하고 있지만, 다른 한편으로는 특정한 집단에 대한 반감이나 적대감 같은 태도를 갖고 있으면서 경우에 따라서는 그러한 태도를 행동으로 표출하는 사람들도 있다. 독일사회의 양극화를 보여주는 지표로는 특정집단과 관련된 반감·적대감, 우익포퓰리즘, 우익극단주의를 들 수 있다. 이 세 가지 지향이 여러 가지 형태와 양상으로 사회의 저변에 자리를 잡는 정도에 따라 그만큼 더 민주적 정치체제를 약화시키거나 국론분열을 강화시킬 것으로 우려된다. 특히 우려되는 부분은 난민이나 무슬림에 대한 배척과 차별로 인하여 사회의 양극화와 더불어 폭력행사가 증가하고 있다는 점, 그리고 민주정치체제에 대한 불신이 지속되고 있다는 점이다. 그에 따라 정치체제의 정당성이 일부 상실되고 있으며, 정치제도에 대한 신뢰가 줄어들고 있다. 이와는 대조적으로 그러한 성향을 보이는 사회적 환경(milieu)에서는 폭력행사를 당연시하거나 폭력을 행사하려는 자신의 태도가 부분적으로 증가하고 있다.

권위주의적이고 편견에 사로잡힌 사람들이 많은 그러한 사회적 환경에서는 간단히 말해서 상대적 박탈감이 팽배하고 있다. 즉, 정치가들이 우리와는 다른 사람들을 위해 더 많은 배려를 하고 있다는 느낌이 주관적으로 불이익을 받고 있다는 감정으로 나아갈 수 있다. 이와 같은 상대적 박탈감은 사회적 양극화와 갈등을 강화시키는 요인으로 작용할 수 있다. 이와 유사하게 우익포퓰리즘의 핵심적인 심리적 사고방식이 작용한다. 그 하나는 '밑에 놓여 있는 우리'(보통국민)와 '저기 높은 곳에 있는 자들'(엘리트·정치가·언론) 사이의 수직적 분화이며, 다른 하나는 '우리'와 (특정집단 관련 반감·적대감의 대상이 되는) '타자' 사이의 수평적 구분이다. 그리고 이 타자에 해당하는 집단은 그 자체가 동질적인 것으로 간주된다. 그런데 동질성에 대한 이와 같은 구성적인 표상이 사회의 양극화를 강화시키는 경향이 있다(Achour, 2018: 40–41; Bpb, 2018: 1–2; Hamann, 2014: 1–2; Hillmann, 2007; 691; Stute, 2014: 1–2).

상기한 사회의 양극화에 대처하기 위해서는 우선 정치적 지식이 요청된다. 정치적 지식을 통하여 우익포퓰리스트들이 내세우는 해결방안을 해체시킬 수 있다. 예를 들면, 복합적인 문제에 대한 단순한 해결책을 제시한다고 지적할 수 있으며, 다원주의에 반대하고 저항하는 입장을 완고하게 고수한다거나 아니면 집단정체성을 지나치게 강조한다고 지적할 수 있다. 우익포퓰리즘에 경도된 집단은 문제에 관한 진단과 해결방안에 있어서 자신들이 국민의 본래적인 의지나 의사를 제대로 반영하고 있다는 점을 특별히 강조하는 경향이 있다. 그런데 이러한 국민의 본래적인 의지·의사는 주로 사람들의 감정과 정서에 호소하고 있다. 하지만 정치교육은 오랫동안 감정과 정서를 소홀히 다루었으며, 그 대신 인간에 대한 심상과 교육목표의 측면에서 합리성과 이성에 기대를 걸었다. 적어도 학교정치교육에서 이러한 경향이 매우 강하였다.

그러나 불안·염려·우려·걱정과 같은 정서적 요인은 우익포퓰리스트들이 최근 정치적으로 성공적인 결과를 쟁취하는 데 있어서 핵심적인 역할을 수행하였다. 이러한 현상은 이주에 대한 염려·우려에서뿐만 아니라, 경제적인 문제를 둘러싼 불안·걱정에서도 역시 어렵지 않게 관찰할 수 있다. 이러한 이유로 인하여 그동안 사람들의 염려와 걱정을 진지하게 받아들여야 한다는 요청사항이 여러 곳에서 강조되고 있다(Achour, 2018: 41; Frevert, 2018: 23–24; Richter, 2016: 32). 이러한 맥락에서 정치교육도 역시 불안과 우려를 어떻게 다루어야 할 것인가의 질문과 관련하여 적절한 대안을 마련해야 한다는 도전을 안고 있다.

정치교육에 대한 함의를 고려할 때, 불안은 다음과 같이 세 가지 유형으로 분석할 수 있다.

표 2-1 불안의 유형과 정치교육에 대한 함의

(1) 비합리적인 불안	페기다(Pegida: 서구의 이슬람화에 반대하는 애국적 유럽인)운동에서 내세우는 '서구의 이슬람화'나 이른바 '자라친(Sarrazin)효과'를 둘러싼 논란에서 거론되었던 '독일의 몰락'과 같은 음모론(陰謀論) 수준의 신화는 비합리적인 불안에 해당한다. 그런데 이와 같은 비합리적인 불안의 정체를 드러내고 그 시시비비를 가리기 위해서는 우선적으로 실제 일어난 일이나 사건 혹은 사실에 비추어보아야 하고, 또한 어느 정도 현실적인 감각을 갖추어야 할 것이다.
(2) 사회변동과 글로벌 수준의 변화에 대한 불안	디지털화·세계화와 같은 사회변동과 글로벌 수준의 변화에 대한 불안을 다루는 데 있어서 정치교육은 일단 학습자들이 이러한 변동과정을 더 잘 이해할 수 있도록 도와주어야 한다. 하지만 이와 더불어 자율과 책임의식을 갖춘 시민의 행위능력을 함양·신장시키는 데도 역시 주의를 기울여야 한다. 예를 들면, 글로벌 수준의 사회복지표준이나 환경표준의 도입과 관철을 정치적 행위자들에게 요구·요청함으로써 그러한 변동과정을 함께 구성해나갈 수 있도록 해야 한다. 민족·국가의 이해관계를 최우선으로 추구해야 할 가치와 목표로 강조하는 민족주의 혹은 국민주의가 최근 세계 여러 곳에서 다시금 득세하고 있는 사회적 추세를 고려할 때, 적어도 정치교육을 세계시민교육의 의미로 이해한다면, 국민국가의 틀을 넘어선 지평의 확대가 더욱 요청된다. 거시적 관점에서 바라볼 때, 세계화·디지털화와 같은 사회변동과정은 거스르기 힘든 대세임에도 불구하고, 일부 권위주의적인 정치세력은 그러한 과정을 중단하거나 아니면 심지어 거꾸로 되돌릴 수 있다고 암시하고 있다.

(3) 일상생활 수준에서의 현실적·실제적 불안	실업, 사회적 하강, 무주택과 관련된 일상생활 수준에서의 현실적·실제적 불안에 대처하기 위해서도 역시 행위능력과 참여능력의 함양과 신장이 요청되며, 이때 특히 사회복지사업이나 생활보조조치의 도움을 빌어 부분적으로 대처할 수 있을 것이다. 그런데 예를 들면 난민이나 이주자에게 책임이나 잘못이 있다는 방식으로 성급하게 일반화하려는 경향을 여러 곳에서 관찰할 수 있다. 하지만 비합리적인 책임전가를 통하여 혹은 성급한 일반화를 통하여 그러한 현실적·실제적 불안을 간단하게 해소할 수 없다는 점을 정치교육은 명료화해야 한다.

출처: Achour, 2018: 42 재구성

하지만 상기한 불안과 염려·걱정뿐만이 아니라 기쁨과 즐거움, 놀라움과 반가운 일, 흥미와 관심도 역시 정치교육에서 핵심적인 준거점이 될 수 있다는 점에 유의할 필요가 있다. 왜냐하면 감정과 정서는 어떤 일정한 상태를 보여주는 지표나 경고신호가 될 수 있으며, 다른 사람들과의 교류·접촉에 있어서 소통수단으로 기능을 수행할 수 있으며, 특히 동기를 부여하는 기능을 갖고 있기 때문이다. 감정과 정서는 학습자들에 지향을 두고 있다는 의미에서 그들이 일단 정치교육에 접근할 수 있는 가능성을 제공하며, 그들이 사회·정치현상에 관하여 비평적인 논의와 취급을 할 수 있는 연결고리로 작용할 수 있다(Achour, 2018: 42).

(2) 편견·차별의 문제와 정치교육

독일사회에서는 특히 난민과 무슬림(이슬람신도)에 대한 집단 관련 반감·혐오·증오가 흔히 사회적·문화적 문제점으로 거론되고 있다. 하지만 차이·다양성을 특징으로 하는 사회에서 그러한 태도는, 특정한 집단에 대한 반감·혐오·증오를 수반하고, 동질적인 사회적 심상에 들어맞지 않는다고 간주되는 모든 타자를 배제할 경우, 바람직하지 못하거나 위험한 것으로 보인다. 특히 피난·이주·이슬람의 맥락에서 이주에 관한 토론과 이슬람에 관한 토론이 분화되지 않은 상태에서 서로 겹치는 경향이 상당히 강하며, 이주배경을 가진 사람과 이슬람교를 믿는 사람을 동일시하는 경향이 있다.

이러한 경향을 보여주는 사회적 환경(milieu)에서는 사회·정치적 문제가, 주로 문화적 관점에서 논의되고 고려된다는 의미에서, 문화화되기 쉽다. 또한 높은 범죄율을 보여주고 있으며, 교육과는 거리가 멀며, 사회적으로 고립된 상태에서 살고 있으며, 심지어는 민주주의와 거리가 상당히 멀며, 과격한 행동을 보여주려는 경향이 강하다는 식으로 특정집단에게 책임전가를 하려는 시도를 관찰할 수 있다. 이런 상황에서 난민·이주민·무슬림에 속하는 당사자들(아동·청소년·성인)은 정치교육에 참여하는 데 어려움을 느낄 것이며, 더 일반적으로 말해서 사회적·정치적 참여를 하는 데 있어서 그 만큼 더 어려움을 겪을 것이다(Achour, 2018: 42–43).

타자에 대한 부정적인 태도의 증가는 정신적으로 사회를 분열시킬 뿐만 아니라, 점점 더 노골적인 인종차별주의적 폭력행사, 난민숙소에 대한 공격, 디지털공간에서의 증오표현으로 나아가는 경향이 있다. 그리고 우익포퓰리즘이 강하게 작용하는 곳이나 사회적 환경에서는 그러한 태도의 증가가 점점 더 많이 정당한 것으로 간주되고 있다. 이러한 경향이 지속된다면 편견이 단순한 이데올로기에서 이제는 점점 더 사회규범으로 변모하고, 어느 집단의 공유된 현실로 변모할 우려가 있다. 간단히 말해서, 편견의 규범화 현상이 발생할 위험성이 있다(Achour, 2018: 44).

특정한 집단을 증오하는 사람은 자세한 설명이나 해명을 아예 들으려 하지 않거나 다른 시각·관점·입장에 대해 마음을 열지 않으려는 경향이 있다. 마음을 닫은 상태에서 그는 다른 것의 타당성과 정당성을 인정하지 않으려고 하며, 자신의 증오를 발산하는 데서 만족을 찾으려고 한다. 이와는 대조적으로 난민, 무슬림, 그리고 다른 집단과 접촉·교류를 하는 사람은 부정적인 비교를 하지 않는 경우가 훨씬 더 많으며, 편견·차별을 조장하는 이데올로기에 덜 취약한 것으로 보인다. 이를 역으로 표현하면, 사람들이 이주로 인한 차이·다양성을 체험하지 않는 곳에서 편견이 발생할 가능성이 더 많은 것으로 보인다.

다양성은 사회적 분열이나 양극화를 초래하는 것이 아니라 오히려 사회적 결속과 단합을 위해 긍정적인 효과를 수반할 수도 있다. 이주 배경을 갖고 있는 사람들이 많이 사는 곳에서 다양성의 인정과 사회적 결속을 더 많이 기대할 수 있다. 물론 가치관이나 이해관계의 갈등이 발생할 경우에는 협상과 타협을 통해 해소하지 않으면 안 된다. 한편으로 차이·다양성을 특징으로 하는 집단에서 발생한 구체적인 갈등을 찾아내고, 다른 한편으로 이 갈등에 관하여 충분히 토의하고 협상과 타협을 하는 데 있어서 정치교육은 핵심적인 장소와 기회를 제공할 수 있다. 차이·다양성으로 인한 갈등을 고려할 때 특별히 논쟁문화가 요청된다. 이때 갈등노선이 가능하면 종교·문화·성별·이주와 같은 차이의 범주에 따라 진행되거나 악화되지 않도록 유의해야 한다. 그 대신 오히려 가치와 관련된 사회적 환경들(milieus)이 민족·국가적 사회를 가로질러 말하자면 초국가적 수준에서 혹은 글로벌 수준에서 퍼져 있거나 전개되고 있다는 점을 명료화할 필요가 있다.

특히 정치교육과 종교의 관계에 초점을 맞출 경우, 가치, 종교, 사회, 참여, 정체성, 차별, 이주, 난민, 국제적 갈등·분쟁 등이 정치교육에서 다루어야 할 주제가 된다. 이러한 주제를 둘러싼 답변과 해석에 대하여 많은 젊은이들이 강한 필요와 욕구를 갖고 있다. 이때 음악,

스포츠, 예술, 문화, 소셜 미디어를 통하여 생활세계와의 연결고리를 찾을 수 있다. 예를 들면, 난민을 대상으로 한 정치교육에서 언어장벽이 있을 경우 이러한 도구와 수단을 더 많이 활용할 필요가 있다. 어쨌든 여기서 중심에 놓여 있는 질문은 공동생활을 어떻게 하고 사회를 어떻게 구성할 것인가이다(Achour, 2018: 43).

(3) 문화적 본질주의와 정치교육

동질적인 사회를 향한 동경은 글로벌 수준에서 벌어지고 있는 두 가지 문화적 지향의 충돌·모순 속에 내재하고 있는 일부분이라고 해석할 수 있다. 그 충돌과 모순은 상기한 사회적 양극화와 유사한 방식으로 진행되고 있다. 두 가지 문화적 지향 중 하나는 개인화, 자기계발(자기발전), 세계시민주의화에 기반을 두고 있으며, 생활형식, 성별에 따른 사회적 역할과 규범의 개방화와 분화를 수반하고 있다. 다른 하나의 지향은 사회와 생활형식의 문화적 폐쇄 혹은 동질적인 집단정체성에 입각한 폐쇄를 특징으로 하고 있다. 여러 문화의 위계질서를 확립하려는 시도와 결합된 민족주의와 우익포퓰리즘, 그리고 종교적 근본주의를 이러한 문화적 본질주의의 경향에 포함시킬 수 있다. 이 점을 고려할 때, 최근 우익포퓰리즘이 내세우는 정책과 조치가 인기를 얻고 있는 현상을 설명하는 데 있어서 그러한 정책과 조치가 특히 경제발전의 과정에서 패배한 자들의 마음을 사고 있다는 것으로는 충분하지 못하다. 다문화주의와 세계시민주의에 저항하거나 반대하면서, 문화적 동질성에 입각한 사회적 구상이나 세계관을 내세우는 입장도 역시 경제적 요인과 마찬가지로 인기를 얻고 있다는 점에 유의할 필요가 있다(Achour, 2018: 43-44; Kordes et al., 2006: 15-17.).

다원적 민주사회에서는 기본적 인권 그 자체가 가치합의를 보장하는 것이 아니다. 그것은 결코 선험적으로 어떤 올바른 해결책을 마련해 주고 있지 않으며, 민주적인 협상과정, 그리고 종종 갈등을 수반한 협상과정을 통하여 비로소 경험적으로 구체화된다. 따라서 정치교육 프로그램은 그러한 민주적 협상과정에 대비하기 위한 능력 혹은 역량을 기를 수 있도록 필요한 장소와 기회를 제공해 주어야 한다. 그렇게 함으로써 시민이 여러 가지 갈등, 가치관의 다원성, 생활형식의 다양성을 적절하게 다룰 수 있도록 해야 한다.

이것은 예를 들면 사회통합강좌의 경우에도 적용되는 이야기이다. 제도연구 그 자체만으로는 민주주의를 경험하도록 하는 데 있어서 상당히 부족한 것으로 보인다. 따라서 시민이 스스로 정치적 판단을 내리고 참여할 수 있는 가능성과 한계에 더 많은 주의를 기울일 필요가 있다. 독일이주난민청(BAMF)이 설문조사를 통하여 수행한 연구결과(Bundesamt fuer Migration und Fluechtlinge, 2016)에 따르면, 대부분의 난민(96%)은 민주주의를 가장 좋은 국가형태로 생각하고 있다. 그리고 독일로 입국한 이유·동기와 관련해서도 역시 대부분의 난민(73%)이 인권존중을 언급하고 있다. 여기서 도출할 수 있는 귀결은 많은 사람들에게는 피난과 이주가 결국 기본권과 인권을 누리고자 하는 간절한 바람의 표출이라는 점이다. 이를 뒤집어 표현하자면, 난민에 대해 일부 사람들이 갖고 있는 편견, 즉 민주주의와는 거리가 멀다거나 아니면 민주적 기본가치를 거부한다고 하는 편견은 경험적으로 입증하기 어렵다는 것이다(Achour, 2018: 44).

2. 정치교육과 논쟁점반영의 원칙

다문화사회를 포함해서 다원적인 현대사회는 문화적·종교적·세계관적 관점의 차이와 다양성이 증가하는 모습을 보여주고 있다. 현대사회가 봉착하고 있는 가장 큰 도전 중의 하나는 이와 같은 차이와 다양성 또는 다원성을 어떻게 적절하게 다룰 것인가의 질문과 관련되어 있다. 이러한 문제의식에서 출발하여, 이 절의 주된 목적은 차이·다양성·다원성의 증가에 대처하기 위한 정치교육의 과제를 살펴보는 데 놓여 있다. 그 중에서도 특히 보이텔스바흐 합의(Beutelsbacher Konsens, Beutelsbach Consensus) 중 두 번째 원칙인 논쟁점반영의 원칙에 대한 비평적 논의에 중점을 두고자 하며, 이때 민주주의를 위해 갈등이 지닌 적실성을 강조하는 이론적 접근방안을 배경으로 삼고자 한다(보이텔스바흐 합의에 관한 담론과 함의에 대해서는 Daeuble, 2016; Grammes, 2005; Henkenborg, 2009; Pohl, 2015; Widmeier and Zorn, 2016 참조).

다원주의적 사회가 안고 있는 정치적 도전 중 본질적인 부분은 다양성·다원성이 단순히 잡다(雜多)하다는 것, 즉 서로 다른 관점·시각이 조화롭게 병존하는 것을 의미하지 않고, 이의(異議)와 논쟁을 의미하는 데에서 연유한다. 여러 가지 서로 다른 생활방식과 세계관은 단순히 병렬적으로 존재하지 않으며, 대개 서로 갈등관계에 놓이게 된다. 이러한 갈등관계는 의회·국회와 같은 공식적인 정치적 무대에서뿐만 아니라 사회의 여러 곳에서 등장할 수 있다. 시민이 서로 다른 가치를 갖고 있거나 아니면 가치를 서로 다르게 해석하기 때문에, 논쟁의 대상이 되는 주제는 상당히 다양하게 나타날 수 있다. 예를 들면, 종교의 자유가 어디까지 영향을 미칠 수 있으며, 국가가 중립적이어야 한다는 것은 무엇을 뜻하는가? 공공장소에서의 종교적 상징, 부루카와 히잡의 착용, 법원과 학급에서의 십자가 걸기를 둘러싼 토론을 바라보면, 자유민주주의에서 기본적인 합의사항으로 간주되고 있는 원칙도 역시 얼마나 논쟁의 대상이 될 수 있는지를 극명하게 보여준다. 최근 국론분열과 사회의 양극화를 수반한 난민정책과 이주정책에서도 이와 같은 현상이 두드러지게 나타나고 있다.

보이텔스바흐 합의 중 두 번째 원칙인 논쟁점반영의 원칙(학문과 정치에서 논쟁적인 것은 수업에서도 역시 논쟁적으로 나타나야 한다.)은 물론 정치교육이 상기한 도전을 이미 오래 전부터 적절하게 고려한다는 것을 보여주고 있다. 이 두 번째 원칙의 기본적인 지향(志向)이 올바른 방향을 가리키고 있다는 데에는 일단 의심의 여지가 없는 것처럼 보인다. 즉, 정치교육은 사회적 생활현실의 다원성·다양성을 반영해야 하며, 학습자가 서로 다른 관점에 접근하거나 서로 다른 관점을 경험할 수 있도록 도와주어야 한다. 하지만 논쟁점반영의 원칙을 보다 더 구체적으로 재현할 필요가 있다. 한편으로는 단지 기존의 다원성·다양성을 반영하는 데 국한하는 것이 아니라, 정치적 가시성과 효과성 측면에서 다원성·다양성의 한계를 문제시하는 일이 요청된다. 이때 필요한 것이 비판역량이며, 이 비판적 역량은 도대체 어떤 집단과 관점이 사회적으로 인정된 다원성·다양성에서 배제되어 있는가에 대해 질문을 제기한다. 다른 한편으로 정치교육은 서로 다른 관점에 대한 접근을 가능하게 만들 뿐만 아니라, 다원주의적인 갈등역량을 갖출 수 있도록 안내해주어야 한다. 즉, 갈등을 다룰 수 있는 능력을 갖추도록 연습을 해야 한다. 여기서는 합의의 산출을 통해 의견의 차이·다양성을 제한하는 데 주된 관심을 두기보다는 오히려 갈등이 수반할 수 있는 적대감을 논쟁·토론으로 변화 혹은 승화시키거나 아니면 타협의 가능성을 모색하는 일이 더 중요하다(Daeuble, 2016; 449–450; Grammes, 2005: 131–132; Widmeier and Zorn, 2016: 10–12; Westphal, 2018: 12).

(1) 비판역량을 통한 논쟁점반영의 원칙 재현

정치교육이 만약 이의(異議)·이론(異論) 혹은 논쟁점을 무시하거나 아니면 소홀히 다루고, 사실적인 또는 가상적인 이성적 합의에만 의존할 경우, 주도권이나 패권의 확보를 위한 도구에 불과하다는 비판을 받을 수 있다. 보이텔스바흐 합의는 논쟁점반영의 원칙을 통하여 이의와 논쟁점을 반영해야 한다는 것을 촉구한다는 점에서 정치교육이 나아가야 할 기본적인 지향점을 제시하고 있다. 하지만 이 원칙은 상당히 추상적인 수준에서 정식화되었기 때문에, 쟁점이나 사안에 따라 도대체 어느 정도의 논쟁점과 이의가 여기서 중요한 것인지의 질문과 관련하여 보다 더 구체적인 해석과 설명이 필요한 것으로 보인다.

합의를 전달한다는 것은 어떤 하나의 입장이 옳다거나 이성적이라는 것만을 뜻하지 않는다. 그것은 또한 일정한 한계 내에서 일련의 입장들을 이성적이라고 간주한다는 것을 의미한다. 즉, 어떤 합의의 한계 내에서 논쟁점을 반영해야 한다는 것을 함축하고 있다. 오늘날 정치교육에서 설정하고 있는 중요한 가정은 기본합의가 존재한다는 것, 즉 사회적인 기본가치에 대해 일반적으로 받아들여진 합의가 존재한다는 것이다. 그리고 이러한 합의에 기초하여 비로소 정당한 논쟁점을 다룰 수 있다는 것이다. 물론 기본합의에 관한 아이디어 그 자체에 대해서는 비난할 만한 것이 없다. 자유민주사회에서 자유·평등과 같은 정치적 기본가치는 사실상 근본적으로 중요한 것이며, 이러한 가치를 중요하지 않다고 간주하는 다원주의적 민주주의는 생각하기 어려운 일이다(Koopmann, 1999: 133–134; Richter, 1999: 134–136; Westphal, 2018: 14).

하지만 이러한 기본가치를 일정한 방식으로 해석하고 정치적·사회적 규칙을 과대평가할 경우, 정치질서가 시도하는 배제의 논리에 대해서는 비판적 시각이 필요한 것으로 보인다. 자유·평등과 같은 기본 가치를 해석하는 데 있어서 언제나 다른 가능성이 있기 때문에, 어떠한 해석도 완전히 중립적이거나 보편적 수준에서 포용적이라고 단정하기 어렵다. 따라서 정치교육은 기존의 수립된 합의 내에 놓여 있는 논쟁점을 단순히 전달하는 데 그치지 않고, 더 나아가서 사실적·가상적 한계의 밖에 놓여 있는 논쟁점에 대해서도 역시 관심과 주의를 기울일 필요가 있다.

여기서 제기되는 질문은 이러한 요청사항을 어떻게 실천에 옮길 수 있는가 하는 것이다. 배제된 논쟁점 혹은 공론장·정당·대중매체에서 아직 가시적인 대변인이나 옹호자를 찾지 못한 논쟁점을 어떻게 전달할 것인가? 이 문제를 다루기 위한 단서 혹은 열쇠는 간접적인 접근방식에서 찾아야 할 것이다. 즉, 정치교육을 담당하는 사람은 기존 정치질서의 갈등적인 측면 혹은 논쟁적인 측면에 관한 의식을 전달하거나 이에 대한 감수성을 제고할 수 있다. 현상(現狀)에서 배제되어 있지만 그러나 아마도 고려해야 할 구체적인 입장과 시각을 직접적으로 확인하는 대신에, 오히려 간접적인 방식을 통하여 학습자가 배제의 논리 그 자체를 인식하고 이를 비평적으로 관찰할 수 있는 능력을 갖추도록 할 수 있다. 이때 정치교육의 목표는 학습자가 주어진 대안 중에서 스스로 정치적 의사를 형성할 수 있도록 논쟁점을 단순히 전달하는 데 국한되지 않고, 더 근본적인 수준에서 정치적 비판역량을 습득하도록 도와주는 데 놓여 있다(Daeuble, 2016; 454–457; Grammes, 2005: 140–142; Henkenborg, 2009: 30; Westphal, 2018: 15). 이러한 목표를 염두에 두면서 정치교육이 제기할 수 있는 핵심적인 질문으로는 다음과 같은 것을 들 수 있다.

| 표 2-2 비판역량의 측면에서 정치교육이 제기할 수 있는 핵심질문

(1) 누가 영향을 받는 당사자이지만 토론에서 배제되어 있는가?	정치적 문제에 의해 영향을 받는 당사자이지만 토론에서 효과적인 목소리를 내지 못하는 사람이 도대체 누구인가에 관해 논의하면서, 학습자는 사회적·정치적 배제에 대한 이해를 습득할 수 있다. 예를 들면, 유럽연합 수준에서 금융위기의 결과에 관하여 이루어진 토론에서 그리스인의 의견이 어떤 비중을 지니고 있는가? 가족재결합에 관한 토론에서 난민의 의견이나 입장이 청취되고 있는가? 연금제도의 장래에 관한 토론의 장에 청년세대가 포함되어 있는가? 이미 수립되어 있는 기존의 논쟁이 지닌 한계를 이해하는 데에서 출발하여, 비록 정치문제에 의해 영향을 받은 당사자이지만 그러나 주변화된 집단이 어떤 관점을 끌어들일 것인지에 대하여 토의나 논의를 할 수 있다.
(2) 어떤 다원성·다양성을 반영해야 하는가?	현대사회에서 관찰이 가능한 어떤 다원성·다양성 아니면 학습자가 주관적으로 바람직하다고 여기는 어떤 다원성·다양성에 관하여 더 많은 정치적 고려를 해야 하는가? 학습자가 주관적으로 중요하다고 간주하는 입장과 관점, 그러나 정치적 토론에서 경우에 따라 반영되지 못하는 입장과 관점을 확인하면서, 학습자는 가시적인 기존의 논쟁 바깥에 놓여 있는 논쟁점에 해당하는 보기를 찾을 수 있고, 기존의 수립된 배제에 대한 비판을 할 수 있다.
(3) 토론에서 어떤 주제가 누락되어 있는가?	논쟁점의 한계는 사회집단의 의견·입장뿐만 아니라 일정한 주제와 문제도 역시 배제시킬 수 있다. 아직 정치적 관심과 주의를 끌지 못한 중요한 정치적 문제가 있는가? 아니면 비교적 중요한 정치적 문제가 그것에 부응하는 관심과 주의를 아직 제대로 받지 못하고 있는가? 사회적 토론의제에서 중요한 정치적 질문과 문제가 배제되거나 누락된 경우나 사례를 탐색하는 과정에서 현대사회가 안고 있는 기본적으로 중요한 핵심문제, 즉 정치교육에서 다루어야 할 기본적인 문제 및 과제와 연결시킬 수

있다. 여기에는 예를 들면 평화·환경·불평등·미디어 등이 포함된다. 비록 이러한 문제영역에 관해서 관점의 다원성·다양성이 존재하지만, 사회와 국가가 이러한 문제를 다루는 방식이 현재와 미래에서 그러한 문제가 어떻게 기능을 수행할 것인가를 상당 부분 결정하게 된다. 따라서 그러한 핵심적인 문제를 활용하는 접근방안이 적절한 것으로 보인다. 그렇게 함으로써 비판역량을 연습한다는 의미에서 상기한 질문이나 문제를 예시적으로 다룰 수 있다. 예를 들면, 새로운 미디어와 빅 데이터(big data)가 수반하는 사회적 귀결이 지배적인 정치적 행위자가 수행하는 토론에서 주제로서 충분하게 등장하거나 취급되고 있는가와 같은 질문을 제기할 수 있다.

출처: Grammes, 2005: 132－137; Westphal, 2018: 15－16 재구성

(2) 갈등역량을 통한 논쟁점반영의 원칙 재현

하지만 정치교육은 비판역량의 전달에 국한해서는 안 된다. 한편으로 논쟁점을 인지하고 논쟁점에 대한 의식에 비추어보면서 정치 혹은 정책을 관찰하는 것을 배우는 일은 물론 정치교육에서 중요한 일부분을 차지한다. 그러나 다른 한편으로 그 논쟁점을 어떻게 다룰 것인가를 배우는 일도 역시 소홀히 할 수 없는 중요한 일부분을 차지한다. 사회적 다양화·다원화가 갈등과 얼마나 밀접하게 결합되어 있는지를 진지하게 받아들인다면, 갈등을 처리하고 해결하는 일이 현대사회에서 포기할 수 없는 도전이며 동시에 과제라는 점을 부인할 수 없다. 다양한 역할과 관계 속에서 살아가야 하는 학습자도 역시 점점 더 다원화되는 사회적 맥락에 놓여 있는 행위자이며, 점점 더 빈번하게 갈등을 처리하고 해결해야 하는 실천적 도전을 수반하는 사회적 맥락에 놓여 있는 행위자이다. 따라서 정치교육은 갈등에 대한 적절한 취급을 핵심적인 주제로 삼아야 한다. 갈등역량의 전달을 통하여 정치교

육은 개개인이 다원성·다양성을 적절하게 다룰 수 있는 능력을 체험하도록 하는 데 있어서 나름대로 중요한 기여를 할 수 있다(Daeuble, 2016; 451–452; Grammes, 2005: 128–132; Schneider, 1999; 174–175; Westphal, 2018: 16).

이때 갈등 속에 놓여 있는 당사자나 집단이 갖고 있는 서로 다른 의견·입장을 일치·합치시킨다는 의미에서 언제나 합의에 도달하려는 시도에 국한시킬 필요는 없다. 오히려 갈등의 폭발력을 완화시킨다는 의미에서 갈등관리 혹은 갈등 길들이기를 정치의 핵심적인 과제로 간주할 필요가 있다. 이러한 측면에서 바라볼 때, 민주정치와 정치교육의 주요목표는 냉혹하거나 노골적이거나 아니면 격렬한 적대관계를 투쟁과 경쟁 혹은 논쟁과 토론의 장으로 옮기는 데 놓여 있다. 간단히 말해서, 투쟁과 경쟁 혹은 논쟁과 토론은 노골적인 적대관계를 누그러뜨린 형태 혹은 방식이다. 한편으로는 비록 관련된 행위자들이 서로를 적수 혹은 상대방으로 인지하는 갈등관계 속에 놓여 있지만, 그들은 상대방·적수가 그들 자신의 입장을 옹호하거나 대변할 수 있는 권리·권한을 부인하지 않는다. 적대관계를 논쟁·토론의 장으로 변화시키는 데 있어서는 각 갈등당사자가 자신의 입장을 포기하지 않으면서 다른 입장에 대한 이해를 습득할 수 있는 과정이 필요하다. 폭력·완력에서 벗어난 정치적 권력투쟁이 이루어지는 위해서는 그러한 과정이 필요하다. 갈등당사자는 한편으로 상대방 혹은 적수가 정치적 목표를 추구하거나 정치적 프로젝트를 위해 투쟁하는 것을 막지 않지만, 다른 한편으로 자기 자신의 프로젝트를 관철시키려고 시도한다.

갈등을 처리하고 해결하는 또 다른 가능성으로는 타협을 들 수 있다. 타협의 방식은 의견의 차이를 보다 더 안정된 상태로 받아들이려는 시도로 나타난다. 타협형성은 한편으로 도달하기 힘들거나 아니면 기대하기 힘든 합의의 목표를 추구하지 않으면서, 다른 한편으로 갈등을 보다 더 협력적인 차원에서 처리하고 해결하려는 가능성을 제공한다. 타협은 갈등당사자가 상호 양보를 하면서 이루어지는 의견의 일치 혹은 조정·화해이다. 물론 타협은 정치적 프로젝트 사이의 차이를 흐릿하게 만들고 입장·관점의 다양성을 제한할 수 있다는 점에서 비판의 대상이 될 수 있다. 하지만 상황에 따라 갈등당사자가 타협을 통해 서로 협력을 추구하는 방안이 정치적으로 더 현명한 경우가 적지 않다. 예를 들면, 정치적 의사결정이 사회적으로 폭넓은 인정을 받고, 갈등당사자가 다른 입장·관점의 일방적인 관철을 받아들일 자세를 취하지 않을 경우, 타협은 정치적 통합과 평화를 달성하는 데 있어서 효과적으로 기여할 수 있다(Massing, 1999: 128–129; Sander, 1999: 129–130; Westphal, 2018: 16).

정치교육은 갈등역량의 전달에 있어서 상기한 갈등처리·해소방식의 다양성을 생산적으로 활용할 필요가 있다. 학습자는 갈등을 처리하고 해소하는 데 있어서 서로 다른 방안이 있다는 것을 경험해야 한다. 여기에는 물론 어떻게 주장을 하고 타자를 설득시킬 것인가를 배우는 일도 포함된다. 그러나 다른 편을 설득시키려고 시도하지 않으면서도 관용과 협력을 가능하게 만드는 행위의 가능성을 전달하는 일도 이와 유사한 비중을 차지해야 한다. 예를 들면, 기후변화와 같은 일정한 사회정치적 문제를 다루면서, 이 문제에 대한 올바른 혹은 정의로운 해답의 측면에서 사회집단 사이에 존재하는 갈등적인 관계·상태·상황을 조사·확인할 수 있다. 이러한 과정을 거치면서, 합의를 수립하는 데 있어서 극복해야 할 장애물이 무엇인지 구체적으로 토의·논의할 수 있다. 또한 갈등을 민주적인 권력투쟁을 통해서 아니면 타협을 통해서 해결하는 방안이 실제로 어떻게 구현되는지를 구체적으로 토의·논의할 수 있다. 그리고 이러한 갈등처리·해소과정은 도대체 누가 정치적 공론장에 참여하고 있는지 아니면 누가 당연히 참여해야 하는지의 질문과 불가분의 관계에 놓여 있다. 따라서 정치교육은 비판역량과 갈등역량이 매우 밀접하게 연결되어 있다는 점에도 주의를 기울여야 할 것이다(Daeuble, 2016; 453-454; Grammes, 2005: 132-135; Schneider, 1999; 176-177; Westphal, 2018: 17).

3. 다양성사회의 통합을 위한 정치교육 사례

상기한 다양성사회의 갈등과 정치교육, 그리고 정치교육과 논쟁점반영의 원칙에서 다룬 내용을 고려하면서, 이 부분에서는 갈등해소를 위한 정치교육의 한 가지 사례를 소개하고자 한다. 여기서는 독일 드레스덴(Dresden)시 소재 작센(Sachsen)주정치교육원(SLpB: Saechsische Landeszentrale fuer politische Bildung)에서 기획하고 실시한 지역수준 대화공동체 사업에 초점을 맞추어 기술하고자 한다. 드레스덴시는 최근 소위 페기다운동으로 인하여 그동안 미디어에서 적지 않게 거론된 바 있다. 이슬람을 둘러싼 사회정치적 갈등을 2014년 가을부터 표출시킨 페기다운동과 더불어 그 이전의 갈등사례(1945년 2월 13일 발생했던 연합군의 드레스덴 폭격에 대한 기념을 둘러싼 드레스덴 주민의 정치화와 양극화)를 배경으로 하여, 대화를 통해 지역사회의 갈등문제를 해결하기 위하여 작센주정치교육원은 이른바 '대화공동체 사업(K!D: Kommune im Dialog)'을 추진하기에 이르렀다(Richter, 2016: 28-30). 이 대화공동체 사업의 개요를 간단히 소개하면 다음과 같다.

| 표 2-3 대화공동체 사업의 개요

(1) 대화공동체 사업은 무엇인가?	– 지방·지역수준의 논쟁·참여문화의 진흥·촉진 – 행위자들 간의 경험교환
(2) 대화공동체 사업은 무엇을 제공하는가?	– 서로 다른 집단을 아우르는 사회·진행 – 상담, 전략개발, 소통, 참여 가능성 – 동반자, 프로그램, 역량강화조치의 중개·전달
(3) 대화공동체 사업은 어떻게 일하는가?	– 자유의지에 기반 – 신뢰관계에 기초 – 개방적 소통에 기반 – 초당파적 – 다중관점 고려 – 현장에서

출처: Saechsische Landeszentrale fuer politische Bildung, 2016: 1–2 재구성

작센주의회는 정치적 의사형성과 의사결정의 과정을 뒷받침하기 위한 이 사업구상을 승인하였으며, 주정치교육원은 2013~2014년과 2015~2016년에 걸쳐 추가적인 지원을 받을 수 있게 되었다. 이에 따라 프로젝트팀이 구성되었으며, 이들의 활동은 주정치교육원의 다른 교육프로그램을 유의미하게 보완하고 상당한 상승효과를 이끌어내는 데 기여한 것으로 보인다. 대화공동체 사업의 각종행사는 모두 수요에 입각하여 이루어졌다. 시장·주의회·협회·시민단체 등이 주정치교육원에 관심사를 표명하였다. 이때 특히 망명신청자를 위한 숙소의 설치·운영과 관련된 주민의 저항이 표명된 관심사의 대부분을 차지하였다. 프로젝트팀의 구성원들은 지방의 책임자들과 협의하여 주민회의, 위원회회의, 강연회와 같은 행사를 조직하였다. 2015년 한 해 동안 팀의 구성원들이 약 50개의 작센주 지방기초자치단체를 방문하여 회의·집회를 진행하였다. 회의·집회에는 대략 9,000명에 달하는 주민이

참여했으며, 진행자들은 거의 대부분의 경우 건설적인 대화상황을 마련할 수 있었다. 팀의 활동은 사회를 보거나 행사를 진행하는 데 국한되지 않았으며, 덧붙여서 중요한 정보, 바람직한 토론문화, 정치교육의 내용을 전달할 수 있었다.

대화공동체 사업은 실천을 통한 정치학습의 장을 마련했다고 간주할 수 있다. 하지만 드레스덴시에서의 활동은 상당히 어려운 것으로 보인다. 왜냐하면 여기서는 객관적이고 현실적인 문제를 이데올로기로 변모시키거나 권력정치의 맥락에서 파악하려는 성향이 지배적이기 때문이다. 또한 작센주 수도이면서 바로크식 문화유적이 많은 드레스덴시는 많은 사람들에게 상징적인 현장(現場)으로 간주되고 있으며, 각종 시위참가자들이 큰 무대로 활용할 수 있는 배경을 제공하고 있다 (Richter, 2016: 30). 상기한 대화공동체 사업과 관련하여 작센주정치교육원장이 진단하고 분석한 결과는 다음과 같이 다섯 가지 명제로 정리할 수 있다.

| 표 2-4 대화공동체 사업에 대한 진단·분석결과

(1)	자유민주적 기본질서, 헌법(기본법), 국가기관과 제도의 구조와 기능, 대의민주주의에 대한 기본적인 이해가 일부 주민에게서 아직 부족하거나 아니면 충분하지 않은 것으로 보인다.
(2)	페기다운동과 같은 현상은 사회적 분열 혹은 갈등이 겉으로 표출된 것이며, 또한 사회적 환경(milieu)의 분화가 수반한 결과라고 해석할 수 있다.
(3)	개방적이고 공개적이며 공정한 논의, 상호이해의 탐색, 그리고 타협을 추구하는 정치적 논쟁문화·대화문화·갈등(해소)문화가 아직 부족한 것으로 보인다. 반대파는 종종 공격의 대상으로 인지되거나 간주되는 경향이 상당히 강하다.

(4)	일부 주민에게서 관찰할 수 있는 사항이지만, 이슬람혐오증과 외국인혐오증이 상당히 강한 것으로 나타나고 있다. 이러한 혐오감이나 반감이 점점 더 노골적이고 과격한 행동으로 표출될 경우 우려할 만한 일이 될 것으로 보인다.
(5)	이미 벌어진 문제나 사안에 대하여 개방적인 대화를 하는 일보다 더 나은 다른 합리적인 대안은 없는 것으로 보인다. 또한 그러한 대화는 가능하면 여러 수준이나 차원에서 진행하는 것이 바람직한 것으로 보인다.

출처: Richter, 2016: 30–32 재구성

문제제기를 위해 페기다시위에 참여하는 것 이외에는 다른 방도를 찾을 수 없는 주민들을 고려할 때, 대화를 통하여 저항과 시위운동에서 극단화·과격화를 막을 수 있을지의 여부에 관해서는 물론 확실하게 대답하기는 어렵다. 하지만 자유민주사회의 장점은 갈등사례에서 더 두드러지게 나타난다는 점을 상기할 필요가 있다. 갈등사례를 일단 인식하고 받아들인 다음, 이성적이고 합리적인 논쟁을 통해 문제를 다루는 일이 더 중요한 것이다. 상호이해와 상호존중에 입각할 때 사람들은 대화의 장에 더 많이 남아 있을 수 있다. 하지만 다른 한편으로는 기존의 갈등을 더 증폭시키거나 악화시키려고 시도하는 정치적 행위자들이 엄연히 존재한다는 사실도 염두에 두어야 한다.

특히 페기다시위를 통해 드러난 사회적 갈등에 관한 토론은 공론장에서 이루어지는 담론이다. 한편으로 모든 국민은 언론·출판의 자유와 집회·결사의 자유를 가진다는 원칙에 입각할 때, 시위에 참여하는 사람들을 총체적으로 공론장에서 배제시켜서는 안 된다. 하지만 다른 한편으로 인권·민주주의·법치주의에 대한 책무를 지고 있는 정치가들과 언론인들은 비민주적인 발언을 하거나 행동을 하는 사람들에게 토론의 장을 내맡겨서도 안 된다. 특히 인종차별주의, 인간멸시, 국민선동, 폭력행사로 이끄는 언행에 대해서는 도덕적으로 비난을 하고 정치적·법적 수단을 통해 제재조치를 강구해야 한다. 물론 위에서 언급한 것들을 모든 개별적인 경우에서 명확하게 식별할 수는 없다. 그럼에도 불구하고 갈등해소를 위해 대화와 소통이 포기할 수 없는 수단이고 중요한 요인이라는 점을 부인할 수는 없으며, 바로 그렇기 때문에 이 대목에서 특히 상호이해를 위해 모호성에 대한 관용능력의 함양이 요청된다. 자유민주사회에서 갈등현상은 극히 정상적인 일이다. 갈등을 극복하고 갈등의 건설적인 힘을 이용할 수 있다면, 사회통합에 더 많은 기여를 할 수 있을 것으로 기대된다(Richter, 2016: 32).

제1절에서 기술한 다양성사회의 갈등과 정치교육의 관계, 그리고 제2절에서 논의한 정치교육과 논쟁점반영의 원칙의 맥락에서 상기한 대화공동체 사업의 구체적·실천적 사례를 살펴보면, 대체로 정반합에 입각한 변증법적 사고과정에 따라 분석하고 해석할 수 있다. 즉, 우선 다양성사회의 갈등은 사회의 양극화, 편견과 차별, 문화적 본질주의의 측면에서 특징을 파악할 수 있다. 이어서 다양성에서 연유한 이러한 갈등에 적절히 대처하기 위한 방책을 모색해야 한다는 점에서 정치교육의 도전과 과제를 설정할 수 있으며, 이때 특히 논쟁점반영의 원칙에 초점을 맞추어볼 때, 비판역량과 갈등역량의 측면에서 논쟁점반영의 원칙을 더 구체적으로 재현할 수 있다. 그 다음 작센주정치교육원이 개발하고 실시한 실증적인 사례인 대화공동체 사업을 통해서, 한편으로 다양성사회의 갈등과 다른 한편으로 정치교육의 긴장관계가 어떻게 지양(止揚)되면서 작용하고 있는지 더 구체적으로 확인할 수 있으며, 또한 갈등을 둘러싼 주어진 요인과 상태를 고려할 때 대화공동체 사업 혹은 더 일반적으로 말해서 정치교육의 방책이 지닌 가능성과 한계를 명료화할 수 있다. 이러한 분석과 해석의 결과를 도식화하여 제시하면 다음과 같다.

| 그림 2-1 다양성사회의 갈등과 정치교육의 변증법적 관계

다양성사회의 갈등(정)

- 사회적 양극화: 특정집단과 관련된 반감·적대감, 우익포퓰리즘, 우익극단주의를 양극화를 보여주는 지표로 간주할 수 있음
- 편견과 차별: 편견이 단순한 이데올로기에서 이제는 점점 더 사회규범으로 변모하고, 어느 집단의 공유된 현실로 변모할 우려가 있다는 점에서 편견의 규범화 현상이 발생할 위험성이 있음
- 문화적 본질주의: 여러 문화의 위계질서를 확립하려는 시도와 결합된 민족주의와 우익포퓰리즘, 그리고 종교적 근본주의를 문화적 본질주의에 포함시킬 수 있음

⇦ ⇨

정치교육의 도전과 과제(반)

- 다양성사회의 갈등이 수반하는 우려와 불안을 다루기 위한 대안을 마련해야 함
- 차이·다양성을 특징으로 하는 집단에서 발생한 갈등을 찾아내고, 갈등에 관하여 토의·협상·타협할 수 있는 장소와 기회를 제공해야 함
- 차이·다양성으로 인한 갈등을 고려할 때 대화문화·논쟁문화·갈등문화를 조성해야 함
- 정치교육의 합의사항으로 간주되고 있는 논쟁점반영의 원칙을 프로젝트나 프로그램에 가능하면 적절하게 반영해야 함
- 논쟁점반영의 원칙을 구체적으로 재현하기 위하여 비판역량과 갈등역량의 함양·신장에 주의를 기울여야 함

⇩

다양성사회의 통합을 위한 정치교육 사례(합)

- 작센주정치교육원이 개발하고 실행한 대화공동체 사업의 사례
- 자유민주적 기본질서에 대한 이해가 일부 주민에게서 부족한 것으로 보임
- 페기다운동과 같은 현상은 사회적 분열 혹은 갈등이 표출된 것이며, 사회적 환경의 분화가 수반한 결과라고 해석할 수 있음
- 정치적 논쟁문화·대화문화·갈등(해소)문화가 아직 부족한 것으로 보임
- 일부 주민에게서 이슬람혐오증과 외국인혐오증이 상당히 강한 것으로 나타나고 있음
- 문제나 사안에 대하여 개방적인 대화를 하는 일보다 더 나은 다른 합리적인 대안은 없는 것으로 보임
- 이 대화공동체 사업을 통해서, 다양성사회의 갈등과 정치교육의 긴장관계가 어떻게 지양되면서 작용하고 있는지 더 구체적으로 확인할 수 있음
- 또한 갈등을 둘러싼 요인과 상태를 고려할 때 대화공동체 사업 혹은 더 일반적으로 말해서 정치교육의 방책이 지닌 가능성과 한계를 명료화할 수 있음

이 장은 독일의 사례를 중심으로 하여 다양성사회의 통합을 위한 정치교육의 과제를 살펴보는 데 목적을 두었다. 이상의 분석과 논의를 바탕으로 할 때, 요약 및 결론 차원에서 이 글에서 내세우고자 하는 핵심명제는 다음과 같이 정식화하여 진술할 수 있다.

첫째, 다양성사회의 갈등에서 연유하는 사회적 양극화, 편견과 차별, 문화적 본질주의의 측면에서 바라볼 때, 사람들의 염려와 걱정을 진지하게 받아들여야 한다는 요청사항이 강조되고 있다. 이러한 맥락에서 정치교육도 역시 불안과 우려를 어떻게 다루어야 할 것인가의 질문과 관련하여 적절한 대안을 마련해야 한다는 도전을 안고 있다. 감정과 정서는 사람들이 정치교육에 접근할 수 있는 가능성을 제공하며, 비평적인 논의와 취급을 할 수 있는 연결고리로 작용할 수 있다.

둘째, 다양성은 사회적 분열이나 양극화를 초래하는 것이 아니라 오히려 사회적 결속과 단합을 위해 긍정적인 효과를 수반할 수 있다. 물론 가치관이나 이해관계의 갈등이 발생할 경우에는 협상과 타협을 통해 해소하지 않으면 안 된다. 한편으로 차이·다양성을 특징으로 하는 집단에서 발생한 구체적인 갈등을 찾아내고, 다른 한편으로 이 갈등에 관하여 충분히 토의하고 협상과 타협을 하는 데 있어서 정치교육은 핵심적인 장소와 기회를 제공할 수 있다. 정치교육 프로그램은 민주적 협상과정에 대비하기 위한 능력 혹은 역량을 기를 수 있도록 필요한 장소와 기회를 제공해 주어야 한다. 그렇게 함으로써 시민이 여러 가지 갈등, 가치관의 다원성, 생활형식의 다양성을 적절하게 다룰 수 있도록 해야 한다.

셋째, 제1절과 제2절에서는 점점 더 증가하는 사회의 다원성·다양성이 정치교육을 위해 지닌 함의를 살펴보는 데 주된 목적을 두었다. 특히 자유민주사회에서 발생하는 갈등에 주의를 기울여볼 때, 정치교육에서 합의사항으로 간주되고 있는 논쟁점반영의 원칙에 초점을 맞출 수 있으며, 이 맥락에서 두 가지 측면, 즉 비판역량과 갈등역량을 통해 논쟁점반영의 원칙을 보다 더 구체적으로 재현할 수 있다. 한편으로 비판역량은 사회와 정치가 어떤 입장·시각·관점을 배제하는지를 의식하고 명료화하는 데 필요한 것으로 보인다. 다른 한편으로 갈등역량은 합의추구 이외에 갈등관리와 타협추구도 역시 갈등처리·해소의 중요한 방안이라는 점을 깨닫도록 해준다.

넷째, 이때 민주적 논쟁의 한계에 대한 질문도 역시 늘 염두에 둘 필요가 있다. 다원주의 사회가 가능하면 다른 시각·관점에 대해 개방적인 상태에 놓여 있어야 한다는 요청사항을 무제한의 개방화를 옹호하는 것으로 해석해서는 안 될 것이다. 물론 다원주의적인 정치에 대해 위협적인 요인으로 작용할 수 있고 따라서 그대로 받아들일 수 없는 입장이 엄연히 존재한다. 하지만 그럼에도 불구하고 민주적 기본가치에 대한 일정한 해석을 공유하지 않는 입장이 일단 나름대로 존재할 수 있다는 점을 인정할 필요가 있다. 그렇게 함으로써 가능하면 기본가치의 해석을 둘러싼 논쟁과 토론이 활성화하는 데 있어서 생산적·건설적으로 기여할 수 있다.

다섯째, 제3절에서는 다양성사회의 통합을 위한 정치교육 사례로서 독일 작센주정치교육원의 대화공동체 사업을 살펴보았다. 이를 통하여 한편으로 다양성사회의 갈등(사회적 양극화, 편견과 차별, 문화적 본질주의)과 다른 한편으로 이에 적절하게 대처하기 위한 정치교육의 도전과 과제 사이의 변증법적 관계를 확인할 수 있다. 즉, 다양성사회의 갈등을 상징적으로 극명하게 보여주는 실증적인 사례에 대한 분석과 평가를 통하여, 여러 가지 갈등을 수반하는 다양성사회의 통합을 위한 정치교육의 가능성과 한계에 대하여 보다 더 구체적으로 성찰하고 명료화할 수 있다는 것을 확인할 수 있다. 전이 가능성의 측면에서 다른 유사한 사례 혹은 새로운 사례에 대해서도 분석과 성찰을 할 수 있다면 더 일반적인 수준에서 다양성사회의 갈등과 정치교육의 과제에 대한 지식과 정보를 확보할 수 있을 것으로 기대된다.

요/약

본 연구는 독일의 사례를 중심으로 하여 다양성사회의 통합을 위한 정치교육의 과제를 살펴보는 데 목적을 두었다. 이 글에서 내세우고자 하는 핵심 명제는 다음과 같이 진술할 수 있다. 첫째, 다양성사회의 갈등에서 연유하는 사회적 양극화, 편견과 차별, 문화적 본질주의의 측면에서 바라볼 때, 정치교육은 불안과 우려를 다루기 위한 적절한 대안을 마련해야 한다는 도전을 안고 있다. 둘째, 다양성은 사회적 분열이나 양극화를 초래하는 것이 아니라 오히려 사회적 결속과 단합을 위해 긍정적인 효과를 수반할 수도 있다는 점을 고려하여, 정치교육은 민주적 협상과정에 대비하기 위한 능력(역량)을 기를 수 있도록 필요한 장소와 기회를 제공해 주어야 한다. 셋째, 사회의 다원성·다양성이 정치교육을 위해 지닌 함의를 살펴보는 데 있어서, 특히 자유민주사회에서 발생하는 갈등에 주의를 기울여볼 때, 정치교육에서 합의사항으로 간주되고 있는 논쟁점반영의 원칙에 초점을 맞출 수 있으며, 이 맥락에서 두 가지 측면, 즉 비판역량과 갈등역량을 통해 논쟁점반영의 원칙을 보다 더 구체적으로 재현할 수 있다. 넷째, 이때 민주적 논쟁의 한계에 대한 질문도 역시 늘 염두에 둘 필요가 있다. 다원주의 사회가 가능하면 다른 시각·관점에 대해 개방적인 상태에 놓여 있어야 한다는 요청사항을 무제한의 개방화를 옹호하는 것으로 해석해서는 안 될 것이다. 다섯째, 다양성사회의 통합을 위한 실증적인 정치교육 사례로서 독일 작센주정치교육원의 대화공동체 사업을 살펴보았다. 이를 통하여 다양성사회의 갈등과 이에 대처하기 위한 정치교육의 도전·과제 사이의 변증법적 관계를 확인할 수 있다.

02 참고문헌

Achour, S. "Die gespaltene Gesellschaft. Herausforderungen und Konsequenzen fuer die politische Bildung." *Aus Politik und Zeitgeschichte*. No. 13−14 (2018), pp. 40−46.

Bpb. "Rechtspopulismus."
http://www.bpb.de/politik/extremismus/rechtspopulismus/ (2018년 6월 26일 검색).

Bundesamt fuer Migration und Fluechtlinge. *IAB−BAMF−SOEP−Befragung von Gefuechteten. Flucht, Ankunft in Deutschland und erste Schritte der Integration*. Nuernberg: BAMF, 2016.

Daeuble, H. "Der fruchtbare Dissens um den Beutelsbacher Konsens." *Gesellschaft·Wirtschaft·Politik*. No. 4 (2016), pp. 449−458.

Frevert, U. "Poiltische Bildung−Mit Gefuehl?" *Aus Politik und Zeitgeschichte*. No. 13−14 (2018), pp. 18−24.

Gómez, J. et al. "EU−Politik in Krisenzeit. Krisenmanagement und Integrationsdynamik in der Europaeischen Union." *Aus Politik und Zeitgeschichte*. No. 37 (2017), pp. 11−17.

Grammes, T. "Kontroversitaet." Sander, W. (ed.). *Handbuch politische Bildung*. Schwalbach/Ts.: Wochenschau, 2005, pp. 126−145.

Hamman, G. "Patzelt: Ausdruck von Parteien−und Politikerverdrossenheit." http://www.dw.de/ (2014년 12월 25일 검색).

Havertz, R. "Right−wing Populism Taking Hold in Germany. The Success of the Political Party 'Alternative fuer Deutschland' in the Regional Elections of March 2016." 『한독사회과학논총』. 제26권 제2호 (2016년 여름), pp. 25−54.

Henkenborg, P. “Prinzip Kontroversitaet−Streitkultur und politische Bildung. Zwischen Anspruch und Wirklichkeit: Das schwierige Prinzip der Kontroversitaet.” *Kursiv−Journal fuer Politische Bildung*. No. 3 (2009), pp. 26−38.

Hillmann, K.−H. “Populismus.” Hillmann, K.−H. (ed.). *Woerterbuch der Soziologie*. Stuttgart: Alfred Kroener, 2007, p. 691.

Kinkartz, S. “DW−Umfrage: Fluechtlingsfrage spaltet Deutschland.” http://www.dw.de/ (2016년 8월 23일 검색).

Koopmann, K. “Kritikfaehigkeit.” Richter, D. and Weisseno, G. (eds.). *Lexikon der politischen Bildung*. Schwalbach/Ts.: Wochenschau, 1999, pp. 133−134.

Kordes et al. “Einleitung: Interkultureller Wandel−Probleme, Handlungsfelder, Methoden.” Nicklas, H. et al. (eds.). *Interkulturell denken und handeln. Theoretische Grundlagen und gesellschaftliche Praxis*. Frankfurt/M.: Campus, pp. 15−24.

Massing, P. “Konflikt.” Richter, D. and Weisseno, G. (eds.). *Lexikon der politischen Bildung*. Schwalbach/Ts.: Wochenschau, 1999, pp. 128−129.

Muno, M. “Kommentar: Postfaktisch−Klick mich, und ich belueg’ dich.” http://www.dw.de/ (2016년 12월 16일 검색).

Pohl, K. “Kontroversitaet: Wie weit geht das Kontroversitaetsgebot fuer die politische Bildung?.”

http://www.bpb.de/gesellschaft/kultur/politische−bildung/193225/kontroversitaet (2015; 2018년 6월 22일 검색).

Richter, D. “Kritische Politikdidaktik.” Richter, D. and Weisseno, G. (eds.). *Lexikon der politischen Bildung*. Schwalbach/Ts.: Wochenschau, 1999, pp. 134−137.

Richter, F. “Stadtgespraeche. Politische Bildung als Seelsorge?” *Aus Politik und Zeitgeschichte*. No. 5−7 (2016), pp. 28−33.

Saechsische Landeszentrale fuer politische Bildung. “K!D Kommune im Dialog." https://www.slpb.de/angebote/kd-kommune-im-dialog/ (2016; 2018년 6월 22일 검색).

Sander, W. "Konfliktdidaktik." Richter, D. and Weisseno, G. (eds.). *Lexikon der politischen Bildung*. Schwalbach/Ts.: Wochenschau, 1999, pp. 129-131.

Schneider, H. "Der Beutelsbacher Konsens." Mickel, W. (ed.). *Handbuch zur politischen Bildung*. Schwalbach/T.: Wochenschau, 1999, pp. 171-178.

Scholz, K.-A. "Die Fluechtlinge und die German Angst." http://www.dw.de/ (2017년 1월 12일 검색).

Stute, D. "Nachtwey: Das Produkt einer nervoesen Gesellschaft." http://www.dw.de/ (2014년 12월 22일 검색).

Westphal, M. "Kritik-und Konfliktkompetenz. Eine demokratietheoretische Perspektive auf das Kontroversitaetsgebot." *Aus Politik und Zeitgeschichte*. No. 13-14 (2018), pp. 12-17.

Widmeier, B. and Zorn, P. "Konsens in der politischen Bildung? Zur Einfuehrung." Widmeier, B. and Zorn, P. (eds.). *Brauchen wir den Beutelsbacher Konsens? Eine Debatte der politischen Bildung*. Bonn: bpb, 2016, pp. 9-13.

Wolf, R. "Die Selbstgefaelligkeit der Intelligenz im Zeitalter des Populismus." *Aus Politik und Zeitgeschichte*. No. 44-45 (2017), pp. 4-10.

03

다중관점과 포용적 접근을 통한 간문화 내러티브의 탐색

1. 간문화 내러티브의 특징
2. 다중관점을 통한 간문화 내러티브의 구체화 방안
3. 포용적 접근을 통한 간문화 내러티브의 구체화 방안

제 3 장

다중관점과 포용적 접근을 통한 간문화 내러티브의 탐색[1)]

인간은 자기가 살고 있는 세계 혹은 환경과 관련하여 의미를 갖고 반응을 하지 않으면 안 된다. 즉, 일정한 가치·사고방식·실천형식을 확정함으로써 불확정적인 자신의 존재를 위해 나아갈 방향과 근거를 확보할 수 있다. 인간에 의해 만들어진 문화는 동적이고 소통적인 과정이며, 이 과정을 거치면서 개개인은 타자와의 관계 속에서 자신의 문화적 정체성을 확립하지 않으면 안 되며, 이와 같은 일은 언제나 다시금 새롭게 이루어질 수 있다.

넓은 의미에서 문화는, 상호작용하는 사람들의 주관적인 관점에서 바라볼 때, 공유된 생활실천의 틀 속에서 상징·기호를 통해 연결된 공동체 구성원의 상호의존 관계 속에서 의미를 지닌 모든 것을 포괄한다. 여기에는 어떤 집단에게 전형적인 사고방식과 행위방식, 공통된 언어의 사용, 일정한 규범·가치·상징과의 동일시, 특정한 사회적 관계의 형태, 그리고 사회적 실천에서 산출된 인공물이 속한다. 이러

1) 제3장의 내용은『내러티브와 교육연구』제6권 제3호(2018.12.)에 게재한 필자의 글을 부분적으로 수정·보완한 것임.

한 문화의 객관적인 측면은 주관적인 문화(즉, 역사적으로 형성되고 간주관적으로 유효한 의미를 개인적으로 다루는 방식)와 상호 연관되어 있다. 간문화의 개념은 문화적으로 다르게 사회화된 사람들이 직접적 혹은 간접적으로 상호작용하는 사이공간(사이에 놓인 공간)을 지칭한다(Hirsch, 2010: 67; Kurt, 2010: 185; Waldenfels, 2010: 22-24; 김종훈, 2017: 16-18).

내러티브의 개념과 관련해서는 이야기 혹은 이야기하기로서의 내러티브, 의미구성방식으로서의 내러티브(사고양식으로서의 서사적 사고), 경험구조화(의미구성의 틀) 혹은 소통과정으로서의 내러티브, 그리고 세계 만들기 방식의 네 가지 측면에서 이해할 수 있다. 다시 말하면, 내러티브는 이야기(내용)와 담론(표현)으로 구성되며, 내러티브 사고의 산물이다. 실재는 내러티브적 사고에 의해 구성될 수 있다. 이야기하기로서의 내러티브 사고는 해석을 필요로 하며, 거기에서 이야기 만들기가 가능해지며, 인간경험을 구조화하고 경험을 계속적으로 해석하면서 세계를 만들어가는 것이다. 요컨대, 내러티브는 이야기를 만들어내는 사고양식이면서 동시에 우리의 지식을 조직하기 위한 구조이며, 세계 만들기 방식이다(강현석, 2016: 312-323). 따라서 간문화 내러티브는 간문화적 사이공간에서 존재하거나 작용하는 내러티브라고 간단히 규정할 수 있다.

이러한 개념규정에서 출발하여 이 장은 다중관점 및 포용적 접근과의 친화성에 주의를 기울이면서 간문화 내러티브의 특징을 살펴보고, 간문화 내러티브를 구체화하기 위한 방안을 특히 두 가지 측면, 즉 다중관점의 측면과 포용적 접근방안의 측면에서 탐색하는 데 주된 목적을 두고 있다. 이러한 목적에 도달하기 위하여, 우선 다중관점 및 포용적 접근과의 친화성을 중심으로 하여 간문화 내러티브의 특징에 관해 기술한다. 그 다음 여기에 기초하여 한편으로 다중관점을 통한 간문화 내러티브의 구체화 방안과 다른 한편으로 포용적 접근을 통한 간문화 내러티브의 구체화 방안에 관해 좀 더 자세하게 논의한다. 마지막으로 이 글에서 강조하고자 하는 사항을 몇 가지 명제로 정리하여 제시하기로 한다.

1. 간문화 내러티브의 특징

(1) 간문화 내러티브와 다중관점의 친화성

간문화 내러티브의 맥락에서 살펴볼 때, 다중관점에 지향을 둔 교육에서 다중관점이란 단일문화에 중점을 둔 지향을 극복함으로써 관점을 확장하려는 의도를 함축하고 있다. 학교교육과정의 간문화성(서로 다른 문화가 만나는 교차상황과 여기서 발생하는 모든 일과 사건을 포괄하는 개념)을 고려하는 데 있어서는 물론 타문화에 해당하는 내용의 정도가 포함되지만, 그 내용을 다루는 방식, 그리고 주류사회의 역사·문화·정치체제와의 관계가 더 중요하다. 예를 들면, 기존의 교육과정이 지나치게 민족사관에 치중할 경우, 구획·배제의 경향과 자민족(자문화)중심주의로 흐를 수 있다. 이 경우 간문화성 혹은 간문화 내러티브를 적절하게 고려하기 위해서는 타민족 혹은 타국가·지역을 역사의 주체로서 드러나도록 할 필요가 있으며, 두 가지 관점 혹은 그 이상의 다중관점에서 다루는 방향으로 개선할 필요가 있다. 이때 그동안 무시되거나 소홀히 다루어졌던 당사자의 시각이나 일반적이고 구조적인 시각이 더 많이 반영될 수도 있다(Auernheimer, 2010: 143-144).

편협하게 이해되었던 민족정체성에 대해서 자신의 정체성에 타자의 관점을 취득하여 끌어들임으로써 정체성의 확장을 추구할 수 있다. 예를 들면, 개발의 다양성을 고려할 때, 하나의 유일한 개발이 존재하는 것이 아니라, 다양한 개발방식이 있다는 점에 주의를 기울이고, 이 맥락에서 개인적·집단적 수준에서 문화와 결부된 다양한 관점에서 개발과 관련된 현상을 해석할 수 있다. 특히 세계화시대의 글로벌 상호의존을 고려할 때, 간문화소통 혹은 간문화 내러티브를 위해 다중관점의 측면에서 공통의 준거틀을 마련하는 일이 요청된다. 즉, 세계체제를 다중관점에서 분석할 필요가 있다는 것이다. 역사와 종교, 국제관계와 세계경제, 자연과학과 기술의 주제영역과 관련하여 다중관점의 측면에서 접근할 필요성이 제기되고 있다. 그렇게 함으로써 간문화성과 관련시켜 내용적으로 확장된 정체성을 확립하는 데 기여할 것으로 기대된다. 학교교육과정에서 다중관점은 또한 이주배경을 가진 학생들이 말하자면 '역사가 없는 존재'로 주변화되는 것을 막을 수 있고, 체류국문화와 출신국문화의 단순한 병존을 극복하는 데 기여할 수 있다(Auernheimer, 2010: 145-147).

역사에 대한 시각이 맥락적인 소재·입장이나 관찰자에 의존하고 있다는 점, 즉 순전히 객관적이지 않고 관점에 달려있다는 인식론적인 통찰은 현대의 역사학과 역사교육학에서 많이 강조되고 있다. 추구하는 목표나 결과가 이미 정해져 있다는 의미에서 목적론적인 관찰방식 혹은 민족·국가를 옹호·변호하는 관찰방식에서 벗어나 다중관점에 지향을 둔 관찰방식으로 전환하려는 시도는 독일에서 특히 제2차 세계대전 이후에 수립된 비판적 역사기술의 흐름과 대체로 맥을 같이 한다. 하지만 처음에 다중관점의 일차적인 관심사는 이주의 결과로 나타난 사회적 차이·다양성이라는 사실과는 별 관계가 없었다.

처음에는 주로 민족·국가에 국한된 다중관점이 우세하게 작용하였다. 이때 주된 관심은 내용적·방법적 측면에서 시각을 확장하는 데 놓여 있었다. 그렇게 함으로써 역사적 지식의 사회적·문화적·정치적 구속·연결·결합을 전달하고, 서로 다른 출처·원전과 입장에 입각하여 관찰하고자 하였다. 여기서 주요목표는 학습자가 자주적인 역사적 사고를 할 수 있도록 하는 데 놓여 있었다. 자주적 사고를 기르기 위해 사실보다는 오히려 문제에 중심을 둔 교수·학습이 강조되었으며, 서로 다른 관점과 시각에 대해 비평적으로 이해하는 데 주안점을 두었다. 하지만 다중관점에 지향을 교수·학습을 실현하는 데 있어서는 문제점과 한계도 역시 지적되었다.

이러한 문제점과 한계로는 시간의 부족, 방법적 실현에서의 어려움, 교육과정개정에서의 어려움, 역사적 주제에 대한 학습자의 무관심 등이 거론되었다. 어쨌든 주로 민족·국가의 공간 내에서 내용적·방법적 측면에서 다중관점을 실천에 옮기려는 시도는 일차 다중관점이라고 지칭할 수 있다. 이에 비해서 이주사회에서 요청되는 다중관점은 이차 다중관점이라고 지칭할 수 있다. 다시 말하면, 이 이차 다중관점에 대한 질문은 이주·통합의 문제를 안고 있는 다문화사회에서 새삼스럽게 제기되는 질문이라고 해석할 수 있다(Ohlinger, 2009: 112–113; Hirsch, 2010: 81–82; Kurt, 2010: 183–184; Waldenfels, 2010: 32–34). 그리고 이와 같은 다중관점의 접근방안과 간문화 내러티브는 친화성이 상당히 강하다는 전제에서 출발할 때, 간문화 내러티브에서는 다중관점의 접근방안을 적용하고 활용하려는 시도가 더 적절하고 바람직한 것으로 보인다.

(2) 간문화 내러티브와 포용적 접근의 친화성

교육자가 이주배경을 가진 청소년이나 그 부모와 소통을 할 경우 어려움에 처하는 경우가 적지 않다. 따라서 교육자는 실수를 하거나 그들을 차별할지 모른다는 불안감을 갖고, 특별히 주의를 기울이면서 행위를 하는 경향이 있다. 원만한 소통을 하기 위해 교육자는 이주배경을 가진 사람의 문화에 대한 지식을 습득하고, 그렇게 함으로써 무엇을 해도 좋고 무엇을 해서는 안 되는지에 관해 알고 싶어 한다. 그러나 이럴 경우 특정한 타문화집단을 성급하게 일반화하거나 낙인을 찍으려는 오류에 빠질 수도 있다. 예를 들면, 이란 출신의 사람은 소통을 할 때 이러저러한 방식으로 행동을 하는 경향이 있으므로, 그들과 소통을 할 때 이런 것은 해도 되지만 저런 것은 해서는 안 된다는 방식으로 해석을 하곤 한다.

이럴 경우 교육자는 소극적 관용의 경직된 태도 혹은 부자연스러운 자세를 취하기 쉽다. 즉, 이주배경을 가진 청소년이나 그 부모가 잘 이해가 되지 않는 행동방식이나 사고방식을 보여줄 경우 이것에 대해 거론하지 않으려는 경향이 있다. 이런 맥락에서 많은 교육자는 자신의 전문적인 가치와 견해를 잊어버리고, 타문화에 대한 인정과 존중을 보여주려는 의도에서 소극적 관용의 자세를 취하려고 시도한다. 또한 다문화사회에서 흔히 작용하는 규범, 예를 들면, '타문화를 인정하고 존중하라.' 혹은 '그들을 차별해서는 안 된다.'와 같은 정치적 올바름(PC: political correctness)의 원칙에 따른 규범이 이러한 소극적이고 경직된 관용을 더욱 강화시키는 경향이 있다(Hoffman, 2010: 125; Otten, 2010: 177–178; Radke, 2010: 150–151).

그러나 교육자가 이해하기 어려운 사고방식이나 행동방식(보기: 어느 아버지가 자식들에게 체벌을 가하는 행위)에 대해 어떤 조치를 강구하거나 개입을 할 경우, 그 사고·행동방식을 개인적 수준보다는 오히려 문화적 수준에서 판단한다면, 문화주의적인 관점 혹은 환원주의적인 관점에 따라 성급하게 인과관계나 상관관계를 찾으려는 위험성이 있다는 점에 유의해야 한다. 즉, 어떤 개인의 행위가 그가 속한 민족문화나 국민문화에 의해 일차원적으로 결정이 된다고 하는 가정을 조심해야 한다. 그러한 가정에서 출발할 경우, 주의와 관심은 해당 인물의 전통적·민족적 배경 혹은 국민문화배경에 쏠리는 경향이 있으며, 이러한 배경을 마치 자연적으로 주어진 문화적 본질인 것처럼 간주하는 경향이 강하다. 이와 같은 문화적 본질주의는 해당 인물의 정체성을 그가 속한 민족정체성으로 환원시키려 하며, 여기서 이 민족정체성은 거의 자연적으로 주어진 사실로 간주되곤 한다(Hoffman, 2010: 125–126; Liebsch, 2010: 39–40).

하지만 이러한 문화주의나 문화적 본질주의에서 벗어나지 못할 경우, 각 개인의 정체성이 내재적으로 지닌 특성, 즉 역동적인 측면, 사회적으로 구성된 측면, 다양성의 측면이 소홀히 다루어지기 쉽다. 이주배경을 가진 청소년을 바라볼 때 민족·국민의 준거에 따른 타자의 모습에만 초점을 맞추거나 거기에 국한시킨다면, '우리와 그들'의 이분법적·대립적인 개념적 틀 속에서 배타적인 사고방식으로 나아가기 쉽다. 문화주의나 문화본질주의적 사고방식에 따른 위험성과 한계를 고려할 때, 이에 대한 대안으로서 간문화 내러티브를 다루는 데 있어서 포용적 접근이 요청된다. 이 포용적 접근은 물론 포용적 사고방식에서 도출된다. 여기서 포용적 사고는 나의 행복·생활·안녕을 타자의 비용이나 희생을 통하여 혹은 타자가 부재한 상태에서 얻는 것이 아니라, 오히려 타자의 행복과 안녕을 동시에 추구하거나 유념할 때 비로소 획득할 수 있다는 전제에서 출발하고 있다. 간문화 내러티브에 관한 포용적 접근은 결국 타자를 이미 포함시키는 사고·행위방식인 것이다. 그것은 차이와 다양성을 위한 여지와 공간을 확보한 우리의식을 전제조건으로 삼고 있다. 포용적 사고·행위는 위에서 언급한 배타적 사고·행위, 즉 타자를 배제하고, 처음부터 '우리와 그들' 사이의 대립관계를 설정한 사고·행위와 대조되는 것이다(Hoffman, 2010: 126–127; Liebsch, 2010: 53–54; Otten, 2010: 175–176; Radke, 2010: 152–153).

2. 다중관점을 통한 간문화 내러티브의 구체화 방안

(1) 이주사회와 내러티브의 다양성

이주와 세계화의 영향을 받아 오늘날 다양성은 우리가 살고 있는 세계에서 빼놓고 생각하기 어려운 특징이다. 이 다양성은 현대사회의 모든 생활영역에 반영되고 있다. 이와 더불어 역사적 내러티브도 역시 점점 더 다양화되고 있다. 그 결과 특히 이주사회 혹은 다문화사회에서는 새로운 정체성 준거가 발생하고 있으며, 이와 더불어 내러티브의 다양성이 증가하고 있다. 서로 다른 문화적 요소 사이의 중첩과 교차 현상이 발생할 수 있는 가능성이 늘어나고 있다. 기존의 여러 가지 특징이 혼합·융합되거나 새롭게 조합되면서 나타나는 혁신적인 사항을 상징적으로 표현하는 개념으로는 교차현상이나 간문화성을 들 수 있다.

이주사회나 다문화사회에서 역사적 내러티브는 새로운 형태 혹은 아직까지 현존하지 않았던 형태를 취할 수 있다. 이 맥락에서 기존의 관점 또는 내러티브가 굴절되거나 새롭게 구조화될 수 있으며, 관련된 주제가 여러 가지 양상으로 변화될 수 있다. 공동체나 사회에 기반을 둔 기존의 공통된 혹은 공유된 경험·체험·기억이 후세대에 의해 새롭게 해석되거나 조정된다. 오늘날 세계사회는 여전히 여러 국민국가로 이루어져 있으며, 주로 민족·국민의 범주 속에서 집단적 역사의식이 작동되고 있다. 국민국가는 여전히 여러 세대에 걸쳐 형성된 민족·국가 내러티브를 토대로 삼아 살아가고 있는 경향이 상당히 강하다. 하지만 다른 한편으로 이주사회와 다문화사회에서는 세계사회, 다양성, 민족·국가 사이에서 긴장관계가 발생하고 있으며, 이러한 긴장관계는 생산적이고 혁신적인 새로운 해석과 더불어 갈등과 모순을 안고 있는 새로운 해석을 가능하게 만들고 있다(Georgi & Ohlinger, 2009: 7–8).

독일에서 살고 있는 이주가족의 청소년들이 역사에 대해 말할 경우, 이것은 서로 매우 다른 기대·필요·경험과 결합되어 있다. 하지만 다른 한편으로 공통점도 존재하는 것으로 보이는데, 이 공통점은 대체로 인정과 소속감의 개념으로 파악할 수 있다. 상기한 청소년들은 출신국가의 역사 혹은 그들과 관련된 이주의 특정한 역사가 거의 고려되지 않는다거나 아니면 심지어 전혀 고려되지 않는다는 것을 비판점으로 종종 지적하고 있다. 이것은 결국 인정의 문제로 나아간다. 역사가 정체성과 밀접한 연관성이 있다는 전제에서 출발할 때, 이주해 들어온 가족의 청소년이나 청년이 경험하거나 알고 있는 역사를 인정해주는 문제를 소홀히 다루어서는 안 될 것이다.

이주가족의 청소년들이 불만을 표출하는 또 하나의 사항은 소속감과 관련되어 있다. 그들에게는 독일가족의 역사와 민족적 동일시가 결여되어 있어 독일역사를 습득할 수 없다고 다른 사람들이 가정하고 있기 때문에, 자신들에게는 독일역사에의 참여가 때때로 허용되지 않는다고 불평을 한다. 독일역사의 습득과 관련하여, "독일청소년들도 역시 흥미·관심을 갖고 있는 사항에 대해 나도 흥미·관심을 가질 수 있다."라고 하는 어느 이주가족 청소년의 주장에서 확인할 수 있는 점이지만, 이 청소년은 인정과 소속감에 대한 바람과 요구를 표출하고 있다(Georgi & Ohlinger, 2009: 8–9).

타자의 역사 그리고 역사의 중첩·교차·융합은 민족·국가의 기억문화를 이루는 구성요소로서 대부분 인정받지 못하고 있다. 즉, 다수사회의 집합적 기억을 구성하는 데 참여하는 것이 소홀히 다루어지는 경향이 강하다. 그래서 자주적인 기억공동체의 발생을 조장하기 쉽다. 왜냐하면 역사는 다른 것과 분리시키는 요소 혹은 계기로서 구성되거나 체험되는 경향이 강하기 때문이다. 이주의 역사, 출신배경의 역사, 가족의 역사, 이주자를 받아들이는 수용사회의 역사가 공통점과 연관성 그리고 상호작용의 측면에서 관찰되기보다는 오히려 서로 양립하기 어려운 차이·다양성의 측면에서 벗어나지 못하는 경우가 상당히 많다. 사람들의 여러 가지 역사가 일상생활뿐만 아니라 사회적 공론장에서도 역시 서로 거의 만나지 못하고 있다.

체험된 역사적 간문화성은 서로 다른 관점이나 시각을 고려한다는 의미에서 다중관점에 지향을 두고 있으며, 다양성·모순·대립관계를 참아내고 견뎌내는 데 기반을 두고 있다. 그런데 상기한 경향은 이러한 간문화성을 위한 여지와 공간을 별로 제공하지 않거나 아예 제공하지 않는다. 그동안 공유한 기억과 이야기는 이제까지 서로 결합시키는 요인이나 공통점보다는 오히려 서로 분리시키는 요인을 더 많이 강조하는 경향이 강하다. 따라서 역사의 간문화성은 이미 널리 정착되고 경험적으로 일반적으로 입증할 수 있는 사실이라고 간주하기 어려우며, 오히려 부분적으로 아직은 규범적인 요구사항이라고 해석하는 것이 더 적절하다고 판단된다(Georgi & Ohlinger, 2009: 10–11; Liebsch, 2010: 50–52).

독일 이주사회에서 역사와 기억을 다루는 일에 관해 논의할 때, 역사적 의미형성이라는 의미에서 내러티브의 차원을 다음과 같이 적어도 여섯 가지로 구분하여 고려할 필요가 있다. 물론 일상생활에서 역사적 심상을 구성하고 이야기할 때 이 여섯 가지 차원은 서로 명확하게 분리시킬 수 없는 경우도 적지 않을 것으로 보인다. 오히려 이 차원들은, 특히 역사적 해석을 위한 권위를 차지하거나 집합적인 공공적 기억을 형성하는 것이 중요한 문제가 될 경우, 서로 겹치거나 상호 경쟁관계에 놓일 수도 있다. 어쨌든 이 내러티브 차원들은 대체로 역사적 간문화성 혹은 교차관계를 함축하고 있는 사회적 장(場) 혹은 무대를 형성한다고 볼 수 있다(Georgi & Ohlinger, 2009: 11–12; Kurt, 2010: 203–204).

주로 민족·국가의 틀 속에서 남아 있던 내러티브는 이주와 세계화

| 표 3-1 이주사회와 관련된 내러티브의 차원

① 다수의 공적 내러티브	민족·국가역사의 형태를 갖춘 수용국가 혹은 이주국가의 역사
② 다수의 사적 내러티브	가족수준에서 전수되는 다수사회 대변자의 역사와 이야기
③ 소수의 공적 내러티브	민족·국가역사의 형태를 갖춘 이주자 출신국가·지역의 역사
④ 소수의 사적 내러티브	가족수준에서 전수되는 이주자공동체 대변자의 역사와 이야기
⑤ 이주의 내러티브	이주자공동체의 특정한 이주의 역사
⑥ 공유된 내러티브	정주민과 이주민의 관계에 대한 역사 (여기서 '공유된'이라는 수식어는 분리시키는 요인과 공통된 요인을 함축하고 있다는 점에서 이중적인 의미를 지니고 있음.)

출처: Georgi & Ohlinger, 2009: 11 재구성

의 영향으로 인하여 간문화 내러티브로 전환할 필요가 있다는 점이 점점 더 많이 강조되고 있다. 공통된 (역사적) 이야기와 기억을 구성하는 데 있어서 발생하는 특정한 도전은 바로 이주사회의 특징에 놓여 있다. 왜냐하면 이주현상은 점점 더 많은 이질성과 더불어 경험과 기억의 차이·다양성을 수반하기 때문이다. 이주의 과정 그 자체를 통해 이미 새로운 역사적 경험과 이야기가 발생하며, 이와 동시에 여러 가지 방식으로 새로운 관점을 제시하고 받아들일 수 있는 가능성이 발생한다(Ohlinger, 2009: 111). 이 맥락에서 이주사회에서 작용하는 내러티브를 다음과 같이 다섯 가지로 구분하여 제시할 수 있다. 위의 <표 3-1>과 비교할 때, <표 3-2>에서는 민족·국가의 틀을 넘어선 내러티브가 명시적으로 추가되었다는 것을 미묘한 차이점으로 해석할 수 있다.

| 표 3-2 이주사회에서 작용하는 다양한 내러티브

① 이주의 내러티브	이주의 행위 그 자체가 이주역사로서 하나의 역사적 이야기가 됨. 세대에 특정한 내러티브, 시간이 지나면서 세대 사이에서 작용하는 내러티브, 간문화 내러티브가 발생할 수 있음.
② 소수집단의 내러티브	출신국가에서 나온 경험과 이야기가 이주자를 통하여 전수됨. 이 이야기는 종종 민족이나 국민의 범주로 코드화됨.
③ 다수집단의 내러티브	경우에 따라서는 이주민이 이주사회(수용사회)의 역사적 경험과 이야기를 비평적으로 다룸.
④ 상호관계의 내러티브	이주의 경험 그 자체에서 새로운 이야기가 발생함. 이 새로운 이야기는 이주민과 이주사회(수용사회)의 상호관계에서 결과함.
⑤ 민족·국가의 틀을 넘어선 내러티브	민족·국가와 같은 집단의 상위에 놓여 있는 경험과 이야기. 여기에는 글로벌 수준의 메타이야기, 유럽의 메타이야기, 초국가적 메타이야기가 해당함.

출처: Ohlinger, 2009: 111 재구성

이주사회에서 작용하는 내러티브를 살펴볼 때, 이주현상은 역사적 이야기와 기억에 대해 관점과 시각의 변경을 수반할 수 있다. 이것은 주제의 폭이나 범위를 확장시킬 뿐만 아니라 역사적인 현상에 대한 관점에도 영향을 줄 수 있다. 이주는 역사를 초국가적인 영역으로 개방시키며, 관계의 역사에 더 많은 주의를 기울이도록 해준다. 이주는 기존의 행위자나 수용자의 범위를 확장시켜 새로운 참여자들을 끌어들이며, 이들은 새로운 관점과 시각을 제시함으로써 결국 이야기의 틀과 더불어 이야기의 출발점과 종착점을 변화시킬 수 있다. 따라서 이주사회 혹은 다문화사회는 구조적으로 간문화 내러티브를 위한 잠재성을 지니고 있으며, 다중관점에 지향을 둔 역사적 관찰을 가능하도록 만든다. 하지만 다중관점에 지향을 둔 역사적 관찰은 저절로 생겨나는 것이 아니라, 구체적인 인지적·교육적 의사결정과 접근방안의 결과로 등장할 수 있다(Ohlinger, 2009: 112; Kurt, 2010: 196–197).

(2) 다중관점 지향 간문화 내러티브

위에서 언급한 바와 같이, 이주사회에서 작용하는 다섯 가지 내러티브를 준거로 삼아 이 부분에서는 다중관점에 지향을 둔 간문화 내러티브의 구현방안에 주의를 기울이고자 한다. 여기서는 주로 독일의 역사에서 해당하는 사례를 찾아 예시하고자 한다. 이러한 논의와 예시를 위해 전제로 삼고 있는 가정은 한편으로 민족·국가의 역사 혹은 내러티브가 유의미한 준거틀로서 여전히 남아 있지만, 다른 한편으로 그것이 보다 더 보편화된 변종 혹은 초국가적인 변종의 형태를 취할 수 있다는 것이다. 즉, 민족·국가의 역사 혹은 내러티브 그 자체를 해체하는 것이 아니라, 민족·국가의 준거를 포함하고 있지만 그것을 확장하거나 넘어설 수 있는 새로운 관점이나 시각을 더 많이 고려할 필요가 있다는 것이다(Ohlinger, 2009: 113).

① 이주의 내러티브

이주의 역사는 개념규정상 이미 경계를 넘어선다는 의미에서 민족·국가에 국한된 내러티브를 극복한다. 고전적인 의미에서 애초부터 이주국가가 아니었던 독일·네덜란드·프랑스에서도 역시 지난 수십년 동안에 걸쳐서 이주의 역사가 자리를 잡게 되었다. 물론 아직 확고하게 제도적으로 자리를 잡은 것은 아니지만, 이주의 역사는 사회사의 일부분으로서 내용적으로 받아들여지고 있다. 이때 관련된 주제를 따로 다루는 방식보다는 통합적인 기술이 더 적절한 것으로 보인다.

예를 들면, 터키에서 독일로 향한 1960년대의 노동이주는 양국 사이에 체결된 근로자모집조약, 독일노동시장에서의 근로자 부족문제, 부분적으로 국경을 개방하려는 독일정부의 결정과 밀접한 관련이 있었다. 그러나 이러한 과정은 터키가 처했던 국내조건과도 밀접하게 연관되어 있었다. 그러한 국내조건에 해당하는 사항으로는 도시화, 지방에서의 변동, 지방의 현대화, 서구를 지향한 개방, 국내의 실업문제, 비교적 젊은 인구가 많은 연령구조를 거론할 수 있다. 어쨌든 이주의 역사는 다중관점에 지향을 둔 역사적 관찰과 친화성이 상당히 강하며, 다양성의 조건하에서 요청되는 내러티브에서 중요한 구성요소로 간주할 수 있다(Ohlinger, 2009: 113–116).

② 소수집단의 내러티브

이주사회에서는 다른 민족·국가의 내러티브를 갖고 들어온 이주민의 다양성과 이것을 부분적으로 세대를 거쳐 전달하는 이주민의 다양성으로 인하여 역사적 지식과 이야기가 다원화된다. 이주민이 갖고 들어온 출신국의 역사를 교육에서 더 많이 반영할 수 있다면, 다중관점에 지향을 둔 역사학습에 기여할 것으로 기대되며, 서로 다른 민족·국가의 내러티브를 비교함으로써 다중관점에 지향을 둔 수업을 활성화하는 데 도움을 줄 것으로 보인다.

예를 들면, 구동독에서 평화혁명이 발생하고 이어서 베를린장벽과 더불어 철의 장막이 무너진 전환의 해인 1989년을 주제로 삼을 수 있다. 동구권에서 공산주의 정권이 해체되면서 획기적인 전환점이 도래하였다. 베를린장벽의 붕괴와 구동독의 종언이 그동안 학교수업에서 다루어야 할 필수적인 교수·학습내용이 되었다. 하지만 폴란드·체코슬로바키아·헝가리 등에서 발생한 정치적·사회적 변동은 상대적으로 덜 다루어지고 있다. 이러한 점을 고려할 때, 사회주의 정권이 몰락하고 붕괴한 현상과 관련하여 폴란드와 구동독을 비교하는 것은 체계적인 관점에서 흥미로울 뿐만 아니라, 폴란드 이주민의 출신사회에 관해 경험할 수 있는 계기도 마련해 줄 수 있다. 아니면 독일 내에서 별로 알려지지 않은 동구권 출신의 이웃사람들이 갖고 있는 역사에 관해 더 많은 것을 경험할 수 있는 출발점을 제공할 수도 있다. 이러한 사례에서 확인할 수 있는 바와 같이, 소수집단의 내러티브를 포함해서 비교하는 작업을 통해 다중관점에 지향을 둔 교수·학습에 기여할 수 있다(Ohlinger, 2009: 116-120).

③ 다수집단의 내러티브

이주사회의 민족·국가 이야기에 대한 이주민의 시각을 통해 발생할 수 있는 다중관점은 이미 확고하게 자리를 잡고 있는 다수집단의 민족·국가 내러티브에 대해 낯선 측면을 제공할 수 있다. 이 다중관점은 서로 다른 행위자의 관점에서 나오는 도전과 관련되어 있다. 기존의 민족·국가 집합체에 새롭게 추가된 이주자는 이주사회의 민족·국가 내러티브에 아예 관여하지 못하거나 아니면 부분적으로 다른 측면을 끌어들이면서 관여하게 된다. 이 다른 측면은 특히 민족·국가 내러티브에서 등장하는 피해자·가해자의 역할에 접근하거나 그러한 역할과 동일시하는 사항과 관련되어 있다. 예를 들면, 독일나치정권의 역사를 바라보는 데 있어서, 독일인의 운명공동체에 대한 접근이 이주민에게 가능한지의 여부, 그리고 어떻게 가능한 것인가의 질문을 제기할 수 있다. 다시 말하면, 유럽 유대민족에 대한 나치의 대학살이 주로 독일인이 스스로 다루어야 할 배타적인 범죄인가의 질문이 제기된다. 아니면 더 개방적인 접근이 가능한 것인가 하는 질문도 제기된다. 이러한 문제제기와 관련하여 수행된 경험적 연구결과를 살펴볼 때, 적어도 다음과 같이 네 가지의 서로 다른 접근방안 혹은 내러티브를 제시할 수 있다(Georgi, 2009: 103-105; Ohlinger, 2009: 120-121).

| 표 3-3 나치역사에 대한 이주청소년의 내러티브 유형

① 나치박해의 피해자에 초점을 맞춘 내러티브	나치의 피해자에 해당하는 준거집단과의 동일시
② 나치정권시대의 관망자·단순가담자·가해자에 초점을 맞춘 내러티브	나치정권시대의 가해자·단순가담자·관망자에 해당하는 준거집단과의 동일시
③ 자기 자신의 민족공동체에 초점을 맞춘 내러티브	자기가 속한 민족에 해당하는 준거집단과의 동일시
④ 인류에 초점을 맞춘 내러티브	역사적 준거집단으로서 인류 전체와의 동일시

출처: Georgi, 2009: 105 재구성

상기한 <표 3-3>에서 확인할 수 있는 바와 같이, 나치역사에 대한 이주청소년의 내러티브는 나치 피해자와의 동일시, 민족·국가 집합체에 속하기 위한 의도를 가진 책임과 죄의식 수용, 책임과 부담이 없다고 간주되는 (자기가 속한) 민족사로의 후퇴, 그리고 보편적 인류의 역사 속에서 대학살을 자리매김하려는 시도로 구분할 수 있다. 결국 이주라고 하는 사실 그 자체는 관점의 확장 혹은 다중관점을 수반할 수 있는 잠재성을 지니고 있다. 그리고 특히 쟁점이 되거나 도덕적 감정이 개입된 민족·국가의 역사를 다루는 데 있어서 다중관점은 논쟁점을 반영해야 하고, 거부하려는 해석이나 접근방안을 가능하도록 해야 한다는 것을 함축하고 있다(Ohlinger, 2009: 122-123).

④ 상호관계의 내러티브

다문화사회 혹은 이주사회에서는 종종 새로운 것, 즉 간문화적 관계가 발생한다. 이 간문화적 관계는 서로 다른 행위자·집단·경험·이야기 사이의 관계로 풀이할 수 있다. 이 관계는 이주의 사회적 계기와 관련되지만, 이와 동시에 역사적인 차원도 내재적으로 포함하고 있다. 언어와 더불어 역사적 이야기를 포함하고 있는 내러티브는 공동체와 사회의 결속을 위해, 공통된 우리의식을 발견하고 사회통합에 기여하는 데 있어서 중요한 요인으로 작용한다. 또한 이것은 교육을 통한 사회통합의 과제를 함축하고 있다. 하지만 이주를 통해 발생한 새로운 사회적 관계의 망이 간문화 내러티브와 교육방책을 위해 어떤 귀결을 수반할 수 있는가의 질문에 대해서 명확하게 답변하는 것은 그렇게 쉬운 일이 아니다. 그럼에도 불구하고 관계의 역사를 통해 다중관점을 확보한다는 의미에서 상호관계에 초점을 맞춘 간문화 내러티브의 가능성을 탐색하는 일은 이주사회에서 포기할 수 없는 중요한 사안이다 (Ohlinger, 2009: 123–124).

⑤ 민족·국가의 틀을 넘어선 내러티브

정치·경제·사회·문화의 세계화와 유럽의 초국가화 현상을 통하여 역사적 이야기와 내러티브의 새로운 초국가적 형태, 즉 다중관점에 지향을 둘 수밖에 없는 새로운 초국가적 형태가 등장하고 있다. 국제적인 경험과 초국가적인 경험이 증가하면서 역사적 이야기와 내러티브를 바라보는 시각 역시 변화하고 있다. 예를 들면, 유럽연합은 민족·국가에 중점을 둔 기존의 역사를 넘어서서 유럽 전체를 아우르는 역사책을 발간하고 있으며, 유럽박물관을 세우고 있으며, 유럽역사관을 세우고 있다. 역사학 분야에서는 민족·국가의 비교를 넘어서서 관계의 역사나 초국가적인 역사를 모색하는 방향으로 나아가고 있다. 이러한 과정에서 유럽의 범위를 넘어선 틀을 모색하고 기술하고 있다. 그리고 세계사 역시 역사교육의 중요한 의제로 부상하고 있다.

물론 글로벌역사 혹은 보편적 역사는 완전히 새로운 구상은 아니다. 계몽주의시대에도, 비록 유럽중심적 사고방식이 상당히 강하였지만, 보편사 혹은 세계사가 역사적 사고의 중심에 놓여 있었다. 하지만 이러한 시도는 19세기 후반과 20세기 전반에 민족·국가 중심의 역사를 다시 강조하는 경향으로 인하여 지속가능한 유지·발전을 하는 데 있어서 한계에 봉착하였다. 이러한 우여곡절이 있었지만, 어쨌든 그동안 유럽통합·세계화·보편화의 과정을 거치면서 최근에 역사를 바라보는 경향으로서 다중관점이 새로운 접근방안으로 강조되고 있다. 물론 그렇다고 해서 민족·국가 중심의 이야기와 내러티브가 사라지는 것은 결코 아니다. 하지만 다른 한편으로는 다중관점과 간문화 내러티브를 지향하면서 부분적으로 변화가 모색되고 있다. 즉, 보편화·글로벌화·유럽화의 경향에 부응하기 위한 시도가 민족·국가 중심의 틀을 부분적으로 조정하고 있으며, 민족·국가 내러티브에 국한되었던 기존의 해석적 지평을 계속해서 변화시키고 있다(Ohlinger, 2009: 124-125; Maissen, 2010: 50-51, 62-63).

이주사회 또는 다문화사회가 내재적으로 안고 있는 근본적인 문제, 즉 사회통합의 차원에서 공동체의식 혹은 공통된 우리의식을 발견하고 구성하는 데 있어서 우리는 도대체 어떤 역사적 이야기 혹은 내러티브를 필요로 하는가? 이러한 이야기의 틀을 어떻게 마련할 것인가? 이와 관련된 도전과 과제를 적절히 다루기 위해서 어떤 행위자와 관점이 필요한가? 역사학과 역사교육학 분야에서 사람들은 이러한 도전과 과제에 대처하기 위한 단서를 대체로 다중관점에서 찾고 있다. 이주사회에서는 다중관점을 위한 새로운 가능성이 발생한다. 물론 이 새로운 가능성은 이주라고 하는 사회적·정치적 사실, 그리고 이로 인한 사회의 다원화·다양화와 직접 관련이 있다. 사회의 다원화·다양화는, 이미 위에서 언급한 바와 같이, 이차 다중관점의 가능성을 수반한다.

즉, 여기서 다중관점은 단지 출처·원전의 선정과 관점을 통해서만 발생하는 것이 아니라, 오히려 이주 및 이주민을 통해 수용사회에 들어오는 경험과 역사적 이야기를 통해 발생하는 것이다. 그래서 민족·국가의 한계와 틀을 넘어서는 간문화 내러티브가 발생할 수 있다. 이주의 역사 그 자체를 통해서, 혹은 서로 다른 민족·국가역사의 관점들이 만나는 교집합을 통해서, 아니면 새로운 관계역사의 형태를 통해서 그러한 간문화 내러티브가 발생할 수 있는 것이다. 물론 이와 같은 추상적인 인식은 교수·학습의 개념과 구상, 교재(교수자료), 실행프로젝트의 측면에서 더 구체적인 작업을 필요로 한다. 결국 실제적인 간문화적 개방과 확장이라는 의미에서 간문화 내러티브를 활용한 교육방안 혹은 교수·학습방안을 마련할 필요가 있다(Ohlinger, 2009: 125–126; Liebsch, 2010: 37–38; Otten, 2010: 180–181; Radke, 2010: 171–172).

3. 포용적 접근을 통한 간문화 내러티브의 구체화 방안

(1) 포용적 접근과 평등 및 다양성의 원칙

포용적 사고·행위방식은 인정된 평등과 인정된 다양성의 두 가지 원칙을 결합시킨다. 인정된 평등의 원칙은 이주배경을 가진 청소년이 단순히 타문화 출신의 사람이 아니라, 맥락에 따라 일차적으로 학생이나 고객이라는 것을 의미한다. 또한 이 원칙은 이주민이나 정주민에 속하는 개인들의 공통점에 주의를 기울인다. 즉, 아동·청소년·자녀(아들 혹은 딸)·학생·사춘기·음악팬·스포츠인·도시주민 등의 측면에서 공통으로 지닌 특성을 암시한다. 교육현장에서 평등의 원칙은 모든 청소년을 질적으로 동등하게 대우한다는 것을 뜻한다. 즉, 원칙적으로 동일한 교육적 출발점, 동등한 지원, 동일한 주의와 관심, 동일한 방법을 갖고 동등하게 대우한다는 것을 함축하고 있다. 다시 말하면. 모든 청소년은 동일한 질적인 대우를 받을 권리를 갖고 있다. 또한 이 인정된 평등의 원칙은 인정된 다양성의 원칙과 직접 그리고 불가분하게 결합되어 있다(Hoffman, 2010: 127; Kurt, 2010: 211–212; Otten, 2010: 180; Prengel, 2007: 51–53).

인정된 다양성의 원칙은 청소년 또는 그 부모의 배경과 관련하여 차이를 인정한다는 것을 의미한다. 교육자는 청소년의 평등에 유의하며, 이와 동시에 차이에도 유의한다. 이 차이는 연령·성별·민족·가족·생활상태·이주경험·교육 혹은 신체적·정신적 건강상태 측면에서 발생할 수 있다. 배경의 다양성과 관련하여 물론 모든 문화적 차이가 동등한 중요성이나 비중을 차지하고 있는 것은 아니다. 교육현장에서는 특히 청소년에 대한 사회적 차별을 수반하는 문화적 차이가 상대적으로 더 중요하다고 볼 수 있다. 이주배경을 갖고 있지 않은 정주민 청소년과 비교할 때, 이주배경을 갖고 있는 청소년이 대체로 취약한 상태에 놓여 있다는 점을 어렵지 않게 관찰할 수 있다. 특히 이주의 역사, 이주민의 위치(위상), 언어적 배경, 문화자본(태도, 지식, 능력, 사회적 네트워크)으로 인하여, 그리고 피부색, 민족적 출신배경, 종교가 다르다는 이유로 발생하는 사회적 배제로 인하여 더 어려운 상황에 처하기 쉽다. 이때 교육자가 해당 청소년이 갖고 있는 질문이나 문제를 분명하게 밝히고자 한다면, 지원과 도움을 위해 도대체 어떤 문화적 차이가 적실성이 있는지를 인식할 수 있다. 예를 들면, 체재국의 언어를 제대로 구사하지 못할 경우 해당 청소년은 상당히 취약한 상태에 놓이기 쉽다(Hoffman, 2010: 128; Liebsch, 2010: 51–52).

평등원칙과 다양성원칙은 서로 불가분의 관계를 맺고 있다. 이 두 가지 원칙은 서로에게 조건이 되며 상호보완관계에 놓여 있다. 따라서 두 가지 원칙을 함께 고려할 때 비로소 질적으로 적절한 도움과 지원을 제공할 수 있다. 만약 '나는 차이를 모른다. 모두가 청소년이다. 나는 모든 청소년을 동등하게 대우한다.'라는 방식으로 평등의 원칙만을 고려한다면, 일종의 색맹현상이 발생할 수 있다. 그것은 차이를 부정하는 것이며, 따라서 '다른' 청소년을 배제하게 될 것이다. 거꾸로 만약 인정된 다양성의 원칙만을 고려한다면, 청소년의 다른 특성을 성급하게 일반화하거나 그 차이에 대해 낙인을 찍게 될 것이다. 그러므로 교육자는 특정한 민족·문화를 넘어서는 생활공간과 더불어 청소년의 다양한 정체성(다중정체성)을 고려할 수 있는 안목을 갖추어야 한다.

예를 들면, 터키출신의 청소년이 여교사와 어떤 갈등관계에 놓여 있을 때, 이것을 터키공동체 내에서의 남녀관계와 억지로 연결시킬 필요는 없으며, 오히려 일차적으로 학생으로서의 위치와 여교사의 수업방식과 관련된 문제라고 파악할 수 있다. 이때 청소년 상담을 맡고 있는 교육자는 두 가지 원칙(평등원칙과 다양성원칙)을 동시에 고려할 수 있는 역량을 갖추어야 한다는 점을 다시 확인할 수 있다. 그리고 상담할 경우 교육자는 당사자인 청소년의 자기묘사에 특별히 주의를 기울일 필요가 있다. 즉, 자기 자신의 어떤 면을 부각시키는지, 정체성의 어떤 측면을 전면에 내세우는지, 그리고 어떤 측면을 당분간 주변적인 것으로 간주하는지에 유의할 필요가 있다. 어쨌든 인정된 평등과 인정된 다양성의 원칙은 서로 밀접하게 연결되어 있으며, 모든 청소년을 가능하면 동등하게 대우하려는 포용적 사고·행위의 기반이 된다. 그리고 이 두 가지 원칙을 동시에 고려해야 양질의 교육을 위한 기반을 확보할 수 있다(Hoffman, 2010: 128–129; Otten, 2010: 181–182; ; Prengel, 2007: 49–50).

(2) 포용적 간문화 내러티브 모형

포용적 접근에 입각한 간문화 내러티브 모형은 분석도구로 활용할 수 있으며 또한 적절한 교육적 개입을 위한 도구로도 활용할 수 있다.

이 포용적 간문화 내러티브 모형에서는 언어·질서·개인·조직·노력의 다섯 가지 영역 혹은 차원을 구분할 수 있다. 각 영역에 해당하는 일련의 질문을 통해 교육자는 어디서 소통이 성공하거나 아니면 실패하는지를 확인하고 찾아낼 수 있다. 질문을 더 많이 제기할 수 있다면, 개방적이고 효율적인 소통을 수립하는 데 더 도움이 될 것으로 기대할 수 있다. 또한 이 모형은 각 차원에 대해서 일반적으로 유용한 교육적 개입의 가능성을 제공한다. 이 교육적 개입의 가능성은 특히 자기성찰·계몽·조사연구에 지향을 두고 있다. 소통과정에서 오해가 발생할 경우, 교육자는 소통이 이루어지는 동안 이 적용모형을 준거틀로서 활용할 수 있다. 또한 소통이 이루어진 다음, 즉 사후(事後)에 성찰을 위한 틀로서 혹은 발견학적 분석도구로 활용할 수 있다. 즉, 어느 영역에서 소통이 성공하지 못했는지 그리고 다음에는 어떻게 개선할 수 있는지의 질문을 염두에 두면서 대화상황 혹은 내러티브를 분석하고 잘못된 부분을 찾아낼 수 있다(Hoffman, 2010: 136, 146).

| 표 3-4 포용적 간문화 내러티브 모형

분석 스스로 다음과 같은 질문을 제기할 수 있다.	교육적 개입 무엇을 할 수 있는가?
① 언어 언어적·비언어적 소통수단의 의미: – 누구의 언어로 말을 하는가? (자기 언어의 발언권 혹은 힘의 위상) – 각 개인이 말하는 것의 의미는 무엇인가? – 몸짓과 다른 비언어적 소통수단은 무엇을 뜻하는가?	① 언어 언어적·비언어적 소통수단의 의미: – 말과 비언어적 소통수단(특히 몸짓)을 모든 감각을 통해 인지한다. – 의미를 조사하거나 물어본다. – 의미를 설명한다. – 피드백을 주고, 피드백을 요청한다.

– 말과 행동의 해석은 무엇인가? – 개인이 말하고 행위하는 것, 그리고 그가 다른 개인에게서 이해하는 것에 대한 주위환경의 영향은 무엇인가?	– 당사자의 주위환경이 그의 해석에 어떤 영향을 미치는지 조사한다.
② 질서 시각과 논리: – 타자의 시각과 논리는 무엇인가? – 참여자의 관점, 이해관계, 충성은 무엇인가? – 참여자의 준거틀(가치와 규범)은 무엇인가? – 공통점은 어디에 놓여 있는가? – 차이점은 어디에 놓여 있는가? – 참여자의 시각과 논리에 대한 주위환경의 영향은 무엇인가?	② 질서 시각과 논리: – 타자의 시각·논리에 대해 질문한다. – 능동적으로 청취한다. (즉, 인정한다.) – 적응하고 공감한다. – 의미를 조사하고 물어본다. – 자기 자신의 시각·논리를 설명한다. – 공통점을 부각시킨다. – 차이점을 명료화하고 허용한다. – 참여자의 시각과 논리에 대한 주위환경의 영향은 무엇인지 조사한다.
③ 개인 정체성과 관계: – 개인 자신은 어떤 역할을 갖고 있는가? – 각자는 다른 사람들에 대해서 어떤 역할을 떠맡고 있는가? – 관계 속에서 상호기대는 어떤 상태에 놓여 있는가? – 각자는 서로에 대한 관계를 어떻게 바라보는가? – 각자가 타자를 바라보고 공통의 관계를 바라보는 방식에 대한 주위환경의 영향은 무엇인가?	③ 개인 정체성과 관계: – 타자가 어떤 역할을 갖고 있는지 그리고 어떤 기대를 갖고 말하는지 검토한다. – 능동적으로 청취한다. (즉, 인정한다.) – 적응하고 공감한다. – 사람들이 어떤 역할을 갖고 어떤 기대를 갖고 말하는지 스스로 질문하거나 설명한다. – 각자 공통의 관계를 어떻게 바라보는지 검토한다.

<table>
<tr><td></td><td>– 참여자가 자신과 타자를 바라보는 방식에 대한 주위환경의 영향이 무엇인지에 관해 배경이나 근거를 물으면서 검토한다.</td></tr>
<tr><td>④ 조직
규칙과 권력관계:
– 자기가 속한 조직의 영향은 무엇인가? (권력지위 혹은 힘의 위상, 대화의 장소, 기능, 책무, 가용시간, 일정과 시간, 규칙, 약속, 절차 등)
– 조직은 타자의 행동에 어떻게 영향을 미치는가? (권력관계, 시간지향, 조직에서의 지명도, 절차, 규칙 등)
– 거시구조(주위환경)가 소통에 어떻게 영향을 미치는가? (권력관계, 교제형식 혹은 조직문화, 법과 규칙)</td><td>④ 조직
규칙과 권력관계:
– 권력관계에 대해 주의를 기울인다.
– 자신이 속한 조직을 설명한다.
– 자신이 속한 조직을 다르게 조절(조정)한다.
– 타자의 조직(혹은 그의 해석)을 조사한다(혹은 인정한다).
– 더 넓은 주위환경(법적 위치, 절차, 가용한 시설과 수단)에서 규칙 및 권력관계가 소통에 미치는 영향에 대해 배경·근거를 고려하면서 질문을 제기한다.</td></tr>
<tr><td>⑤ 노력
동기와 동인:
– 개인들의 동기는 무엇인가? (동인, 필요와 욕구, 불안, 소망)
– 각자는 무엇을 위해 최선을 다하는가?
– 각자 숨겨진 동기에 대해 어떻게 바라보는가?
– 타자가 무엇을 위해 최선을 다하는지에 관해 각자 어떻게 생각하는가?
– '최선을 다한다는 것'이 주위환경에서 어떤 의미를 갖고 있으</td><td>⑤ 노력
동기와 동인:
– 타자의 숨겨진 동기가 무엇인지 인정을 해주면서 질문한다.
– 타자가 무엇을 위해 최선을 다하는지 검토한다.
– 타자가 최선을 다하는 것에 대해 적응하고 공감한다.
– 타자의 노력을 사람들이 바라보고 있다는 것을 깨닫도록 하거나 말을 한다.
– 타자가 인정받고 있다고 느끼는 것이 무엇인지 검토한다.</td></tr>
</table>

며, 이것이 소통에 어떤 영향을 미치는가? – 타자가 최선을 다한다는 것을 바라보고 있다는 것을 각자 어떻게 알도록 하는가? – 각자 자신의 동기·동인을 갖고 인정받는다고 느끼는가? – 각자 최선을 다하는 방식에서 인정받는다고 느끼는가?	– 타자가 어디서 그리고 누구에게서 인정을 받는지 질문한다. – '최선을 다한다는 것'이 무엇을 의미하는지에 대해 주위환경이 어떻게 영향을 미치는지 검토한다. – 사람들이 최선을 다하는 이유가 무엇인지 설명한다. – 개인들의 노력이 타자에게 어떤 효과가 있는지 살펴보거나 다른 사람들에게 보여준다.

출처: Hoffman, 2010: 146–148 재구성

간문화교육학에서는 그동안 다음과 같은 네 가지 점이 대체적인 합의사항으로 간주되고 있다. 첫째, 문화를 본질주의적인 시각에서 이해해서는 안 된다. 문화는 정적이고 폐쇄적인 구성체가 아니며, 그 자체가 권력과 해석을 둘러싼 투쟁의 장이다. 둘째, 간문화교육학은 이주사회 내에서 작용하는 구조적 불평등, 지배와 피지배의 관계, 그리고 실제적인 인종차별주의의 문제를 다루어야 한다. 셋째, 참여자 혹은 당사자를 성급하게 민족적·문화적 소속으로 환원시켜 고정시켜서는 안 된다. 정체성의 개념과 설계는 종종 변화하며, 협상의 대상이 되며, 여러 가지 부분정체성으로 구성된 성격(patchwork–identity)을 띠며, 서로 다른 준거체제를 자유롭게 선택한 결과로서의 혼합물 혹은 혼성적 교차상황의 특징을 띠고 있다. 넷째, 자신의 이해와 타자의 이해가 서로 변증법적으로 결합되거나 뒤섞여 있다. 자신의 문화적 준거와 인지유형을 되돌아보며 성찰할 수 있는 능력이 간문화학습의 핵심적인 목표가 되며, 이때 교육자와 학습자는 계속적인 공동의 학습·경험의 과정에 놓여 있으며, 이 과정을 통해 간문화역량을 함양하고 신장시켜

야 한다. 성급한 민족적·문화적 속성부여보다는 오히려 소통적 평등을 기반으로 하여 차이와 다양성을 인정해야 한다. 간문화학습은 평등과 인정의 원칙 혹은 평등과 다양성의 원칙을 기반으로 삼고 있다. 즉, 우리는 한편으로 서로 다르지만, 그럼에도 불구하고 다른 한편으로 평등하다는 통찰 혹은 준칙에 언제나 유념해야 한다(Otten, 2010: 180; Auernheimer, 2010: 120-121).

상기한 간문화교육학의 대체적인 합의사항에서 출발할 때, 간문화 내러티브와 관련해서도 역시 개개인을 문화주의적으로 환원시키고 문화개념을 물화시키려는 위험성을 의식해야 한다. 다시 말하면, 이주의 과정을 일방적으로 문화와 결합시키고, 경제적 불평등과 사회구조적 차이를 간과하려는 시도에 대해 경계를 할 필요가 있다. 문화적 차이를 지나치게 강조하면서 개인의 행위·행동방식은 문화적으로 결정된다는 방식으로 접근하려는 시도를 경계할 필요가 있다. 이주사회 혹은 다문화사회에서 일상을 규정하는 사회적 상태와 관계를 문화주의적 관점에서 이해하고 해석하려는 시도를 경계해야 한다는 점은 그동안 이론적 차원에서 비교적 적지 않게 거론되었다. 하지만 교육과정·교과서의 내용구성과 더불어 수업실행과 관련된 실제적·조작적 수준에서 이러한 이론적 통찰이나 준칙이 제대로 반영되지 못하거나 아니면 심지어 의도한 것과는 어긋한 상태에서 거꾸로 작용할 수 있다는 점에서 간문화 내러티브의 역설에도 주의를 기울일 필요가 있다(Radke, 2010: 150-151).

이 장에서는 다중관점 및 포용적 접근과의 친화성에 주의를 기울이면서 간문화 내러티브의 특징을 살펴본 다음, 다중관점을 통한 간문화 내러티브의 구체화 방안과 포용적 접근을 통한 간문화 내러티브의 구체화 방안에 관하여 논의하였다. 이 글에서 강조하고자 하는 핵심적인 명제는 다음과 같이 정식화하여 제시할 수 있다.

첫째, 간문화 내러티브는 간문화적 사이공간에서 존재하거나 작용하는 내러티브라고 규정할 수 있으며, 서로 다른 문화가 만나는 교차상황과 여기서 발생하는 모든 일과 사건을 포괄하는 개념인 간문화성의 관점에서 바라본 내러티브라고 풀이할 수도 있다. 이 간문화 내러티브의 특징은 특히 다중관점 및 포용적 접근과의 친화성을 고려하여 명료화할 수 있다.

둘째, 간문화 내러티브의 맥락에서 살펴볼 때, 다중관점에 지향을 둔 교육에서 다중관점이란 단일문화 혹은 민족·국가에 중점을 둔 지향을 극복함으로써 관점을 확장하려는 의도를 함축하고 있다. 다중관점의 접근방안과 간문화 내러티브가 친화성이 강하다는 전제에서 출발할 때, 간문화 내러티브에서는 다중관점의 접근방안을 적용하고 활용하려는 시도가 더 적절하고 바람직한 것으로 보인다. 간문화 내러티브와 다중관점의 친화성에서 출발하여 간문화 내러티브의 구체화 방안을 모색하는 데 있어서는, 우선 이주사회와 내러티브의 다양성에 주의를 기울일 필요가 있다. 여기에 기초하여 다중관점에 지향을 둔 간문화 내러티브를 더 구체적으로 구현할 수 있다. 즉, 민족·국가의 한계와 틀을 넘어서는 간문화 내러티브가 발생할 수 있다. 이주의 역사 그 자체를 통해서, 혹은 서로 다른 민족·국가사의 관점들이 만나는 교집합을 통해서, 아니면 새로운 관계사의 형태를 통해서 간문화 내러티브가 발생할 수 있다. 실제적인 간문화적 개방과 확장이라는 의미에서 간문화 내러티브를 활용한 교육방안 혹은 교수·학습방안을 마련할 필요가 있다.

셋째, 문화주의나 문화적 본질주의에서 벗어나지 못할 경우, 각 개인의 정체성이 내재적으로 지닌 특성(역동적 측면, 사회적 구성의 측면, 다양성의 측면)은 소홀히 다루어지기 쉽다. 문화주의나 문화본질주의적 사고방식에 따른 위험성과 한계를 고려할 때, 대안으로서 간문화 내러티브를 다루는 데 있어서 포용적 접근이 요청된다. 간문화 내러티브에 관한 포용적 접근은 타자를 이미 포함시키는 사고·행위방식이며, 차이와 다양성을 위한 여지와 공간을 확보한 우리의식을 전제조건으로 삼고 있다. 포용적 사고·행위는 배타적 사고·행위, 즉 타자를 배제하고, 처음부터 '우리와 그들' 사이의 대립관계를 설정한 사고·행위와는 대조되는 것이다. 포용적 접근은 평등의 원칙과 다양성의 원칙에 기반을 두고 있으며, 인정된 평등의 원칙은 인정된 다양성의 원칙과 직접적으로 그리고 불가분하게 결합되어 있다. 이 두 가지 원칙은 서로에게 조건이 되며 상호보완관계에 놓여 있다. 따라서 두 가지 원칙을 동시에 함께 고려할 때 양질의 교육을 위한 기반을 확보할 수 있다. 이를 교육현장에서 실제적·수행적 차원에서 현실화할 수 있는 수단으로서 포용적 간문화 내러티브 모형에 주의를 기울일 필요가 있다. 이 모형은 한편으로 분석도구로 활용할 수 있으며, 다른 한편으로 적절한 교육적 개입을 위한 도구로도 활용할 수 있다.

넷째, 간문화교육학에서는 그동안 다음과 같은 네 가지 점이 대체적인 합의사항으로 간주되고 있다. ① 문화를 본질주의적인 시각에서 이해해서는 안 된다. ② 이주사회 내에서 작용하는 구조적 불평등, 지배와 피지배의 관계, 그리고 실제적인 인종차별주의의 문제를 다루어야 한다. ③ 참여자 혹은 당사자를 성급하게 민족적·문화적 소속으로 환원해서 고정시켜서는 안 된다. ④ 자신의 이해와 타자의 이해가 서로 변증법적으로 결합되거나 뒤섞여 있다. 따라서 간문화 내러티브를 구성하고 활용하는 데 있어서도 자신의 문화적 준거와 인지유형을 되돌아보며 성찰할 수 있는 능력을 핵심목표의 요소로 간주해야 하며, 이 요소를 포함한 간문화역량의 함양과 신장에 주안점을 두어야 한다.

다섯째, 상기한 합의사항에서 확인할 수 있는 바와 같이, 이주사회 혹은 다문화사회에서 일상을 규정하는 사회적 상태와 관계를 문화주의적 관점에서 이해하고 해석하려는 시도를 경계해야 한다는 점에 관해서는 그동안 이론적 차원에서 비교적 많이 거론되었다. 그러나 교육과정·교과서의 내용구성과 더불어 수업실행과 관련된 실제적·조작적 수준에서 이러한 이론적 통찰이 적절하게 반영되지 못하거나 아니면 오히려 의도한 바와는 정반대의 방향으로 작용할 수 있다는 점에서 간문화 내러티브의 역설에도 주의를 기울일 필요가 있다.

요/약

이 장에서는 다중관점 및 포용적 접근과의 친화성에 주의를 기울이면서 간문화 내러티브의 특징을 살펴본 다음, 다중관점과 포용적 접근을 통한 간문화 내러티브의 구체화 방안에 관해 논의하였다. 이 글에서 강조하고자 하는 핵심명제는 다음과 같이 제시할 수 있다. 첫째, 간문화 내러티브는 간문화적 사이공간에서 존재하거나 작용하는 내러티브라고 규정할 수 있으며, 다중관점 및 포용적 접근과의 친화성을 고려하여 간문화 내러티브의 특징을 명료화할 수 있다. 둘째, 간문화 내러티브와 다중관점의 친화성에서 출발하여 간문화 내러티브의 구체화 방안을 모색하는 데 있어서는, 이주사회와 내러티브의 다양성에 주의를 기울일 필요가 있으며, 여기에 기초하여 다중관점에 지향을 둔 간문화 내러티브를 구체화할 수 있다. 셋째, 문화주의나 문화본질주의적 사고방식에 따른 위험성과 한계를 고려할 때, 간문화 내러티브를 다루는 데 있어서 포용적 접근이 요청된다. 포용적 접근은 평등의 원칙과 다양성의 원칙에 기반을 두고 있다. 이를 교육현장에서 실제적·수행적 차원에서 활용할 수 있는 분석 및 개입의 도구로서 포용적 간문화 내러티브 모형에 주의를 기울일 필요가 있다. 넷째, 간문화교육학의 합의사항을 고려할 때, 간문화 내러티브를 구성하고 활용하는 데 있어서도 자신의 문화적 준거와 인지유형을 성찰할 수 있는 능력을 핵심목표로 간주해야 하며, 간문화역량의 함양·신장에 주안점을 두어야 한다. 다섯째, 이주사회에서 일상을 규정하는 사회적 상태를 문화주의적 관점에서 이해하고 해석하려는 경향을 조심해야 한다는 이론적 통찰이 실제적·조작적 수준에서 적절하게 반영되지 못하거나 아니면 의도한 바와는 정반대의 방향으로 작용할 수 있다는 점에서 간문화 내러티브의 역설에도 주의를 기울일 필요가 있다.

03 참고문헌

강현석(2016). 인문·사회과학의 새로운 연구방법론: 내러티브학 탐구. 서울: 한국문화사.

김종훈(2017). 간문화교육. 한국교육과정학회 편. 교육과정학 용어 대사전. 서울: 학지사, 16-18.

Auernheimer, G.(2010). *Einfuehrung in die interkulturelle Paedagogik*. Darmstadt: WBG.

Georgi, V.(2009). Zur Bedeutung der NS-Geschichte und des Holocaust fuer Jugendliche aus Einwandererfamilien. Georgi, V. & Ohliger, R.(eds.). *Crossover Geschichte. Historisches Bewusstsein Jugendlicher in der Einwanderungsgesellschaft*. Bonn: bpb, 90-108.

Georgi, V. & Ohlinger, R.(2009). Geschichte und Diversitaet: Crossover statt nationaler Narrative? Georgi, V. & Ohliger, R.(eds.). *Crossover Geschichte. Historisches Bewusstsein Jugendlicher in der Einwanderungsgesellschaft*. Bonn: bpb, 7-21.

Hirsch, A.(2010). Die Bildung des Interkulturellen Verstehens. Hirsch, A. & Kurt, R.(eds.). *Interkultur-Jugendkultur. Bildung neu verstehen*. Wiesbaden: VS, 57-84.

Hoffman, E.(2010). Das TOPOI-Modell – eine Heuristik zur Analyse interkultureller Gespraechssituationen und ihre Implikationen fuer die paedagogische Arbeit. Auernheimer, G.(ed.). *Interkulturelle Kompetenz und paedagogische Professionalitaet*. Wiesbaden: VS, 125-151.

Kurt, R.(2010). Gemeinsam gleich und anders sein. Interkulturelles Verstehen in Schulen des Ruhrgebiets. Hirsch, A. & Kurt, R.(eds.).

Interkultur – Jugendkultur. Bildung neu verstehen. Wiesbaden: VS, 183–213.

Liebsch, B.(2010). Sensibilitaet und interkulturelles Verstehen als Politikum. Zwischen opportuner Rhetorik und befremdlicher Ueberforderung. Hirsch, A. & Kurt, R.(eds.). *Interkultur– Jugendkultur. Bildung neu verstehen*. Wiesbaden: VS, 37–56.

Maissen, Th.(2010). Global History–Neue methodische Herausforderungen an die Geschichtswissenschaft. Widmeier, B. & Steffens, G.(eds.). *Weltbuergertum und Kosmopolitisierung. Interdisziplinaere Perspektiven fuer die Politische Bildung.* Schwalbach/Ts.: Wochenschau, 50–66.

Ohlinger, R.(2009). Multiperspektivische Geschichtsvermittlung in der Einwanderungsgesellschaft. Georgi, V. & Ohliger, R.(eds.). *Crossover Geschichte. Historisches Bewusstsein Jugendlicher in der Einwanderungsgesellschaft.* Bonn: bpb, 109–127.

Otten, H.(2010). Offen sein fuer andere Erfahrungswelten. Praxisanmerkungen zum Diskurs ueber interkulturelle Kompetenz. Hirsch, A. & Kurt, R.(eds.). *Interkultur–Jugendkultur. Bildung neu verstehen.* Wiesbaden: VS, 175–182.

Prengel, A.(2007). Diversity Education–Grundlagen und Probleme der Paedagogik der Vielfalt. Krell, G. et al.(eds.). *Diversity Studies. Grundlagen und disziplinaere Ansaetze*. Frankfurt/M.: Campus, 49–67.

Radke, F.–O.(2010). Paradoxien Interkultureller Paedagogik. Oder: Wie sieht's aus mit Eurer Identitaet? Hirsch, A. & Kurt, R.(eds.). *Interkultur–Jugendkultur. Bildung neu verstehen.* Wiesbaden: VS, 145–174.

Waldenfels, B. Fremderfahrung, Fremdbilder, Fremdorte. Phaenomenologische Perspektiven der Interkulturalitaet. Hirsch, A. & Kurt, R.(eds.). *Interkultur–Jugendkultur. Bildung neu verstehen.* Wiesbaden: VS, 21–35.

04

난민문제와 난민정책에 관한 연구동향과 함의

제 4 장

난민문제와 난민정책에 관한 연구동향과 함의[1)]

2016년 9월 19일 국제연합은 난민정상회의를 개최하고 '뉴욕선언'을 통과시켰다. 그렇게 함으로써 난민위기를 더 잘 극복하는 데 기여하려는 시도를 보여주었다. 왜냐하면 세계 여러 곳에서 증오의 증가현상이 우려를 낳고 있기 때문이다. 뉴욕에서 개최된 난민·이주 관련 임시총회에서 유엔인권고등판무관(al-Hussein)이 지적한 바에 따르면, 여러 나라에서 도덕적 가치의 옹호자들이 인종차별주의적인 선동자와 광신자에 의해 위협을 받고 있다. 외국인혐오자들은 사회적 약자에게 불리하게 작용할 우려가 있는 편견과 허위보도(fake-news)를 퍼뜨림으로써 권력을 잡으려고 하고 있다. 사람들이 사실보다는 감정(감성)을 더 많이 따르는 현상이 세계 여러 곳에서 발생하고 있다(Muno, 2016: 1-2; Scholz, 2017: 2-3). 이와 같은 부분적인 도덕적 붕괴를 초래한 이유로는 기억상실증이라는 전염병을 들 수 있다. 많은 사람들이 두 번의 세계대전을 잊은 것으로 보인다. 반쪽짜리 진실과 명백한 거짓말을 통해

1) 제4장의 내용은 『한독사회과학논총』 제28권 제1호(2018.3.)에 게재한 필자의 글을 부분적으로 수정·보완한 것임.

불안과 분노를 돋우면 결국 증오의 장막이 더 두꺼워질 것이다("UN warnen…", 2016: 1; Witte, 2016: 1–2).

뉴욕선언을 통해 193개 유엔회원국은 난민과 이주의 문제를 적절히 다루기 위한 공동의 원칙에 합의를 보았다. 2016년 9월 당시 반기문 유엔사무총장의 자체평가에 따르면, 뉴욕선언은 사람들의 이동이라는 문제와 도전에 적절하게 대처하기 위한 인류 공동의 노력에서 일종의 돌파구를 마련한 것이라고 한다. 여기서 특히 난민의 흐름을 더 효율적으로 조직화하고, 난민과 이주자의 권리를 더 확실하게 보호하며, 교육과 근로를 통하여 그들의 사회통합을 개선하자는 사항이 강조되었다. 이 뉴욕선언은 앞으로 더 많은 회의를 통해 2018년 세계난민협약에 도달하기 위한 일련의 과정에서 첫 번째 이정표가 된다는 상징적 의미를 지니고 있다. 유엔사무총장이 언급한 바에 따르면, 난민과 이주는 단지 부담스러운 것으로만 간주해서는 안 되며, 오히려 순기능 차원에서 그 잠재력을 충분히 발휘하도록 유도하는 일이 더 중요하다. 이 뉴욕선언을 도출한 정상회의는 국제사회가 이 주제에 있어서 함께 할 수 있다는 점을 보여주었다("UN warnen…", 2016: 2).

그러나 이 정상회의가 진정한 의미와 중요성을 갖추도록 하기 위해서는 서로 약속한 사항을 실천적으로 준수하고 성실하게 이행하지 않으면 안 된다. 그런데 바로 이 지점에서 일부 구조·구호단체들은 의문을 제기하고 있다. 국경없는의사회(MSF)의 비판적인 지적에 따르면, 선언에서 제시한 야심차고 원대한 목표가 참여한 많은 국가들의 실제적인 행위에 의해 오히려 저지를 당하거나 아니면 방해를 받고 있다는 것이다. 개개인의 권리를 존중하고 기존의 의무나 책무를 준수하고 이행하는 대신에 세계 여러 곳에서 적지 않은 정부가 점점 더 제한적이고 유익하지 못한 접근방안을 선택하고 있다는 것이다("UN warnen…", 2016: 2). 상기한 유엔난민정상회의와 뉴욕선언을 통해 난민문제와 난민정책이 글로벌 거버넌스(global governance: 세계내치 혹은 세계협치)의 틀 속에서 다루어지고 있으며 또한 적절하게 다루어야 할 기본적인 의제(agenda)라는 점을 어렵지 않게 확인할 수 있다(Schuster, 2016: 1–3; Witte, 2016: 1–2).

이러한 배경과 문제의식에서 출발하여, 이 장에서는 최근 글로벌 수준과 유럽 수준에서 많은 사람들의 주의와 관심을 불러일으킨 난민문제와 난민정책에 대해 독일과 유럽의 사례를 중심으로 하여 시론(試論) 차원에서 개괄적으로 살펴보는 데 주된 목적이 있다. 이러한 목적에 도달하기 위하여, 우선 이론적 기초를 소개하는 차원에서 난민문제와 사회통합정책의 연관성에 대해 기술한다. 이어서 난민문제와 난민정책에 대한 사회정치적 쟁점에 관해 좀 더 자세하게 분석한다. 그 다음에는 여기에 바탕을 두고 난민문제와 난민정책에 대한 전망에 주의를 기울인다. 마지막으로 이 글에서 강조하고자 하는 핵심적인 주요사항을 몇 가지 명제로 정리하여 제시하고자 한다.

1. 난민문제와 사회통합정책

(1) 난민문제와 성공적인 사회통합의 조건

법적인 측면에서 바라볼 때, 원칙적 수준에서 독일연방공화국의 사회통합능력은 이주의 범위와 종류에 달려 있다. 이주에 대한 국가의 조절이 성공적인 사회통합을 위한 핵심적인 전제조건이다. 이주자의 문화적 자본, 특히 인간자본의 수준이 높을수록 사회통합이 별 마찰 없이 그리고 보다 더 빠르게 이루어진다. 전통적인 이주국가인 캐나다와 호주가 보여주고 있는 바와 같이, 국가가 이와 같은 기준에 따라 이주자를 선별하는 정도가 강할수록 구조적인 사회통합의 문제가 덜 발생할 것으로 기대된다. 그러나 망명이주의 경우에는 국가가 이러한 기준과 관련하여 선별을 할 수 없다. 이러한 배경을 고려할 때, 최근 몇 년 동안 독일에 도착한 다수의 난민과 이주자가 독일사회에 통합될 수 있는 기회와 가능성을 어떻게 판단해야 할 것인가? 사회통합에 도움을 주는 것은 무엇이고 방해가 되는 것은 무엇인가?

이와 관련된 도전과 위험부담을 다루는 데 있어서는 현실주의적인 사회통합정책이 적절한 것으로 보인다. 이러한 접근방안을 좀 더 구체적으로 표현하자면, 한편으로 사회적 낭만주의로 흐를 수 있는 다문화주의를 경계할 필요가 있으며, 다른 한편으로 문화적 비관론에 입각하여 자문화(自文化)의 몰락에 대한 불안을 조장하려는 태도를 경계할 필요가 있다. 현실주의적인 사회통합정책을 추진하는 데 있어서는 사회통합의 과정과 그 기제(메커니즘)에 대한 이해가 핵심적으로 중요하다. 이러한 점을 고려할 때 대부분의 사회통합과정에 내재하고 있는 갈등을 서구의 몰락을 수반하는 징후로 해석하는 것보다는 오히려 자문화의 규범체계를 다시 되돌아보고 검토하는 데 도움을 줄 수 있는 도전으로 간주하는 것이 더 바람직하다(Luft, 2016: 105−106).

(2) 사회통합의 과정

사회통합은 일상적으로 사용되는 통용어가 되었다. 사회정치적 토론에 있어서 이 개념은 입장에 따라 서로 매우 다른 내용과 요구사항을 포함하고 있다. 또한 사회통합의 개념은 이주자에 대한 정당하지 못한 요구사항을 표현하는 말이고 그래서 억압적인 함의를 지니고 있다는 이유로 적절하지 못한 용어로 거부되기도 한다. 사회정치적 토론을 일단 도외시한다면 이주에 관한 사회과학적 연구에서는 대개 사회적 통합, 구조적 통합, 문화적 통합을 구분하여 논의가 전개되고 있다(Luft, 2016: 106). 이와 관련된 이론적 기초로서 여기서는 이주민의 사회

| 표 4-1 사회통합의 과정·차원·대안

기본적인 과정	차원	대안(보기)
상호작용	사회적 통합	거주, 접촉, 친교(우의), 혼인관계
정치(定置: 위치지정)	구조적 통합	권리, 교육, 소득, 지위
문화화(문화적응)	문화적 통합	지식, 기능(技能), 생활방식, 언어
동일시	정서적 통합	정체성, 체류지향, 가치

출처: Esser, 2010: 66 재구성

통합을 기본적인 과정과 차원 그리고 대안으로 구분한 모형을 소개한다. 아래에서는 분석의 편의상 정서적 통합을 문화적 통합에 포함시켜 기술하고자 한다.

① 사회적 통합

사회적 통합에서는 행위자가 사회적 맥락으로 통합되는 것, 상호 인간관계, 수용국가의 교육제도와 노동시장에의 편입을 주로 염두에 두고 있다. 해당 국가에서 제대로 정착을 하고 자리를 잡기 위해서는 우선 지식·역량·기능(技能)이 요청된다. 이러한 지식과 능력은 물론 수용사회의 구성원들과 맺는 관계의 틀(보기: 일자리 혹은 직장, 이웃, 유치원 혹은 학교) 속에서도 습득된다. 하지만 그것은 노동시장에의 통합을 전제로 삼고 있을 뿐만 아니라, 일상생활에서 정주민과의 접촉을 위한 기회의 구조도 상당히 마련되어야 한다. 그렇지 않은 경우, 이를테면 사회적 고립지구(ghetto), 평행사회(parallel society), 민족적 식민지(ethnic colony) 따위가 강하게 형성된 경우에는 일상적인 접촉이 이 민족적 식민지에 속한 사람들에게 국한되는 경향이 있다.

네트워크가 자신이 속한 민족집단 혹은 사회집단에 국한된다면 교육제도와 노동시장에의 통합을 위해 상당한 불이익을 받을 가능성이 그만큼 더 많다. 학부모와 학생이 민족간 사회적·비공식적 네트워크에 들어가는 것은 견습생의 자리나 일자리를 구하는 데 있어서 상당히 중요한 의미가 있다. 그러한 네트워크에 참여하는 정도가 낮을수록 아동과 청소년을 위한 기회에 부정적인 영향을 미칠 가능성이 그만큼 더 크다. 거꾸로 청소년이 현장의 자발적인 모임이나 조직에 가담할 경우, 직업교육을 받을 수 있는 자리를 구하는 데 있어서 더 많은 기회를 활용할 수 있을 것으로 기대된다. 특히 중소기업은 직업훈련 대상자를 구하기 위하여 그러한 네트워크를 이용하는 경우가 적지 않다(Luft, 2016: 106).

② 구조적 통합

구조적 통합은 교육제도나 노동시장과 같은 기능(機能)영역에서 위치 혹은 지위를 차지한다는 것을 의미한다. 어떤 집단의 구조적 통합이 이루어졌다고 말할 수 있으려면, 해당 집단 내에서 인구 전체의 경우와 유사한 불평등이 두드러지게 나타나야 한다. 즉, 이주민을 수용한 사회에서 관찰할 수 있는 것과 비슷한 사회통합의 지표를 확인할 수 있어야 한다. 그러한 사회통합지표에는 학력의 배분, 실업자의 비율, 사회복지수당 수령자의 비율 등이 포함된다. 이런 전제조건을 고려할 때, 사회통합정책의 목표는 결국 사회 혹은 국가의 모든 부분영역과 지역에서 주류사회의 정주민과 이주해 들어온 사람들 사이의 기회균등을 확보하고 보장하는 데 놓여 있다. 목표는 정주민과 이주민을 위한 지역적 생활조건을 가능하면 균등하게 하는 데 놓여 있다. 다시 말하면, 사회통합과정이 성공적으로 이루어질 경우, 생활의 기회와 생활조건의 측면에서 단지 민족적 출신으로만 환원시켜야 하는 차이나 격차가 존재하지 말아야 한다(Luft, 2016: 107).

③ 문화적 통합

문화적 통합이란 이주민을 받아들인 사회에서 소통과 행위를 위해 필요한 역량을 획득한다는 것을 뜻한다. 그러한 역량에는 우선 언어가 속한다. 여기에 더하여 규범과 태도, 그리고 그 결과 나타나는 행동방식이 포함된다. 이주자가 문화적으로 매우 다른 종류의 상태나 여건에서 사회화된 경우, 문화적 통합은 종종 고통스러운 적응의 과정을 요구하며, 이것은 상당한 갈등을 수반할 수 있다. 이주자가 지니고 온 규범과 가치관은 종종 수용국가 혹은 주류사회에서 지배적으로 작용하는 것과 상이하게 나타난다. 이 맥락에서 특히 종교적 관용의 주제와 더불어 여성에게 평등한 권리를 부여하는지의 여부가 쟁점으로 많이 거론되고 있다. 유럽의 여러 난민숙소에서 나온 보도에 따르면, 거기서 다수집단에 속하는 이슬람교도가 야지디족(Yazidis 혹은 Yezidis: 이라크 북부에 주로 거주하면서 '야지디'라는 종교를 믿는 종족)이나 기독교도와 같이 종교적 소수집단을 괴롭히고 이교도(이단자)라고 모욕을 주는 경우가 발생하고 있다. 그러한 괴롭힘과 모욕에서 벗어나기 위하여 출신국가에서 피난을 나온 종교적 소수집단은 다시금 난민촌에서 유사한 상황에 처하게 되는 것이다(Luft, 2016: 107).

여기에 더하여 이슬람주의 대변자들은 무슬림 난민을 그들의 목표를 위해 도구화하려는 시도를 하고 있다. 이런 상태를 고려할 때, 사회적 통합과 구조적 통합이 제대로 작동하지 않을 경우, 이슬람이 지배적으로 작용하는 평행사회가 발생할 위험성이 있다. 그리고 이것은 사회적 공동생활을 위해 상당히 부담을 주는 갈등 잠재성과 결합할 수 있다. 지난 수십 년 동안 프랑스와 영국에서 여러 번 발생한 소요사태는 그러한 과정의 결과라고 간주할 수 있다. 따라서 교육제도와 노동시장으로의 통합이 잘 이루어질 수 있도록 하는 것이 매우 중요하며, 이와 동시에 초·중등학교와 대학교, 미디어와 사법적 판결에서 종교적 불관용과 종교적 증오에 대하여 결연하게 대응하는 일도 중요하다. 갈등을 단지 회피하는 것만이 바람직한 일은 아니며, 제도적 차원에서 사회통합의 과제에 부응할 수 있는 인적·물적 여건을 마련하는 일을 포기하면 안 된다(Luft, 2016: 107–108).

법질서에 대한 인정이 내부의 평화를 위한 기초이며, 모든 사람들에게서 법질서에 대한 인정을 기대하지 않으면 안 된다. 여기서 핵심적인 사항은 물리적 힘에 대한 국가의 독점을 받아들이고, 비합법적인 사적 제재를 거부하는 일이다. 하지만 이러한 것을 단순히 선언적으로 밝히는 것만으로는 충분하지 못하다. 법의 준수에 대한 의지와 더불어 법의 준수를 위한 역량강화가 본질적으로 중요한 전제조건이다. 그런데 그러한 의지와 역량은 사람들의 출신배경이 되는 문화적 맥락에 달려 있으며, 또한 그들이 내면화한 규범과 가치에 달려 있다. 예를 들면, 폭력을 정당화하는 남성중심의 규범은 법적 안정성과 법에 대한 신뢰를 심각하게 훼손할 수 있다. 극우파나 이슬람주의 환경에서 관찰할 수 있는 바와 같이 폭력을 행사하려는 경향이 강한 집단이나 개인에 대하여 적절하게 대처하는 일이 부담스러운 도전으로 남아 있다. 교사와 경찰에 대하여 다른 사람들이 존중을 보여주어야 하는데, 그러한 존중을 확보하는 일이 교사와 경찰 당사자에게 무리한 요구가 되는 경우가 종종 발생한다(Luft, 2016: 108).

(3) 국가의 사회통합정책

현재 진행되고 있는 망명이주에 더하여 최근 몇 년 동안 독일로 들어오는 이주자의 수가 증가하고 있다. 2014년의 경우 150만명이 독일로 이주해 들어왔는데, 여기서 같은 해 다른 나라로 이주해 나간 사람들의 수를 빼면, 55만명이 증가한 셈이다. 2013년에 이주잉여에 해당하는 사람들의 수는 42만9천명에 달했다. 이주해 들어온 사람들 중 약 4분의 3에 해당하는 다수는 유럽연합에 속한 시민들이다. 이들도 역시 일자리를 찾고 있으며, 따라서 사회통합정책에 의한 지원을 필요로 한다. 이렇게 바라볼 때, 2015년의 조건하에서 사회통합정책의 조치들이 효과적으로 작동하기 위해서는 우선적으로 난민의 증가추세가 계속 지속되어서는 안 된다는 점을 어렵지 않게 확인할 수 있다. 연방정부, (광역·기초) 지방자치단체, 사회복지단체, 스포츠단체(클럽) 그리고 자원봉사자들이 여러 해에 걸쳐서 즉석처리와 위기관리의 방식으로 일을 할 수는 없는 것이다. 상담과 돌봄을 담당하는 기관이나 단체는 한계에 도달했거나 아니면 이미 한계를 넘어선 상태에 놓여 있다. 주택건설, 어린이집·유치원·학교시설의 확충, 그리고 언어강좌를 위한 설비는 전제조건으로서 전략적인 기획을 요청하고 있다(Luft, 2016: 113–114).

우선적으로 난민을 일시적인 피난숙박소(체육관, 천막, 병영)에서 지속적인 주거공간으로 옮길 수 있어야 한다. 난민인정이 순조롭게 진행될수록 시간적 압박이 그만큼 더 커질 것이다. 그런데 주택부족문제를 고려할 때 상당한 주택건설 프로그램이 요청되며, 이와 더불어 소득수준이 낮은 모든 집단을 위해 추가적인 수요에도 부응해야 한다. 이때 광역지방자치단체의 관할권에 포함되어 있는 사회복지주택의 건설과 더불어 민간기업에 의한 주택건설도 고려해야 한다. 후자의 경우에는 조세경감이나 건설비용의 절감과 같은 추가적인 유인책이 요청된다. 그리고 새로운 주택이 완공되기 위해서는 적어도 3년 내지 5년의 기간을 필요로 한다. 어쨌든 대규모의 노숙상태를 감수하지 않으면서 주택문제를 어떻게 해결할 것인가는 난민을 위한 사회통합정책에서 포기할 수 없는 사항이다(Luft, 2016: 114).

난민은 독일에서 저임금노동을 하더라도 대개 출신국가에서는 받을 수 없었던 소득을 받을 수 있다. 따라서 난민은 대체로 임시고용직이나 저임금부문에서 환영을 받는 이해관계자로 간주되고 있다. 그리고 바로 그렇기 때문에 그들에게는 최저임금제도를 적용하지 말아야 한다는 요구사항이 제기되었다. 난민이 소지하고 있는 자격조건은 다른 이주자가 소지한 자격기준의 평균치과 비교할 때 더 낮은 경우가 많다. 2015년 독일연방노동청이 추산한 바에 따르면, 난민의 약 81%가 공식적인 자격조건을 갖추고 있지 못한 것으로 확인되고 있다. 8%가 대졸자격을 갖추고 있으며, 11%가 직업교육을 이수한 자격조건을 갖추고 있다. 게다가 실직상태에 놓여 있는 난민은 그들이 출신국가에서 획득한 자격에 부응하지 못하는 일, 즉 더 낮은 수준의 자격에 해당하는 일을 받아들이는 경우가 더 많다. 어쨌든 노동시장에의 통합은 신속하게 개선하기 어려운 사항에 속한다. 따라서 노동시장에의 통합 문제를 해결하는 데 있어서는 중장기적 측면에서 성공적인 효과를 기대하는 것이 더 바람직하다. 노동시장의 민족적 분할(즉, 민족에 따른 분할)을 피하기 위해서는 난민으로 인정을 받은 사람들을 처음부터 자격이 부족한 자로 간주하거나 그러한 방식으로 대우하지 않도록 유의해야 한다(Luft, 2016: 115－116).

요컨대, 간문화적 사이공간체제(intercultural in－between system) 혹은 간체제(intersystem)의 관점에서 바라볼 때(허영식, 2015: 92－93), 좋은 교육·사회복지·경제정책은 언제나 좋은 사회통합정책이기도 하다는 점을 염두에 두어야 한다. 사회통합정책이 가능하면 기회균등을 더 많이 창출하고, 사회와 국가의 모든 영역에서 가능하면 균등한 생활 상태를 마련하는 데 목표를 두는 일이라면, 재정적으로 행위능력을 갖춘 수준(연방정부와 지방자치단체)에서 일차적으로 정책적인 조치를 기획하고 실행에 옮겨야 할 것이다. 특히 국가부채를 줄이기 위한 차원에서 재정지출을 감축하려는 경향이 강한 시대에서는 행위요청과 행위가능성 사이의 간극이 더 벌어질 수 있다는 점도 고려해야 한다(Luft, 2016: 116). 이 맥락에서 참고로 독일에서 2016년 7월에 통과된 '난민통합법'에 관한 시사자료를 소개하면 다음과 같다.

> 독일연방하원은 난민의 사회통합을 위해 독일어와 사회통합과정을 의무화하는 대신 취업기회를 확대하는 법안을 의결했다. 독일연방의회는 2016년 7월 7일(현지시간) 대연정 내각이 제출한 난민통합법안을 통과시켰다. 의결된 이 법안에 의거하면, 이민자는 사회정착을 위한 차원에서 독일어와 독일문화이해를 위한 교육과정에 참여하는 데 있어서 행정당국의 지원을 받는다. 그러나 언어교육 및 사회통합과정을 이수하지 않으면 거주권과 취업기회를 제한받을 수 있다. 특히 법안은 '언어습득은 체류허가를 받는 데 있어서 필수적'이라는 단서조항을 명시했다. 법안은 이와 동시에 간문화적 개방의 차원에서 이주민의 취업가능성을 더 개방하는 조치를 포함하고 있다. 기존의 규정에 따르면, 망명신청자는 해당 일자리에 적합한 독일인이나 유럽연합 국적소지자가 결여된 경우에 한해서 그 일자리를 차지할 수 있었다. 하지만 이런 제한규정이 3년간 유예됨으로써 노동시장에 편입될 수 있는 기회가 더 많아졌다. 이주민이 정착할 지역을 각 지방정부가 할당할 수 있도록 하는 방안도 이제까지 논란의 대상이었지만, 그것이 이번 법안에 포함되었다. 유럽연합에서 독일이 최고의 경제대국이라는 점이 작용하기도 했지만, 최근에 상대적으로 더 관용적인 난민정책을 추진한 결과, 지난 2015년 한 해 동안 약 100만명에 달하는 난민과 이주민이 유입했다. 그렇지만 2015/2016년 연말연시 행사 때 쾰른(Koeln)에서 난민이 연루된 집단성범죄사건이 발생하고, 이주자와 난민에 대한 독일시민의 여론이 악화되면서, 독일에서는 난민수용여부와 더불어 사회통합문제가 주요쟁점으로 부상하였다. 최근 빌레펠트(Bielefeld)대학교 연구진이 실시한 조사결과를 살펴보면, 독일국민 중 55%가 난민들의 모국상태가 개선될 경우 출신국가로 복귀해야 한다고 응답했다. 그리고 36%에 달하는 독일국민은 대규모의 이주현상이 독일의 장래를 위해 위협적인 요인이 될 것이라고 응답했다.
>
> 출처: "독일 난민통합법 통과", 2016: 1-2 재구성

2. 난민문제와 난민정책에 대한 사회정치적 쟁점

(1) 사회통합은 실패했는가의 여부에 관한 쟁점

사회통합의 주제에 있어서는 과거의 잘못으로 인하여 어려움이 발생한 것으로 보인다. 즉, 캐나다나 미국과 같이 이주자를 받아들이는 나라가 아니라는 착각 속에서 살고, 따라서 이주국가에 부응하는 정책과 조치를 취하는 일을 소홀히 다룬 결과 사회통합이 그 만큼 더 어려운 문제가 된 것은 아닌가 하는 의문이 제기되고 있다. 독일에서는 2005년에 와서야 비로소 이주민을 위한 사회통합강좌와 언어강좌가 제공되었다(허영식·정창화, 2012: 188–190). 하지만 지난 몇 십 년 동안 등한히 했던 것을 10년에 걸쳐 보충하기란 그렇게 쉬운 일이 아니다. 낮은 수준의 학교교육과 직업교육을 받은 근로자를 모집함으로써, 이주배경을 가진 사람들과 그렇지 않은 사람들이 포함된 사회적 하위계층이 발생하였다. 비록 이러한 문제에서 벗어난 사람들도 어느 정도 있지만, 외국인노동자와 새로 들어온 이주자들 중 하위계층에서 벗어난 사람들은 상대적으로 볼 때 그렇게 많지 않다(Meier–Braun, 2015: 131).

이것은 단순히 외국인문제에 국한된 것이 아니라 독일 사회 전체에 해당하는 사회문제를 시사하고 있다. 외국인고용으로 인하여 발생한 여러 가지 문제들을 다루는 데 있어서 유의할 사항을 지적하자면, 한편으로 그것들을 마치 아무 일도 아닌 것처럼 경시해서도 안 되지만, 다른 한편으로 과장해서 극적으로 표현해서도 안 된다. 외국인근로자의 2세대와 3세대에서 적지 않게 확인할 수 있는 낮은 수준의 학력, 상대적으로 높은 실업률, 충분하지 못한 언어구사능력 등이 존재하지만, 정치영역과 대중매체에서는 주로 이러한 측면에만 일방적으로 주의를 기울이는 경향이 있다. 이에 비해서 긍정적인 측면은 종종 거론되지 않은 상태로 남아 있다. 예를 들면, 독일에 거주하는 외국인

가정의 상황에 대하여 연방정부가 이미 2000년도에 발간한 제6차 가족보고서에 따르면, 이주자의 다수가 독일사회에서 비교적 잘 통합되어 살아가고 있다는 점을 확인한 바 있다. 또한 이주자가정이 자기동화(self-assimilation)의 차원에서 스스로 사회통합을 위해 기울이는 노력이 상당한 수준에 놓여 있으며, 이주자를 받아들인 독일주류사회가 안고 있는 여러 가지 문제점과 부담을 상당히 덜어주고 있다는 점도 강조한 바 있다. 그럼에도 불구하고 외국인에 대한 공공적인 담론은 이런 연구결과와는 거리가 상당히 먼 상태에서 극히 단순화된 양상으로 이루어지는 경향이 있다(Meier-Braun, 2015: 131-132).

요컨대 사회통합과 관련된 사항에 대해서는 말하자면 보다 더 분화된 관찰이 중요하다. 예를 들어 독일 남서부에 위치한 주(Baden-Wuerttemburg)의 경우를 살펴보면, 이주배경을 가진 여성이 이주배경을 가진 남성보다 학교교육을 더 많이 받은 것으로 확인되었다. 이주배경을 갖지 않은 여성과 비교할 때, 이주여성 중에서 심지어 더 많은 대졸자가 존재하기도 한다. 대졸자 중에서 외국인이 11%, 이주배경을 가진 독일국민이 9%, 이주배경을 갖지 않은 여성이 8%에 달하는 것으로 나타났다. 이러한 사례를 고려할 때, 사회통합의 성공 여부에 대해 말할 때에는 좀 더 자세하게 그리고 정확하게 살펴볼 필요가 있다는 것이다(Meier-Braun, 2015: 132; Scholz, 2017: 1-2).

(2) 다문화사회는 실패했는가의 여부를 둘러싼 쟁점

다문화주의 혹은 다문화사회를 가리키는 독일어의 '물티쿨티(Multikulti)'라는 개념은 그 의미가 무엇인지 분명하게 밝히지 않은 상태에서 종종 사용되고 있다. 특히 외국인정책이나 다문화정책과 관련된 논의에서 그러한 현상은 널리 퍼져 있다. 어쨌든 다문화사회를 대변하거나 지지·옹호하는 것은 지난 수십 년 동안 독일의 공식적인 정부정책의 일부가 아니었다. 또한 다문화사회에 부응하는 정책과 조치에 관한 포괄적이고 확정적인 개념이나 구상이 있었다고 간주하기도 힘들다. 다문화사회와 관련된 전문적인 문헌에서도 역시 다양한 개념정의와 구분이 존재하고 있다(Meier－Braun, 2015: 132; 허영식, 2015: 38－40).

이런 맥락에서 '물티쿨티'는 정치적 상대방이나 반대자를 비판하는 입장에서 투쟁적인 개념으로도 사용되고 있다. 즉, 독일이라는 나라를 다문화사회로 만들고, 그렇게 함으로써 결국 전통적인 독일의 가치를 포기하려는 시도라고 비난을 하는 데 사용되기도 한다. 예를 들면, 바이에른(Bayern)주정부의 수상이면서 기사당(CSU) 대표였던 제호퍼(Seehofer)는 2010년에 물티쿨티는 '죽었다'고 선언하였으며, 연방총리인 메르켈(Merkel)은 '실패했다'고 선언하였다. 당시 보수당에 속한 프랑스 대통령이었던 사르코지(Sarkozy)와 영국의 총리였던 캐머론(Cameron)도 역시 이와 비슷한 방식으로 입장을 표명하였다(Meier－Braun, 2015: 132－133; 허영식·정창화, 2012: 131－132).

'물티쿨티'라는 개념은 슈투트가르트(Stuttgart) 시장이었던 롬멜(Rommel)이 사용한 것으로 알려져 있으며, 이 사람에게 그 용어는 다름 아니라 자신이 시장으로 재직하던 도시의 상황을 기술하는 것이었다. 이미 1990년에 그는 어느 방송과의 인터뷰에서 다음과 같이 말했다고 한다. "다문화사회는 이미 존재하고 있다. 그리고 모든 문화사회는 다문화사회이다. 단지 하나의 문화적 흐름만이 있고 다른 것이 없는 사회는 문화사회라고 할 수 없으며, 그것은 일종의 무미건조한 사회이다. 다양성은 문화에 속하는 것이며, 다양성을 갖추기 위해서 우리는 관용을 필요로 한다. 서로 다른 여러 나라에 속한 사람들이 하나의 도시에서 만나게 될 경우, 그것은 단점이 아니라 오히려 장점인 것이다"(Meier－Braun, 2015: 133 재인용).

근본적인 수준에서 바라볼 때, 인간이 사는 모든 사회에서는 문화적 다양성을 관찰할 수 있다. 문화적 다양성과 문화적 교류는 과거와 현재를 불문하고 문화변동을 위한 원동력으로 작용하고 있다. 이렇게 바라볼 때, 문화는 언제나 다문화적인 상태에 있다고 볼 수 있으며, 지금도 역시 도처에서 그렇다고 할 수 있다. 특히 공화국에서는 모든 시민들에게 구속력을 갖고 있는 국민종교나 국민문화를 정당화하기 어렵다. 모든 국민에게 특정한 종교나 종파를 국민의 의무로 지시하거나 규정하려는 시도는 자유민주적 기본질서에 입각한 헌정에 대한 부당한 도전이며 공격이라고 할 수 있다. 공화국에서 문화적 가치는 개인적으로 해석되어야 하며, 사람들이 개별적으로 문화적 가치를 받아들이거나 아니면 거부할 수 있어야 한다. 단지 헌법의 기본가치, 사람들이 설정한 실정법과 이에 따른 판결만이 비로소 이러한 다원주의를 제한할 수 있다(Meier-Braun, 2015: 133):.

독일에서 거론되고 있는 주도문화(Leitkultur, leading culture)를 둘러싼 논의와 논쟁도 이런 맥락에서 적절하게 해석해야 할 것으로 보인다. 예를 들면, 유대인에 대한 대학살(Holocaust)은 기독교적 특성으로 각인된 사회의 문화적 기반에서 발생했다는 점을 상기할 필요가 있다. 또한 많이 거론되고 있는 평행사회(parallel society) 혹은 평행문화(parallel culture), 평행세상(parallel universe)에 대해 지적하자면, 종종 서로 연결이나 결합이 부족한 상태에 놓여 있는 평행사회 또는 생활세계의 다양성이 증가하는 현상은 현대사회에서 그렇게 이상한 일이 아니며 오히려 현대사회를 특징짓는 모습이라고 해석할 수 있다. 따라서 외국인을 독일의 주도문화에 일방적으로 통합시키려는 시도(즉, 현대사회에서 동화정책의 변종에 해당하는 시도)에 대해서는 의문의 여지가 많이 남아 있다. 문화적 차이와 다양성을 받아들이지 않으면서 주류사회 혹은 다수사회가 이주민을 통합시키는 일은 상당히 어렵거나 아니면 심지어 매우 어려운 것으로 보인다(Meier-Braun, 2015: 133-134; Scholz, 2017: 1-2; 허영식·정창화, 2012: 158-159).

(3) 이주사회에서 대중매체의 역할을 둘러싼 쟁점

이주·통합의 주제와 관련하여 미디어는 중요한 역할을 떠맡고 있다. 많은 신문 독자, 라디오 청취자, 텔레비전 시청자들은 외국인에 대한 그들의 심상을 주로 대중매체를 통해 얻고 있다. 이때 신문방송매체는 편견을 강화시키거나 아니면 거꾸로 약화시킬 수 있다. 독일의 경우를 살펴볼 때, 지난 몇 십 년 동안 '독일은 이주국가가 아니다.'라고 하는 일종의 삶에 대한 환상이 신문방송매체에서도 역시 상당 부분 반영되어 왔다. 대중매체에서 외국인에 대한 심상이 부정적으로 왜곡되는 경향을 적지 않게 관찰할 수 있었다(Meier-Braun, 2015: 138).

그런데 이러한 현상은 언론인의 행위가 애초부터 외국인에 대한 혐오감이나 적대감에서 나온 것이라기보다는 오히려 서로를 강화시키는 두 가지 요인(즉, 문화적 거리감과 무지)에서 연유한다는 진단이 더 적절한 것으로 보인다. 상기한 왜곡현상을 낳는 또 하나의 원인으로는 정보 혹은 뉴스의 가치를 들 수 있다. 이러한 정보·뉴스의 가치에 따라 사람들의 이목을 끄는 화젯거리(센세이션을 일으키는 것)나 아니면 놀라운 사건이 대중에게 더 많은 인기를 얻을 수 있다. 사람들의 이목이나 인기를 끄는 '좋은 뉴스는 곧 나쁜 일에 관한 뉴스'라고 하는 역설적인 현상을 여기서 관찰할 수 있다. 여기에 더하여 미디어의 비평적 기능, 즉 민주주의에서의 긍정적 역할도 고려해야 한다. 미디어는 여러 가지 문제들을 보여주고 폐해를 공개적으로 비난하지 않으면 안 된다.

상기한 왜곡현상을 수반하는 세 번째 원인은 이주배경을 가진 언론인이 여전히 부족하다는 데에서 찾을 수 있다. 기존 정주민에 대한 보도와 비교해 볼 때 오랫동안 신문방송매체에서 외국인에 대한 긍정적인 것을 찾아보기 어려웠으며, 이와는 대조적으로 부정적인 측면이나 특성에 대해서는 과장해서 극적으로 표현하는 경향이 두드러지게 나타났다. 특히 기독교에 뿌리를 두지 않은 문화가 여기서 주요 대상이 되었다. 1980년대에는 터키인들이 외국인으로서 지나치게 많이 거론되었으며, 1990년대 초에는 망명신청자와 난민이 지나치게 많이 거론되었다. 그 다음에는 특히 동유럽에서 역이주한 독일혈통의 이주민(Aussiedler)이 관심의 초점으로 떠올랐다. 이들은 적지 않은 신문의 머리기사에서 종종 '러시아인'으로 불리면서 대서특필되곤 했다(Meier–Braun, 2015: 139).

기존 정주민과 이주민 사이의 공동생활 중 일상현실에서 나온 긍정적인 모습이나 정상적인 모습은 종종 신문방송매체에서 거론되지 못하거나 소홀히 다루어지는 경향이 강했다. 또한 기본적인 정보와 그 배경에 관한 보도의 측면에서도 역시 부족하게 다루어졌다. 설문조사의 결과를 보도하는 데 있어서 독일에서 거주하는 외국인의 수가 상당히 과대평가되었으며, 심지어는 실제보다 두 배의 수로 부풀려지는 경우도 있었다. 그리고 이와 같은 과대평가가 나온 이유는 적어도 부분적으로는 대중매체에서 외국인과 관련된 주제를 과장해서 극적으로 표현했다는 점에서 찾을 수 있다(Meier–Braun, 2015: 139).

대중매체에서 세계적인 규모의 이주현상을 거론할 때 종종 위협적인 것을 부각시키곤 한다. 예를 들면, 지중해상에서 떠도는 보트난민(boat refugees)에 관한 영상은 난민드라마의 연장선상에서 바라볼 수 있다. 그러한 영상은 문제에 대한 의식을 민감하게 만들고 피난의 원인을 분명하게 해줄 수 있다. 물론 위험지역에 대한 지속적인 보도로 인하여 난민을 위해 도와주려는 태도와 행위가 나올 수 있기는 하다. 하지만 전쟁이나 갈등 혹은 남북문제가 문제가 아니라 오히려 이주민과 난민이 문제라는 인상을 종종 불러일으키곤 한다. 그런데 이와 같이 이주민과 난민을 실업과 같은 세계적인 문제 혹은 국내문제를 위한 일종의 희생양으로 만들게 되면 바람직하지 못한 결과를 수반할 수 있다(Meier-Braun, 2015: 139-140).

독일의 일간신문을 추적하다 보면 이슬람과 무슬림이 독일의 문화와 사회에 대해 위협적인 요인이며, 심지어는 기독교에 대한 위험요인이라는 취지의 글을 때때로 접하게 된다. 전체적으로 바라볼 때 전쟁·분쟁에 관한 보도의 틀 속에서 일차적으로 이슬람의 여러 나라들이 등장한다. 이때 종교로서의 이슬람이 테러와 이슬람주의에 대한 동의어로 간주되곤 한다. 시리아내전의 끔직한 모습, 이슬람국가(IS)의 테러, 이슬람의 남용을 보여주는 장면을 통해 그러한 심상이 더욱 확고하게 자리를 잡을 수도 있다. 따라서 이슬람에 대한 심상과 관련하여 미디어는 특별한 책무를 떠맡고 있다. 이 맥락에서 이슬람과 이슬람주의를 더욱 분명하게 구별해야 할 것이다(Meier-Braun, 2015: 140).

하지만 최근 독일에서 난민의 수가 급증한 것에 대해 논의가 이루어지는 것을 살펴보면, 상당히 분화된 심상이 전달되고 있는 것으로 보인다. 1990년대 초와는 대조적으로 '망명신청자의 홍수'나 '망명신청자의 공급과잉'과 같은 자극적인 표현은 실제로 더 이상 등장하지 않고 있다. 그 까닭은 정치권에서도 이제는 그러한 용어를 회피하고 있다는 데에서 찾을 수 있다. 난민문제와 난민정책이 심각하게 거론되고 있는 오늘날의 상황에서 대중매체는 배경정보에 대한 보도를 통하여 토론과 논쟁을 보다 더 합리적으로 이끌어가도록 하는 데 기여할 수 있다. 예를 들면, 세계적으로 살펴볼 때, 난민 중 극히 일부에 해당하는 사람들만이 유럽에 도착하고, 난민 중 약 80%에 달하는 사람들이 여전히 여러 최빈국에 남아 있다는 점을 상기시킬 필요가 있다(Meier-Braun, 2015: 140; Scholz, 2017: 2-3).

(4) 우익보수집단의 페기다운동을 둘러싼 쟁점

2014년 10월 독일 드레스덴에서는 갑자기 페기다(Pegida: 서구의 이슬람화에 반대하는 애국적 유럽인)라는 시민운동단체가 등장하였다. 처음에는 참가자의 수가 몇 백 명에 불과하였지만, 2015년 1월 12일에는 약 25,000명에 달하는 사람들이 이른바 '저녁산보'에 참여하였다. 집회와 시위에서 그들이 들고 다닌 플래카드에는 예를 들면 다음과 같은 구호가 적혀 있었다. '유럽에서 샤리아(sharia/shari'ah: 사람이 바르게 살아가는 법을 구체적으로 규정한 이슬람법)는 통하지 않음', '우리는 폭력을 행사하지 않으며, 독일 땅에서 벌어지는 신앙전쟁에 반대함', '우리는 국민이다.' 2015년 봄에 드레스덴에서 월요일시위에 참가한 사람들의 수는 상당히 줄어들었다. 그 까닭은 전과(前科)가 있는 페기다운동의 주동자인 바흐만(Bachmann)이 우두머리 자리에서 물러나고, 지도부가 분열된 데 있다. 바흐만이 물러나게 된 계기로는 외국인을 혐오하는 발언을 페이스북(Facebook)에 탑재한 자료와 히틀러 모습을 흉내 낸 자신의 사진자료가 공개된 점을 들 수 있다(Meier-Braun, 2015: 141; 허영식, 2015: 188-191).

등록협회로서의 페기다는 독일에서 이슬람주의 세력의 확장으로 인한 위협에 대항하기 위하여 결성된 단체이다. 하지만 페기다에 대한 조사결과에 의하면, 정치체제에 대한 일반적인 불만과 더불어 고향과 조국을 상실할지 모른다는 불안감도 중요한 요인으로 작용하였다. 여기에 더하여 대중매체에 대한 불신도 요인으로 작용하였다. 적어도 페기다의 입장에서 바라볼 때 기존의 대중매체는 '거짓말을 하는 언론(Luegenpresse)'으로 지칭되었다. 페기다시위에 참여한 사람들을 분석한 결과, 대체로 중년 나이의 남자들이었으며, 드레스덴과 그 부근에 거주하는 사람들이 많았다. 참여자 대부분은 평균 이상의 교육수준을 갖추고 있었으며, 직업을 갖고 있었다. 정치적 성향을 살펴보면, 우익의 입장에 지향을 두고 있었으며, 2013년에 정치무대에 등장한 신생정당인 '독일을 위한 대안(AfD)'에 경도되어 있었다(이 정당의 이데올로기에 관해서는 Havertz, 2016: 32-38 참조). 페기다에 참가한 사람들의 다수가 별 악의가 없고 그들의 일상적인 염려와 걱정으로 인하여 불편함을 느낀 '정상적인 시민'이라는 견해가 한편에서는 부분적으로 있었는데, 여론조사는 이러한 견해와 모순된 결과를 보여주고 있다. 물론 이 운동을 조직한 주동자들은 그러한 심상을 전달하고자 시도를 하고 있지만, 사실상 핵심세력은 특정한 집단에 대한 혐오감을 갖고 있으며, 인종차별주의적인 태도나 행동을 숨기지 않고 있다(Lindemann, 2016: 130, 286-287; Meier-Braun, 2015: 141-142; 허영식, 2015: 207-210).

향토와 조국을 상실할지도 모른다는 불안감, 자기 자신의 나라에서 낯선 존재로 전락하거나 소외된 존재가 될 수도 있다는 감정은, 물론 그 속에 비합리적인 것이 내재하고 있더라도, 일단 진지하게 받아들일 필요가 있다. 하지만 적어도 자유민주적 기본질서에 입각한 헌정의 규범적 측면에 비추어 볼 때, 향토나 조국이 투쟁개념으로 사용되고, 타자나 외국인을 배제시키는 도구로 사용된다면 그것은 받아들이기 어려운 일이 될 것이다. 이런 맥락에서는 서로 마음을 연 개방적인 대화가 요청되며, 사실과 배경정보의 전달이 요청된다. 하지만 외국인 문제에 대한 처리방식과 관련하여 지난 몇 십 년을 되돌아보면, 이와는 대조적으로 이주현상에 대한 불쾌감이나 불안감을 표출하는 행위가 잊을 만하면 언제나 다시 등장하곤 했다. 특히 선거유세기간 동안에는 이와 같이 부분적으로 정당하다고 간주되는 두려움이나 불안이 곧잘 정치적 도구로 활용되었다(Meier-Braun, 2015: 143; 허영식, 2015: 196-198).

어쨌든 페기다와 같은 도전은 이주사회에서 언제든지 발생할 수 있는 지극히 정상적인 일이다. 어느 정도의 불쾌감이나 두려움은 그렇게 놀랄 만한 것이 아니다. 지난 수십 년 동안 독일연방정부는 사실상 많은 수의 이주민을 받아들이는 상태에 놓여 있었음에도 불구하고 독일은 결코 이주국가(이주민을 받아들이는 국가)가 아니라는 것을 여러 번 강조해 왔다. 이러한 모순은 그렇게 바람직하지 못한 분위기를 조성하는 데 적어도 부분적으로 기여했다고 볼 수 있다. 또한 정치가들이 페기다가 사용하는 구호와 친화성이 있는 용어를 사용하면서 이를 확산시키는 경우가 적지 않았다. 예를 들면, 기사당(CSU)은 1998년 연방선거전에서 ('독일연방공화국'을 풍자적으로 패러디한) '독일이슬람공화국(Islamische Republik Deutschland)'에 대해 경고하였다. 2015년 겨울에는 망명자에 대한 법을 더욱 강화시키고 가족의 추가이주를 중단시켰다는 점을 인터넷을 통하여 자랑삼아 홍보하기도 하였다. 그리고 페기다의 대변자들도 역시 '물티쿨티'가 실패했다고 한 메르켈 연방총리의 발언을 여러 번 인용하였다(Lindemann, 2016: 130; Meier-Braun, 2015: 143).

3. 난민문제와 난민정책에 대한 전망

(1) 국제적 연대의식 확보의 어려움

난민문제와 난민위기가 우선적으로 요구하는 것은 난민에 대한 보호를 가능하게 만들고 보호를 강화시키는 일이다. 이를 위해서는 국제기구, 특히 유엔난민기구(국제연합난민고등판무관, UNHCR)와 더불어 난민을 첫 번째로 받아들이는 국가의 역량을 강화시켜야 한다. 유엔난민기구는 지난 몇 십 년 동안 과제와 책무를 계속해서 확장시키지 않을 수 없었다. 제2차 세계대전이 끝난 이후 체결된 제네바난민협약에서 설정한 난민의 모습은 주로 개인들을 억압·박해하는 국가와 관련이 있었다. 그런데 오늘날 난민을 발생시키는 원인의 대부분은 이제 더 이상 개인을 억압하고 박해하는 국가에 놓여 있지 않다. 그동안 사람들이 실존적인 위협을 느끼는 상황을 초래하는 원인으로서 민간수준의 행위주체나 유사(類似)국가적인 행위주체가 새롭게 많이 등장하게 되었다. 아이티·리비아·소말리아·아프가니스탄 등에서 사람들이 어쩔 수 없이 피난을 선택한 까닭은 폭력을 행사하는 집단이나 조직에 대하여 무방비 상태에 놓여 있기 때문이다.

기후변화의 결과, 빈곤과 굶주림으로 인한 불안전성, 테러, 그리고 자국민을 보호할 수 없는 실패국가(failed state) 따위가 21세기의 국제사회에서 피난의 원인을 제공하고 있다. 제네바난민협약의 전통적인 개념규정에 적확하게 들어맞지 않는 이와 같은 난민을 '생존이주자(survival migrants)'라고 부를 수 있다. 이들 중 많은 사람들은 지난 수십 년 동안 발생한 글로벌 수준의 난민현상에 속하는 것으로 간주할 수 있다. 난민이 실제로 경험할 수 있는 보호와 관련하여 고려해야 할 요인으로는 인접국가의 엘리트가 갖고 있는 이해관계, 현장에서 국가행정기관이 갖추고 있는 업무수행능력, 법과 제도, 문화적 맥락을 들 수 있다. 유엔난민기구의 재량권도 상당 부분 이러한 요인에 의해 영향을 받는다(Luft, 2016: 117).

유엔난민기구는 난민을 위해 다음과 같이 세 가지 행위의 가능성을 설정하고 있다. 출신국가로의 귀환 및 재통합, 첫 번째 수용국가로의 통합, 그리고 난민이 지속적으로 체류할 수 있는 나라로의 이주가 그것이다. 그런데 이 세 가지 선택사항이 제대로 작동하기 위해서는 경제적으로 강한 국가들의 뒷받침이 불가피하다. 난민의 출신국가에서는 무력과 폭력을 수반한 갈등으로 인하여 인프라(사회기반시설)가 파괴된 경우가 많기 때문에, 재건을 위한 재정을 확보해야 하고, 또한 불안정한 상태로 돌아온 난민을 보호해야 할 어려운 과제가 제기된다. 수용국가로의 통합과 관련해서는 종종 난민수용소를 교육인프라 및 일자리로의 접근을 가능하게 만드는 도시의 난민숙소로 확충해야 한다. 대부분 멀리 떨어진 수용국가로의 지속적인 이주는 사실상 실현하기 어려운 선택사항이다. 바로 그렇기 때문에 당사자들이 스스로 해결방안을 모색할 수밖에 없으며, 이에 따라 개별적으로 혹은 소집단을 형성하여 피난의 방도를 선택할 때가 적지 않다(Luft, 2016: 117–118).

지난 수십 년 동안 유럽연합 내부의 난민정책에서 연대의식을 갖춘 책무와 부담의 배분에 도달하려는 모든 시도는 실패하였다. 예를 들면, 2015년 9월 유럽집행위원회가 제안하고 내무장관특별이사회가 결정한 난민배분이 실현될 가능성은 별로 없다. 왜냐하면 이 결정에 따른 책무를 이행하는 데 있어서 일부 회원국이 주저하거나 아니면 거부하고 있기 때문이다. 모든 회원국에 대해 의무를 지우는 기제(메커니즘)를 마련하는 일은 앞으로 당분간 실현되기 힘들 것으로 보인다. 예상하건대 그러한 실현은 기껏해야 '뜻을 같이 하는 국가들의 연대'로 국한될 가능성이 높다(Luft, 2016: 118).

국방정책이나 기후변화정책과 같은 다른 정책분야에서는 관련된 과제를 더 이상 개별국가 수준에서가 아니라 연대적인 연합·동맹관계(보기: 북대서양조약기구) 속에서 비로소 해결하거나 처리할 수 있다는 점에 대해 대체로 합의가 존재한다. 군사적 안보정책의 경우를 살펴보면, 자원을 결집시키고 의사결정의 권한을 연합·동맹의 수준으로 위임하는 일에 대해서 논란의 여지가 별로 없는 것으로 간주되고 있다. 연합·동맹관계 속에서 협력을 함으로써 그리고 의무·책무를 담보로 한 연대를 통하여 회원국은 홀로 달성할 수 없는 안보상의 이득을 얻게 된다. 그런데 난민정책의 경우에는 협력을 통하여 개별국가가 이에 견줄 만한 효과를 기대하기 어렵다. 의사결정의 권한을 초국가적인 제도로 양도하고, 그에 따라 자동적으로 등장하는 배분절차에 동의하고 이 배분절차를 준수해야 할 유인책이 거의 주어져 있지 않다. 집합적인 행위를 통하여 긴장관계와 혼돈의 상태를 감소시킬 뿐만 아니라 개별국가의 과도한 부담을 줄일 수 있다는 점을 고려하더라도 상기한 유인책은 거의 주어져 있지 않다(Luft, 2016: 118–119).

여러 국가의 경우 상품이나 자본을 위한 개방과는 달리 난민수용의 문제는 논란을 불러일으키기 쉬운 사안이다. 난민은 종종 사회적·경제적·문화적인 측면에서 그리고 안전의 측면에서 위협적인 요인으로 간주되고 있다. 이와 관련된 최근의 사례를 들어보면, 2015년 프랑스 파리에서 테러공격이 발생한 이후, 미국은 그 이전에 원래 받아들이기로 계획했던 시리아 난민을 실제로 수용하기를 거부하였다. 책무·부담의 배분이 실제로 어떻게 이루어졌는지의 질문과 관련된 그동안의 경험에 비추어 볼 때, 난민정책에 있어서는 당면문제에 대해서 임시변통으로 의사결정을 내리는 방식이 지배적으로 작용하고 있다. 게다가 난민발생의 원인에 대한 공동의 책임을 인식하지 않으면 안 되며, 난민의 수용은 잠재적인 수용국가의 사회적·경제적·정치적 이해관계에 부응하지 않으면 안 된다. 오늘날 유럽연합의 경우를 살펴보면, 책무·부담의 배분을 실천에 옮길 수 있는 연대의식과 여건이 아직 충분히 조성된 것으로 보이지 않는다. 유럽연합 수준에서 망명을 허락하는 것이 아니라 각 회원국이 망명을 허락하고 있다. 또한 헝가리의 경우에서 쉽게 확인할 수 있는 사항이지만, 특정한 개별국가가 지속적인 억압이나 제재를 받지 않는 상태에서 임의로 국경을 봉쇄할 수도 있다. 결국 국가들 사이의 연대의식은 억지로 강요할 수 없다는 점을 다시 확인하게 된다("Deutschland fordert…", 2016: 1–2; Luft, 2016: 119; Gómez et al., 2017: 15).

(2) 간문화적 개방과 폐쇄 사이의 딜레마

지중해를 건너는 과정에서 2000년~2015년 동안 약 28,500명의 이주자가 목숨을 잃었다. 그리고 실종이주자프로젝트(Missing Migrants Project)의 통계자료에 따르면, 세계적 규모에서 살펴볼 때 이 기간 동안에 이동을 하는 과정에서 약 40,000명의 사망자가 발생했다고 한다. 이러한 점을 고려할 때 이주자에게는 지중해가 세계에서 가장 위험한 통로라는 점을 확인할 수 있다. 그래서 상당히 오래 전부터 이에 대한 대처방안으로서 입국을 위한 권리와 더불어 유럽에서의 공정한 절차에 대한 안전하고 합법적인 접근이 요구되어 왔다. 이러한 요구는 예를 들면 유럽의회의 내무·사법위원회를 위해 수행된 연구에도 반영되었다(Luft, 2016: 119-120).

극복해야 할 장애물에도 불구하고 지난 여러 해 동안 유럽을 향한 이주운동은 계속해서 증가하였으며, 2014년과 2015년에 최고조에 도달하였다. 먼저 도착한 이주자가 다른 이주자들을 끌어들이는 요인으로 작용하는 연쇄이주과정의 역학을 고려할 때 난민의 흐름은 앞으로도 계속 진행될 것으로 보인다. 하지만 많은 사람들이 별 다른 장애물 없이 유럽으로 접근하게 된다면, 유럽연합 국가들은 이제까지의 규모를 훨씬 초과하는 혼합된 이주흐름에 봉착하게 될 것이다. 이에 대해 여러 가지 반응을 생각해 볼 수 있다. 우선 간문화적 개방(intercultural opening)의 차원에서 유럽연합은 난민의 이주운동을 공동으로 대처해야 할 도전으로 간주하고, 혼합된 이주자 중에서 망명절차를 통해 사실상 보호를 필요로 하는 사람들을 확인하고, 이들을 각 회원국에게 배분하고, 체류허가를 받지 못한 사람들을 귀환시키려는 시도를 할 수 있을 것이다(Luft, 2016: 120; 허영식, 2015: 106-110).

이와는 대조적으로 간문화적 폐쇄(intercultural closing)의 차원에서 다른 대안으로는 개별국가의 국경통제로 복귀하는 방안을 생각해 볼 수 있다. 이러한 대안은 이미 네덜란드에서 논의가 되고 있으며, 프랑스의 야당에서도 거론하고 있다. 셴겐협정(Schengen agreement: 유럽연합국가들 간의 국경선 자유왕래협정; 셍겐조약 혹은 쉥겐조약이라고도 부름)과 관련시켜 볼 때, 이러한 경향은 사실상 유럽의 핵심국가에 국한된 '소규모셴겐(Mini-Schengen)'으로 되돌아가는 것이며, 만약 그렇게 된다면 많은 난민이 접근하고 있는 문제에 대해 인도적인 차원에서 처리하는 것을 더욱 어렵게 만들 것이며, 유럽연합을 분열시키고, 결국 유럽연합의 현재 상태와 구조가 종언을 고하게 될 것이다.

하지만 다른 한편에서 바라볼 때, '개방적인 국경'의 시나리오는 유럽연합의 지탱능력을 초과하기 때문에, 유럽연합을 불안정하게 만들 것으로 예상된다. 게다가 개방적 국경의 시나리오는 난민보호의 과제를 유럽에서 가장 인간적으로 그리고 가장 효율적으로 해결할 수 있다는 것을 가정하고 있다. 그런데 이러한 가정은 유럽의 성취능력을 지나치게 높게 평가하는 데에서 기인한다. 이 맥락에서 첨언하자면, 점점 더 많은 유럽의 정부들이 우익포퓰리즘(대중인기영합주의)과 극우정당의 압력을 받고 있는 실정이다. 프랑스·영국·폴란드·헝가리·덴마크·그리스에서 그러한 국민운동이나 정당이 선거에서 점점 더 많은 인기나 표를 얻고 있다(Hein, 2016: 1-3; Luft, 2016: 120; Scholz, 2017: 1-2).

유럽연합을 넘어서서 최근의 사례를 살펴볼 때, 2016년 11월 8일에 실시된 미국의 대선에서 예상을 뒤집으면서 트럼프(Trump)가 승리한 것도 부분적으로 이와 같은 맥락에서 해석할 수 있다. 그리고 다시 유럽연합으로 시선을 돌려볼 때, 2016년 6월 23일 영국에서 실시된 브렉시트(Brexit: 영국의 유럽연합 탈퇴) 관련 국민투표의 결과도 이와 유사하게 해석할 수 있다. 또한 독일에서 2014년 10월부터 발생한 페기다운동의 전개와 더불어 일부 지방선거에서 '독일을 위한 대안(AfD)' 정당이 보여준 약진도 이와 궤를 같이 하는 것으로 보인다. 결국 우익포퓰리즘이나 우익정당의 득세는 부분적으로 대규모 이주운동이나 난민문제에 대한 반작용 혹은 저항운동으로서 세계적 수준에서 관찰할 수 있는 경향이다.

(3) 독일과 유럽연합의 책무

유럽의 여러 핵심국가들이 사실상 속하고 있는 부유한 국가들은 세계적으로 난민에 대하여 특별한 책무를 갖고 있다. 그들은 난민을 받아들임으로써 그러한 책무에 어느 정도 혹은 상당 부분 부응할 수 있다. 이것은 물론 개별적인 수준에서 망명신청을 검토한다든지 아니면 집합적인 수준에서 특정한 집단을 다른 곳으로 이주를 시킨다든지 하여 이루어질 수 있다. 여기에 더하여 평화유지를 위한 임무·사업에 참여하거나 아니면 인도적인 기구에 대한 재정지원과 난민을 첫 번째로 받아들이는 국가에 대한 재정지원의 형태로 부와 복지의 일부를 인도할 수도 있다. 이 지점에서 일부 부유한 국가와 유럽연합이 아직 개선의 여지가 많은 것으로 보인다("Deutschland fordert…", 2016: 1–2; Luft, 2016: 120–121; Schuster, 2016: 2–3).

또한 구체적인 행위가 요구될 뿐만 아니라, 일정한 활동을 중단하는 방안도 대안으로 제시되고 있다. 특히 분쟁이나 내전이 벌어지고 있는 지역 또는 직접적·간접적으로 그러한 갈등에 관여하고 있는 국가에 대하여 무기를 조달하는 행위를 줄이거나 그만두는 방안을 생각해 볼 수 있다. 이라크나 리비아의 경우처럼 위험부담과 부수적인 결과를 예측하기 어렵거나 불가능한 군사적 개입에 참여하는 일도 중단해야 할 사항으로 부분적으로 거론되고 있다. 왜냐하면 군사개입이 해당 지역 전체의 불안정화를 오히려 조장할 수도 있기 때문이다.

어쨌든 난민운동이 앞으로 어떻게 전개될 것인지의 문제는 본질적으로 유럽연합의 동쪽과 남쪽에서 정치적 상태가 어떻게 나타나는가에 달려 있다. 예를 들면 우크라이나 내에서 그리고 우크라이나를 둘러싸고 벌어지고 있는 갈등은 러시아나 아니면 우크라이나의 편을 통하여 언제든지 상황이 악화될 수 있다. 이것은 세계평화를 위해서 그리고 분쟁악화의 경우 피난을 하지 않으면 안 되는 사람들을 위해서 예측하기 어려운 결과를 수반할 수 있다. 중동지역에서의 위기와 분쟁에 대한 해결방안도 적어도 당분간 전망하기 어려운 것으로 보인다 (Luft, 2016: 121).

(4) 난민정책·조치의 방향설정과 구체적 방안의 명료화

2015년 여름 독일의 메르켈 총리가 심각한 난민문제에 대하여 국민들에게 호소하는 차원에서 "우리는 해낼 수 있다(wir schaffen das)."라는 발언을 함으로써 난민문제에 대해 나름대로 상당 부분 해결할 수 있다는 자신감을 표명하였다. 그 이후 거의 1년이 지난 후 독일국민의 여론을 조사한 결과, 난민을 독일의 주류사회에 통합시키는 일이 성공할 수 있는가의 질문에 대하여 긍정적 답변과 부정적 답변이 거의 비슷하게 나왔다. 그 까닭은 아직 여러 가지 질문에 대해 확실한 정답이나 해결방안을 찾기 어렵기 때문이다(Schuster, 2016: 1; Spasovska, 2016: 1).

그 당시 독일사회에서 관찰할 수 있었던 낙관적이고 고양된 분위기는 1년이 지난 이후 상당 부분 사라졌다. 독일국민들은 한편으로 비교적 낙관적인 기대를 갖고 있지만, 다른 한편으로 이와 동시에 좀 더 회의적인 생각을 갖게 되었다. 독일의 소리(DW: Deutsche Welle)가 2016년 8월에 여론조사기관(infratest dimap)에 의뢰하여 실시한 여론조사의 결과에 기초할 때, 이 맥락에서 두 가지 중요한 사항을 지적할 수 있다. 설문조사에 응한 다수의 견해에 따르면, 난민은 독일을 좀 더 다채롭고 다양하게 만들 것이라고 한다. 그러나 다른 한편으로 독일국민의 다수는 독일사회에서 테러공격이 더 많이 발생할 것이라는 우려를 표명하고 있다. 쾰른 및 독일의 다른 도시에서 2015년 섣달 그믐날 밤에 발생한 성폭행사건(이슬람 출신의 청년들이 집단적 수준에서 여성들을 대상으로 저지른 사건), 이슬람주의 배경을 갖고 있는 테러공격, 그리고 테러공격을 가하려는 시도 등이 안전 측면에서 많은 사람들을 불안하게 만들었다(Kinkartz, 2016: 1—3; Spasovska, 2016: 1).

우선 독일국민의 다수가 난민에 대해 긍정적인 태도를 갖고, 그들이 있음으로써 독일사회가 더 풍부하게 될 것이라고 평가하는 것은 일단 반가운 일이라고 할 수 있다. 난민을 받아들이는 사회가 보여주는 이와 같은 긍정적인 태도와 자세는 중장기적으로 사회통합이 성공적으로 이루어질 수 있도록 하는 데 있어서 중요한 기반이 된다. 약 40년 전에 남유럽에서 수백만의 외국인노동자가 독일로 이주해 들어왔을 때에도 이와 같은 분위기는 찾아보기 힘들었다. 이주자로 인하여 독일사회가 다양해지고 다채롭게 된다는 말은 듣기 힘들었다. 하지만 그때와 비교할 때 현재는 상당히 분위기가 다르며, 바로 그런 점에서 그것은 바람직한 일이다.

그러나 다른 한편으로 상기한 여론조사의 또 다른 중요한 결과를 간과해서는 안 된다. 위협을 받고 있다는 불안감이 독일의 주류사회에서 더 커지고 있다. 이 점을 진지하게 받아들여야 한다. 물론 그렇다고 해서 '독일을 위한 대안(AfD)'와 같은 정당이 보여주고 있는 바와 같이, 우익포퓰리즘에 입각하여 불안감을 정치적으로 도구화하거나 아니면 심지어 그러한 불안감을 더욱 증폭시키려고 하는 선동에 휩쓸려서는 안 될 것이다. 그러나 어쨌든 이와 같은 불안감이나 유보적 태도를 단순히 마치 없는 것처럼 은폐해서도 안 된다는 것이다(Spasovska, 2016: 1).

적어도 상기한 여론조사결과에 입각한 진단에서 출발할 때, “우리는 해낼 수 있다.”라는 것을 더 많은 사람들이 깨닫고 더 나아가서 확신을 갖도록 하기 위해서는, 정책과 조치의 방향설정과 더불어 구체적인 방안을 명료화할 필요가 있다. 예를 들어 노동시장에의 통합을 살펴볼 때, 정부가 더 많은 예산을 배정해야 할 것으로 보인다. 독일로 들어온 난민 중 불과 40,000명에 달하는 사람들만이 일자리를 찾았다고 한다. 난민 중 약 4분의 3은 직업교육을 받지 않은 상태에 놓여 있다. 다시 말하면, 국가와 기업이 대부분의 난민을 우선적으로 노동시장에 진입할 수 있도록 준비시키지 않으면 안 된다. 이를 위해서는 교육적인 조치가 요청되며, 이것은 다시금 그에 부응하는 비용을 필요로 한다. 즉, 노동시장에의 통합과 더불어 노동시장에의 진입을 위한 교육을 위해 미래지향적인 관점에서 투자가 요구된다. 물론 처음부터 분명히 깨달아야 할 점은 신속한 성공을 기대하기는 어렵다는 것이다.

일자리 확보와 교육적 조치 이외에 안전과 관련된 정책과 조치에도 주의를 기울여야 한다. 연방경찰의 인적 자원을 증가시키는 일도 역시 추가적인 비용을 요구한다. 그리고 범죄를 저지르거나 형을 받아야 하는 외국인을 지금보다는 더 신속하게 추방시켜야 하지 않는가의 문제를 적절하게 다루어야 한다. 상기한 성폭행사건이나 테러공격과 관련하여 외국인추방은 분명한 경고와 억지수단이 될 수 있다. 물론 이 측면에서도 역시 하루아침에 모든 일을 변화시킬 수는 없다. 왜냐하면 범죄를 저지른 외국인을 추방시키는 일은 법치국가가 제공하고 있는 제도적 장치, 즉 법을 통해 보호받을 수 있는 권리의 유지라는 틀 속에서 이루어져야 하기 때문이다. 이것은 경우에 따라 더 많은 시간을 필요로 한다(Spasovska, 2016: 1–2).

요컨대, “우리는 해낼 수 있다.”라는 구호는 2015년 여름 이래 독일국민 사이에서 난민을 도와주고자 하는 태도와 자세를 일깨우는 데 중요한 계기와 단서를 제공하였다. 다행히도 그러한 것을 여전히 부분적으로 느낄 수 있다. 그러나 이러한 계기나 동기를 중장기적으로 지속시키기 위해서는 긴 안목을 갖고 정책과 조치를 기획하고 추진할 필요가 있으며, 또한 독일사회가 안고 있는 간문화적 변동(intercultural change)의 관점에서 사회적·경제적 도전을 적절하게 다룰 수 있는 방안을 모색해야 한다(Spasovska, 2016: 2; Witte, 2016: 1–2; Scholz, 2017: 1–2).

이 장은 최근 글로벌 수준과 유럽 수준에서 많은 사람들의 주의와 관심을 불러일으킨 난민문제와 난민정책에 대해 독일과 유럽의 사례를 중심으로 하여 개괄적으로 살펴보는 데 주된 목적을 두었다. 이상의 논의를 바탕으로 할 때, 요약 및 결론 차원에서 이 글에서 내세우고자 하는 핵심명제는 다음과 같이 정식화하여 진술할 수 있다.

첫째, 난민문제와 사회통합정책의 연관성에 주의를 기울여볼 때, 난민문제와 관련된 도전과 위험부담을 다루는 데 있어서는 현실주의적인 사회통합정책이 적절한 것으로 보이며, 사회통합의 과정과 관련해서는 사회적·구조적·문화적 통합을 구분하여 고려할 필요가 있다.

둘째, 국가의 사회통합정책과 관련해서는 좋은 교육·사회복지·경제정책이 곧 좋은 사회통합정책이기도 하다는 점을 상기할 필요가 있다. 사회통합정책의 목표가 기회균등을 창출하고, 사회와 국가의 모든 영역에서 균등한 생활 상태를 마련하는 데 있다면, 재정적으로 행위능력을 갖춘 수준에서 정책적인 조치를 기획하고 실행에 옮겨야 할 것이다.

셋째, 난민문제와 난민정책에 대한 사회정치적 쟁점과 관련해서는, 최근의 담론과 정책에 비추어 볼 때, 특히 사회통합은 실패했는가의 여부에 관한 쟁점, 다문화사회는 실패했는가의 여부를 둘러싼 쟁점, 이주사회에서 대중매체의 역할을 둘러싼 쟁점, 그리고 우익보수집단의 페기다운동을 둘러싼 쟁점을 고려할 필요가 있다.

넷째, 상기한 난민문제와 사회통합정책의 연관성, 그리고 난민문제 및 난민정책을 둘러싼 쟁점을 기초로 하여 난민문제와 난민정책에 대한 전망을 시도하는 데 있어서는 국제적 연대의식 확보의 어려움, 간문화적 개방과 간문화적 폐쇄 사이의 모순과 딜레마, 독일과 유럽연합의 책무, 그리고 난민정책·조치의 방향설정과 구체적 방안의 명료화라고 하는 측면에서 적실성을 갖춘 정책과 조치를 취해야 한다는 점을 강조할 수 있다.

다섯째, 난민문제를 다루는 데 있어서 "우리는 해낼 수 있다."라는 상징적인 구호는 난민을 도와주고자 하는 태도와 자세를 일깨우는 데 중요한 계기와 단서를 제공하였다. 하지만 이와 같은 계기나 동기가 지속가능한 적실성을 갖추기 위해서는 긴 안목을 갖고 정책과 조치를 기획하고 추진할 필요가 있으며, 또한 간문화적 변동의 관점에서 사회적·경제적 도전을 적절하게 다룰 수 있는 방안을 모색해야 한다.

요/약

본 연구는 최근 글로벌 수준과 유럽 수준에서 많은 사람들의 주의와 관심을 불러일으킨 난민문제 및 난민정책에 대해 독일과 유럽의 사례를 중심으로 하여 개괄적으로 살펴보는 데 주된 목적을 두었다. 이 글에서 내세우고자 하는 핵심명제는 다음과 같이 진술할 수 있다. 첫째, 난민문제와 관련된 도전과 위험부담을 다루는 데 있어서는 현실주의적인 사회통합정책이 적절한 것으로 보이며, 사회적·구조적·문화적 통합을 구분하여 사회통합의 과정을 고려할 필요가 있다. 둘째, 좋은 교육·사회복지·경제정책이 곧 좋은 사회통합정책이기도 하다는 점을 상기할 필요가 있으며, 재정적으로 행위능력을 갖춘 수준에서 정책적인 조치를 기획하고 실행에 옮겨야 할 것이다. 셋째, 사회정치적 쟁점과 관련해서는 사회통합은 실패했는가의 여부에 관한 쟁점, 다문화사회는 실패했는가의 여부를 둘러싼 쟁점, 이주사회에서 대중매체의 역할을 둘러싼 쟁점, 우익보수집단의 페기다운동을 둘러싼 쟁점을 고려할 필요가 있다. 넷째, 전망과 관련해서는 국제적 연대의식 확보의 어려움, 간문화적 개방과 폐쇄 사이의 딜레마, 독일과 유럽연합의 책무, 난민정책·조치의 방향설정과 구체적 방안의 명료화 측면을 고려하면서 적실성을 갖춘 정책과 조치를 모색해야 한다. 다섯째, 난민문제를 다루는 데 있어서 긍정적인 암시와 사고방식은 중요한 계기와 단서를 제공하고 있지만, 이것이 지속가능한 적실성을 갖추기 위해서는 긴 안목을 갖고 정책과 조치를 기획하고 추진할 필요가 있으며, 간문화적 변동의 관점에서 사회적·경제적 도전을 적절하게 다룰 수 있는 방안을 모색해야 한다.

04 참고문헌

"독일 난민통합법 통과: 독어교육 의무화, 취업기회 확대." http://media.daum.net/ (2016년 7월 8일 검색).

허영식. 『다양성과 간문화』. 서울: 박영스토리, 2015.

허영식. 『다양성과 세계시민교육』. 서울: 박영스토리, 2017.

허영식·정창화. 『간문화주의를 통한 사회통합과 국가정체성 확립』. 파주: 한국학술정보(주), 2012.

"Deutschland fordert internationale Solidaritaet in der Fluechtlingskrise." http://www.dw.de/ (2016년 9월 19일 검색).

Esser, H. "Integration und ethnische Vielfalt." Weisseno, G. (ed.). *Buergerrolle heute. Migrationshintergrund und politisches Lernen*. Opladen: Barbara Budrich, 2010, pp. 65−81.

Gómez, J. et al. "EU−Politik in Krisenzeit. Krisenmanagement und Integrationsdynamik in der Europaeischen Union." *Aus Politik und Zeitgeschichte*. No. 37 (2017), pp. 11−17.

Havertz, R. "Right−wing Populism Taking Hold in Germany. The Success of the Political Party 'Alternative fuer Deutschland' in the Regional Elections of March 2016." 『한독사회과학논총』. 제26권 제2호 (2016년 여름), pp. 25−54.

Hein, M. "Wir alten Auslaender machen uns Sorgen." http://www.dw.de/ (2016년 8월 22일 검색).

Kinkartz, S. "DW−Umfrage: Fluechtlingsfrage spaltet Deutschland." http://www.dw.de/ (2016년 8월 23일 검색).

Lindemann, T. *Keine Angst, hier gibt's auch Deutsche. Unser neues Leben im Problemkiez*. Muenchen/Berlin: Berlin Verlag, 2016.

Luft, S. Die *Fluechtlingskrise. Ursachen, Konflikte, Folgen.* Muenchen: C.H.Beck, 2016.

Meier－Braun, K.－H. *Einwanderung und Asyl. Die 101 wichtigsten Fragen.* Muenchen: C.H.Beck, 2015.

Muno, M. "Kommentar: Postfaktisch－Klick mich, und ich belueg' dich." http://www.dw.de/ (2016년 12월 16일 검색).

Scholz, K.－A. "Die Fluechtlinge und die German Angst." http://www.dw.de/ (2017년 1월 12일 검색).

Schuster, K. "Ein Jahr Fluechtlingskrise: So schaut die Welt auf Deutschland." http://www.dw.de/ (2016년 8월 22일 검색).

Spasovska, V. "Kommentar: Wir brauchen einen langen Atem." http://www.dw.de/ (2016년 8월 22일 검색).

"UN warnen vor weltweitem Rassismus." http://www.dw.de/ (2016년 9월 19일 검색).

Witte, C. "UN－Fluechtlingskommissar: Wir koennen das schaffen." http://www.dw.de/ (2016년 9월 19일 검색).

부록

난민문제 관련 교수학습자료

이 글의 목적은 난민문제와 난민정책에 관한 최근동향을 배경으로 삼아, 난민문제를 다루기 위한 교수학습자료를 소개하는 데 놓여 있다. 난민문제와 관련된 교육과정을 개발하고 수업방안을 위한 준거틀을 모색하는 데 있어서는 난민주제에 국한된 학습자료뿐만 아니라, 난민·이주·통합과 관련된 주제영역을 포괄적으로 다루기 위한 접근방안으로 제시된 간문화학습지침도 참고할 필요가 있다.

Ⅰ. 난민문제와 난민정책의 최근동향

여기서는 글로벌 수준에서 많은 사람들의 주의와 관심을 불러일으킨 난민문제와 난민정책에 대해 살펴본 연구결과를 몇 가지 명제로 정리하여 제시하고자 한다.

첫째, 난민문제와 사회통합정책의 연관성에 주의를 기울여볼 때, 난민문제와 관련된 도전과 위험부담을 다루는 데 있어서는 현실주의적인 사회통합정책이 적절한 것으로 보이며, 사회통합의 과정과 관련해서는 사회적·구조적·문화적 통합을 구분하여 고려할 필요가 있다.

둘째, 국가의 사회통합정책과 관련해서는 좋은 교육·사회복지·경제정책이 곧 좋은 사회통합정책이기도 하다는 점을 상기할 필요가 있다. 사회통합정책의 목표가 기회균등을 창출하고, 사회와 국가의 모든 영역에서 균등한 생활 상태를 마련하는 데 있다면, 재정적으로 행위능력을 갖춘 수준에서 정책적인 조치를 기획하고 실행에 옮겨야 할 것이다.

셋째, 난민문제와 난민정책에 대한 사회정치적 쟁점과 관련해서는, 최근의 담론과 정책에 비추어 볼 때, 특히 사회통합은 실패했는가의 여부에 관한 쟁점, 다문화사회는 실패했는가의 여부를 둘러싼 쟁점, 이주사회에서 대중매체의 역할을 둘러싼 쟁점, 그리고 우익보수집단의 운동을 둘러싼 쟁점을 고려할 필요가 있다.

넷째, 상기한 난민문제와 사회통합정책의 연관성, 그리고 난민문제 및 난민정책을 둘러싼 쟁점을 기초로 하여 난민문제와 난민정책에 대한 전망을 시도하는 데 있어서는 국제적 연대의식 확보의 어려움, 간문화적 개방과 간문화적 폐쇄 사이의 모순과 딜레마, 국민국가와 국제기구의 책무, 그리고 난민정책·조치의 방향설정과 구체적 방안의 명료화라고 하는 측면에서 적실성을 갖춘 정책과 조치를 취해야 한다는 점을 강조할 수 있다.

다섯째, 난민문제를 다루는 데 있어서 "우리는 해낼 수 있다."라는 상징적인 구호는 난민을 도와주고자 하는 태도와 자세를 일깨우는 데 중요한 계기와 단서를 제공하였다. 하지만 이와 같은 계기나 동기가 지속가능한 적실성을 갖추기 위해서는 긴 안목을 갖고 정책과 조치를 기획하고 추진할 필요가 있으며, 또한 간문화적 변동의 관점에서 사회적·경제적 도전을 적절하게 다룰 수 있는 방안을 모색해야 한다.

Ⅱ. 난민문제 관련 교육과정 개발을 위한 학습자료

이 부분에서는 난민문제 관련 학교교육과정을 개발하는 데 있어서 참고할 만한 학습자료로서 독일연방시민교육원(bpb)이 발간한 난민문제·난민정책 관련 학습자료(『난민과 망명』, 2016)를 소개하고자 한다. 여기서는 지면관계상 이 책자의 목차만 제시한다. 여기에 더하여 시민교육 관련 자료를 발간하는 출판사(Wochenschau)에서 난민을 주제로 발행한 학습자료(『난민』, 2000) 중 목차 부분을 제시한다.

| 표 4-2 난민문제 관련 학교교육과정 개발을 위한 학습자료

『난민과 망명』	『난민』
1. 난민이란 무엇인가? 2. 난민의 이동경로 3. 난민의 권리 4. 난민의 수용 5. 난민신청 6. 난민에 관한 토론과 논의 7. 자신의 의견 확립 8. 참고문헌과 참고자료	머리말 방법: 흔적탐색: 우리 이웃에 사는 난민 1. 난민의 운명 (1) 보도자료 (2) 피난경로 (3) 난민 관련 통계 2. 난민의 원인 (1) 전쟁과 내전 (2) 인권침해 (3) 환경파괴 (4) 빈곤 3. 인권·헌법·법률 4. 난민의 생활 5. 시민참여–시민이 할 수 있는 일은 무엇인가?

Ⅲ. 난민문제 관련 교육과정 개발을 위한 간문화학습지침

이 부분에서는 난민문제 관련 학교교육과정 개발을 위한 자료로서 독일상설교육부장관회의(KMK)에서 제시한 간문화학습지침(1996.10.25)을 소개한다.

최근에 교육분야에서는 문화적 다양성에 대응하고 청소년들을 세계화현상에 대비시키기 위하여 필요한 방안과 프로그램이 개발되었다. 특히 인종·종교·문화·사회·민족의 차이 때문에 생기는 불관용과 차별에 대처하기 위한 교육적인 방책들이 필요하다는 것이 강조되었다. 교육부장관회의는 이제 여러 가지 많은 간문화적 접근방법을 취합하고, 기존의 경험과 개념에 기초하여 간문화교육의 가능성과 요구사항을 강조할 필요가 있다고 본다.

1. 출발상황

오늘날 국제화와 세계화현상이 더 두드러지게 나타나고 있다. 그리하여 경제적·생태적·정치적·사회적 분야에서 많은 일이 상당한 정도로 세계적인 맥락과 준거 속에서 진행되고 있다. 기본적으로 중요한 문제들을 해결하기 위해서는 '하나의 세계'라는 의식을 갖추고 있지 않으면 안 되는 상황이 전개되고 있다. 우리의 지구를 보호하기 위해서는 모든 인류의 공통된 노력이 요구되는 실정이다. 세계적인 규모의 네트워크 관계는 사람들의 변화된 인지에서도 반영되고 있다. 멀리 떨어진 지역에서 일어난 사건이 대중매체를 통해서 매일 그리고 즉각적으로 우리 눈앞에 나타나고 있으며, 현대의 통신 및 교통망은 세계적인 규모에서의 접촉과 연결을 가능케 하고, 사람들의 이동성 증가로 인하여 국가와 문화의 경계가 무너지고 있다.

국제적인 연결관계는 또한 청소년들의 체험과 경험의 지평을 세계화시켰으며, 국제적인 청소년 문화를 만들어 가는 데 기여하였다. 즉, 세계적인 규모에서 그들의 지향과 소비습관이 말하자면 평준화되었기 때문에 개인적인 차이가 줄어들게 되었다. 그러나 이와 같은 이해관계와 관심의 유사성 이외에 청소년들의 일상경험에서는 차이점도 역시 존재한다. 여기서는 그들의 직접적인 생활세계·언어·사회화·세계관의 지향에 따라 차이가 나타나고 있다. 따라서 청소년들이 다른 생활방식과 문화정체성에 대하여 분화된 지식과 승인을 갖추고 있다고 전제할 수 없다. 성인에게서와 마찬가지로 그들에게 있어서도 비슷한 선입견을 발견할 수 있으며, 학교도 이런 문제에서 벗어나 있지 못하다. 서로 다른 언어·출신배경·세계관을 갖고 있는 사람들이 만나고, 그들이 함께 살거나 서로 대결하는 곳에서는 세계관과 가치체계가 변화되고 발전된다. 문화는 일련의 다른 지향 및 해석유형들을 형성하고, 개인들은 이런 것들에 따라 그들의 생활세계를 구성한다. 현대사회는 그래서 문화적인 관점에서도 역시 복합적이고 다원주의적이다. 그런데 기존의 불확실성은 낯선 것을 경험함으로써 강화될 수 있다. 재화배분을 둘러싼 갈등, 사회적 경쟁에 대한 불안과 자신의 문화정체성 상실에 대한 불안, 그리고 민족주의적 태도와 인종차별적인 편견 등은 특히 위기상황에서 소수집단에 대한 (노골적인 또는 감추어진) 공격을 위한 토양이 된다. 이런 맥락에서 교육적인 과제가 등장하게 된다.

여기서 제시하는 권고사항은 이러한 과제해결에 기여하려는 의도를 갖고 있다. 그것은 모든 학생들에게 공통된 간문화교육에서 출발하기 때문에, 다수집단과 소수집단 모두를 대상으로 삼으며, 그들의 건설적인 협동과 동반자관계를 지향하고 있다.

2. 목표

간문화교육은 모든 학생들이 인간의 존엄성 존중, 자유와 책임, 연대와 국제이해, 민주주의와 관용의 윤리적 원칙에 부응하는 태도와 행동방식을 함양할 것을 요구한다. 이러한 기초 위에서 학생들은 그들의 문화적 사회와 생활맥락을 의식하면서

- 다른 문화에 대한 지식을 갖출 수 있다.
- 다른 문화적 특징에 대한 호기심, 열린 마음, 이해를 갖출 수 있다.
- 다른 문화적 생활형식과 생활지향을 만나서 그것들을 비판적으로 다루며, 불안을 시인하고, 긴장관계를 참고 견딜 수 있다.
- 낯선 사람들과 낯선 것에 대한 편견을 인지하고 진지하게 받아들일 수 있다.
- 다른 사람들의 다른 점을 존중할 수 있다.
- 자기 자신의 관점을 반성하고, 비판적으로 검토하며, 다른 관점들에 대한 이해를 갖출 수 있다.
- 한 사회 또는 한 국가 안에서 공동생활을 하기 위한 공통의 기초에 대한 합의를 찾을 수 있다.
- 서로 다른 민족적·문화적·종교적 소속감 때문에 생기는 갈등을 평화적으로 해결하고, 공동으로 합의를 본 규칙에 의거하여 조정할 수 있다.

낯선 것과 친숙한 것 사이의 대결에 있어서는 자기 자신의 인지를 확장하고, 다른 사람들의 시각을 받아들이려고 하는 관점변경이 바로 자기신뢰를 위한 열쇠이며 낯선 것에 대한 반성적인 인지를 위한 열쇠이다. 다른 것에 비추어 관점변경을 통해 획득한 (차이에 대한) 인지는 안정된 자아정체성의 형성을 요구하며, 사회통합에 기여한다. 이러한

기초 위에서 획득한 관용의 정신은 자기 자신의 생활세계와 양립할 수 없는 것처럼 보이는 것도 역시 받아들인다. 물론 이것이 인간의 존엄성과 인권, 그리고 민주적인 기본규칙을 존중하는 한에서 그렇다고 할 수 있다. 그렇게 이해된 간문화역량은 소수집단과 다수집단을 포함한 모든 아동과 청소년을 위해 기본이 되는 능력이다. 그것은 개인의 사적인 인생설계에 기여할 뿐만 아니라, 후속세대의 생활기회를 확보하는 데 있어서도 도움을 줄 수 있다.

3. 실행

학교에서의 모든 인성교육의 목표와 마찬가지로 간문화교육도 역시 태도와 행동방식의 함양을 지향하고 있다. 학교교육은 가능한 학습·생활·경험의 여지를 활성화하고, 인성교육에 기여하면서 지식을 전달하고, 통찰력을 기르며, 판단력 형성에 기여하고, 가치지향적인 행위를 촉진시킨다. 여기서 간문화적 측면은 개별적인 주제·교과·프로젝트로 고립시켜 다룰 성질의 것이 아니라, 학교교육의 전체를 포괄하는 과제로서 이해되어야 한다. 간문화교육을 위해 교사들은 서로 다른 관점을 위한 공간을 마련할 수 있는 능력을 갖추어야 한다. 이것이 더 중요한 까닭은 수업을 하는 교사들은 대부분 사회의 다수집단에 속해 있고, 그들의 사회화와 양성과정에 비추어 볼 때 그들 자신의 시각을 정상적이고 자명한 것으로 가르치려는 위험에 처할 수 있기 때문이다.

(1) 교육원칙

태도 및 행동방식의 형성에 있어서 정서적인 체험과 경험은 기본적으로 중요한 의미를 지닌다. 그런 점에서 볼 때, 간문화역량은 상호존중의 사회적 관계와 사고방식이 통하는 학교풍토에서 비로소 개발할 수 있다. 교사들은 낯선 것과 낯선 사람들과의 교제에 있어서 수업에 있어서나 수업 이외의 상황에서 본을 보여야 하는 기능을 갖고 있다. 외국인과 내국인은 균등한 방식으로 존중, 신뢰, 정서적 배려를 체험해야 한다. 모든 학생들은 공통의 학교문화 발전에 참여해야 하고, 상호존중의 원칙을 지키면서 공동생활의 규칙을 찾아야 한다. 그리고 학교와 학부모 사이의 교류를 통해서 양측에 다 필요한 신뢰가 형성되도록 해야 한다. 양측에서 느끼는 낯선 감정 때문에 나타날 수 있고, 서로 다른 문화적 정체성과 해석유형 때문에 생길 수 있는 갈등상황에서는 사물에 대한 해명을 넘어서서 동기와 태도, 불안과 소망을 드러내고 또한 포함시켜야 한다. 공동의 갈등조정은 모든 참여자들에게서 자기 자신의 관점을 다른 사람 또는 다른 사람들의 시각으로 관찰하려는 노력을 요구한다.

(2) 수업의 내용적 중점

간문화역량의 개발을 위해서는 정체성을 형성하는 전통적인 요소, 그리고 자기의 문화와 타문화의 기본유형에 대한 지식과 통찰이 필요한 기초가 된다. 추측과 선입견은 분화된 인지, 성찰적 해명, 자기비판적 판단을 통해서만 극복할 수 있다. 여기서는 소재의 확장보다는 오히려 기존의 내용을 간문화적 관점에서 강조하는 것이 더 중요하다. 본보기로 문화적·종교적·민족적 배경 및 관계, 그리고 문화적 다양성 속에서 공동생활의 조건을 알아보기 위해서는 다음과 같은 주제가 중요하다고 할 수 있다.

- 자기 문화와 타문화의 본질적인 특징과 전개과정

- 문화들의 공통점과 차이점, 그리고 그들의 상호영향력 행사
- 보편적인 타당성의 측면에서 본 인권과 그것의 문화적 조건에 관한 질문
- 편견의 발생과 의미
- 인종차별주의와 외국인혐오의 원인
- 자연공간·경제·사회·인구 측면에서 본 불평등의 배경과 결과
- 현재와 과거의 이주운동의 원인과 결과
- 종교적·민족적·정치적 갈등의 조정을 위한 국제적인 노력
- 다문화사회에서 소수집단과 다수집단의 공동생활 가능성

(3) 교수방법적 참고사항

간문화교육에서는 자기 자신의 관점과 행위에 대한 자기성찰과 비판적인 관찰이 매우 중요하다. 이런 맥락에서 간문화교육은 교과통합학습·문제지향학습·활동지향학습의 교수법원칙을 따른다. 학습자의 자기주도·자기활동·자기책임을 고무시키고 장려하기 위해서는 프로젝트수업(구안법), 학교의 개방, 학생들의 생활현실과 경험의 포함 등이 포기할 수 없는 절차방식이 된다. 태도와 신념을 밝히고, 기초가 되는 가치표상을 해명하고, 사회적·윤리적 관점에 따라 판단할 수 있도록 하는 학습상황이 중요하다. 교과의 내용도 그에 따라 강조할 필요가 있다. 특히 사회과학과 관련된 교과는 주제와 방법 측면에서 교육을 위해 다양한 기여를 할 수 있다. 예를 들면,

- 역사수업에서는 세계사의 중요한 국면과 사료, 사건을 서로 다른 관점에서 명료화할 수 있다.
- 지리수업에서는 문화적 조건으로 인한 구조의 공간적 작용을 조사할 수 있다.

- 사회과수업(특히 공민영역)에서는 현재의 정치적 또는 사회적 갈등에 대한 서로 다른 해결책과 그러한 갈등의 문화적 조건을 분석할 수 있다.
- 도덕·윤리수업에서는 세계종교의 공통점과 차이점을 취급할 수 있다.

사회과학과 관련된 학습영역 이외의 다른 교과에 있어서도 내용의 간문화적 측면을 강조할 수 있는 가능성이 존재한다. 예를 들면,

- 국어수업에서는 텍스트 비교작업을 통하여 관점의 변경을 뒷받침하고, 세계적으로 통하는 이야기의 핵심이 전파된 것을 조사하고, 행복·정의·사랑·고통의 체험과 경험을 분명하게 할 수 있다.
- 외국어수업에서는 언어적인 표현형식을 통해서 다른 문화적 관점과의 만남이 이루어지고, 자신이 이미 잘 알고 있는 것, 혹은 자명하다고 여기는 것을 외부의 관점에서 바라볼 수 있는 기회가 제공된다.
- 예능수업은 친숙한 것과 낯선 것을 비언어적인 수준에서 접근할 수 있는 가능성을 제공한다. 여기서는 서로 다른 경험·해석,·표현형식을 인지하고, 다른 종류의 통찰을 획득하며, 거기에 포함된 긴장요소를 참고 견디는 것이 중요하다.
- 수학수업에서는 셈과 관련된 문화적 뿌리의 다양성을 명백히 하고, 숫자기호를 특정한 세계해석의 표현으로 취급하거나 본보기 과제를 통해서 문화적 다양성을 나타낼 수 있다.
- 자연과학과 관련된 수업은 과학적·기술적 인식과 그 발전, 그리고 전망을 문화에 특정한 조건맥락에 비추어서 검토할 수 있는 가능성을 제공한다.
- 간문화적 맥락은 각 교과별 관점에 따라 고려하게 되면 충분하지

못하다. 간문화교육의 범교과적인 관심사는 여러 교과의 조정과 협력을 통해 실현될 수 있다. 이렇게 하여 상호준거를 수립하고, 연관성과 상호작용을 의식하는 것이 중요하다.

- 간문화교육에서 부딪히는 편견과 불안을 효과적으로 해소하기 위해서는 공동작업과 프로젝트활동, 시뮬레이션과 역할놀이를 활용하는 것이 좋다. 이런 활동을 통해서 인식을 실제로 시험해보고, 본보기적으로 경험을 획득하며, 간문화적 갈등을 공동행위의 장에서 처리할 수 있다.
- 인간관계와 실천에 지향을 둔 학습은 특별히 주의 깊은 교수방법적인 준비와 실행을 필요로 한다. 특히 학생의 발달심리학적인 전제조건을 고려해야 하고, 일시적인 행동주의나 동정심 유발은 피하는 것이 좋다.

서로 다른 생활세계적 준거를 가진 사람들이 학교 바깥에서 접촉하고 개인적으로 만나는 것도 역시 편견의 감소, 열린 태도, 상호존중에 기여할 수 있다. 예를 들면,

- 모든 학교의 주위에는 학교가 개방적으로 대할 수 있는 타문화 출신의 제도·집단·개개인을 찾을 수 있다.
- 학생교류, 자매학교결연, 수학여행, 그리고 국제적인 직업연수교류를 위해서는 간문화적 관점이 효과적인 교수방안을 제공할 수 있다. 여기서 필요한 전제조건은 목표의 공동설정과 협동적인 활동, 그리고 개인적인 체험과 사람사귀기를 위한 공간과 시간이다.
- 간문화적인 프로젝트 및 만남에서 지속적인 효과를 기대할 수 있기 위해서는 그것들이 가능한 한 학교의 기존 교수방법적인 개념에 통합이 되고, 어떤 예외적인 것으로 작용하지 않도록 하는 것이 바람직하다.

Ⅳ. 난민문제 관련 수업개요 사례

시나리오를 적용한 난민문제 수업개요

단계	내용적 특징 및 학습활동	자료 및 유의점
도입	난민 문제의 심각성과 난민들의 실태를 나타내는 동영상과 난민 수용국의 입장이 나타난 동영상을 제시한다. (시리아 난민 사태 등) 동영상을 보고 난민 문제에 대한 학생들의 생각을 자유롭게 이야기한다.	* 동영상 제시
전개	◎ 활동 1. 문제분석 – 조 별로 세계에서 난민 사태가 벌어지고 있는 국가와 사례를 인터넷을 통해 조사하고 이를 통해 난민 문제의 심각성을 살펴본다.	* 인터넷 기기
	◎ 활동 2. 영향범위(영향권) 확인 및 규정 – 난민을 받아들였을 경우와 그렇지 않은 경우에 대해 난민의 관점과 난민 수용국의 관점에서 긍정적 또는 부정적 영향을 이야기하고 자신의 입장을 이야기한다.	
	◎ 활동 3. 시나리오 개발과 구성 – 4명의 조에서 2명씩 한 팀이 되어 각각 난민을 받아들였을 경우, 또는 받아들이지 않았을 경우에 대해 긍정적인 측면과 부정적인 측면을 생각해본다. – 시나리오를 작성하기 전 역할놀이를 통해 시나리오를 개발하기 전, 난민의 입장과 난민 수용국의 입장에서 미래 일기를 써봄으로써 난민의 입장과 수용국의 입장의 편에서 당사자의 관점으로 문제를 이해한다. – 역할놀이를 통해 알아낸 난민 수용의 긍정적인 측면과 부정적인 측면을 미래연표를 통해 정리한다.	* 활동지

<table>
<tr><td></td><td>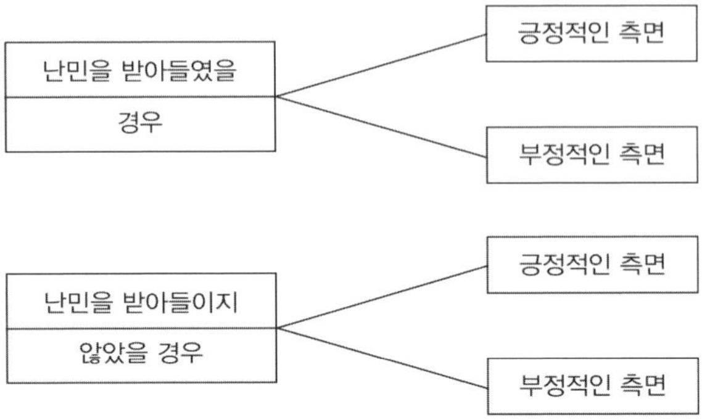
</td><td></td></tr>
<tr><td>전개</td><td>◎ 활동 4. 문제 해결하기
– 문제 해결을 위한 전략과 조치의 개발: 시나리오를 작성하며 느꼈던 난민 문제에 대한 자신의 입장을 이야기하고 이러한 난민 문제를 어떻게 해결할 수 있는지 조원들과 상의해보고 자신의 의견을 정리할 수 있도록 한다.
– 이 활동 중 지속가능한 개발 목표, 특히 빈곤 퇴치, 굶주림 없애기, 평화 등의 항목을 제시하여 지속가능한 개발과 난민 문제가 어떤 연관을 지니는지 이해할 수 있도록 한다. 또한 지속가능한 개발 목표에 따르면 난민 문제를 어떻게 해결할 수 있을지 이야기해 본다.</td><td>*활동지</td></tr>
<tr><td>정리</td><td>– 난민 문제에 대한 자신의 입장을 정리한다.
– 지속가능한 개발과 연관하여 난민 문제에 대한 해결책을 발표한다.</td><td></td></tr>
</table>

간문화학습모형을 적용한 문화다양성 수업개요

단계		활동 내용	준비물
도입	자민족 중심주의 (무의식적인 자문화 중심적인 생각 인지하기)	◉ 문화 월드컵 – 우리나라의 문화와 다른 나라의 문화가 나타난 사진을 동시에 보고, 더 마음에 드는 문화 고르기 ◉ 편견나무 채우기 – 우리나라의 문화와 비교해서 타문화를 봤을 때 어떤 느낌과 생각이 들었는지 포스트잇에 적기 – 포스트잇을 '편견나무'에 붙이기	ppt, 포스트잇, '편견나무'
전개	낯선 것에 대한 관심과 의식 (다른 문화에 관심 갖기)	◉ 세계 다양한 ○○문화 알아보기 – 비정상회담을 보고 다른 나라에는 어떤 다양한 문화가 있는지 확인하기 ◉ 수업 목표 및 학습 활동 제시하기 – 우리가 살고 있는 세상에는 다양한 문화가 있으며 다른 문화에 대하여 존중하고 관용하는 태도를 기를 수 있다.	비정상회담 영상
	타문화에 대한 이해 (다른 문화 이해하기)	◉ 나도 문화 전문가! – 다섯 명씩 다섯 조를 구성하고 문화에 대한 정보가 담긴 칼럼이나 신문을 준다. 각 조의 1번 학생이 1조로, 2번 학생이 2조로 가는 식으로 하여, 다른 조의 인원들이 한 자리에 모여서 본인이 알아낸 타문화의 정보를 공유하도록 한다.	칼럼, 신문 자료, 활동지
	다른 문화의 인정과 존중 (문화적 차이를 인정하고, 타문화의 가치 존중하기)	◉ 사진 포스터 만들기 – 다섯명씩 다섯 조를 구성하고, 주어진 다른 문화 사진에 대한 사진 포스터 만들기 – 제작한 사진 포스터를 간략하게 발표하여 의견 교환하기	

전개		◉ 나의 글(I-text) 작성하기 – 사진 속에 들어있는 인물에 대해 역할 취득(role-taking)을 하여 그 관점에서 생각한 것이나 견해를 작성해본다. 학생들은 사진 속의 인물이 되어 1인칭 형태로 사진 속 인물의 사고, 감정, 전망 등을 다양한 표현방식을 사용하여 기재하면 된다.	활동지
	평가와 판단 (타문화의 장, 단점을 구별하고, 이를 평가 및 판단하기)	◉ 타문화 평가하기 – 각 조에 다른 문화에 대한 여러 장의 사진을 제시하고, 본받을 만한 문화와 그렇지 않은 문화로 분류해보기 – 분류결과를 발표한 뒤, 그렇게 분류한 이유에 대해 발표하며 타문화를 평가, 판단하기	사진, 활동지
정리	선택적 습득 (타문화에서 좋은 점 배우며, 문화적 사고와 행위를 풍부하게 하기)	◉ 타문화를 선택적으로 습득하기 – 위의 활동에서 선택적으로 습득할 수 있는 것들을 고르고, 이 문화가 습득된 우리 삶의 모습을 상상하여 신문기사를 작성하고, 발표하기 ◉ 존중나무 채우기 – 수업 후 활동을 통해 느낀 점을 포스트잇에 작성하기 – 포스트잇을 '존중나무'에 붙이기 ◉ 지속가능개발목표 발견하기 – 세계시민으로서 간문화역량은 어떤 지속가능개발목표와 관련이 있을지 생각해보기	사진, 활동지, ppt, 포스트잇, '존중나무'

간문화중재를 적용한 페기다문제 수업개요

단계	학습 내용	학습 활동	자료
도입	학습 동기 유발	◎ 일상생활 속에서 갈등상황을 겪은 경험과 이를 어떻게 해결했는지 이야기해 보도록 한다.	
전개	제재 제시	◎ 페기다 현상과 반페기다 현상의 의미를 설명하고, 사례를 소개한다.  	사진 및 동영상
	문제 상황 분석	◎ 문제 상황을 대립하는 두 입장에서 정리하고, 대립 원인을 생각해 보도록 한다. 페기다: 반(反)페기다: 두 입장이 대립하는 가장 큰 이유는 무엇이라고 생각하나요?	학습 활동지
	간문화중재 모형 적용 및 해결책 모색	◎ 간문화중재 모형을 적용하여 학습자가 문제 상황의 해결책을 모색하도록 한다. ○ 문제 상황의 맥락 파악하기 '누가, 무엇을, 어디서, 왜 한 것인가?' ○ 매개변수, 가치 파악하기 '개인적, 문화적, 인적 자원은 무엇인가?'	

전개		○ 간문화역량 획득하기 '어떤 해결책을 제시하는 것이 바람직한가?' '어떻게 대립하는 두 입장을 모두 만족시키면서 상황을 중재할 수 있겠는가?'	
정리	의견 주고받기	◎ 다른 친구들과 서로의 해결책을 비교하며 의견을 주고받도록 한다. ○ 다른 친구의 해결책 확인하기 ○ 의문점과 보완점 제시하기 ◎ 친구와 주고받은 의견을 바탕으로 자신의 해결책을 수정·보완한다.	
	피드백 및 반성	◎ 교사가 직접 학생들의 해결책을 확인한 후 전체적으로 피드백한다. ◎ 다른 간문화갈등상황에선 어떤 요소를 좀 더 고려해서 해결책을 모색해야 할 것인가에 대해 이야기해 보도록 한다.	

05

세계시민교육의 가능성과 한계

1. 세계시민주의와 세계시민교육의 개념과 특징
2. 세계시민주의에 대한 회의적 입장과 세계시민교육의 한계
3. 세계시민교육의 가능성과 실천방안

제5장

세계시민교육의 가능성과 한계[1)]

최근 세계시민주의와 세계시민교육에 관한 담론과 논의가 사람들의 관심을 끌고 있다. 그 시대적·사회적 배경은 물론 세계화·정보화·다원화의 사회변동과정에서 찾아볼 수 있다. 이러한 과정은 세계정보화사회, 세계시장, 세계사회, 세계위험사회의 형성으로 풀이할 수도 있다. 세계시민주의에 관한 논의에 단서를 제공한 사례로는 탈국민적 상태에 관한 하버마스(Habermas)의 글을 들 수 있다. 그는 세계시민의식이 세계사회를 위한 토대를 마련할 수 있으며, 세계시민적 연대의식을 길러야 한다는 규범적 전제에서 출발하고 있다(Habermas, 1998: 168; Widmaier, 2010: 28).

또 하나의 사례로는 세계시민선언을 통해 세계시민주의의 필요성을 강조한 벡(Beck)의 입장을 들 수 있다. 그는 마르크스(Marx)와 엥겔스(Engels)가 19세기 중엽 '공산당선언'에서 제안했던 "만국의 노동자여, 단결하라!"라는 요구사항을 약간 변형하여, "만국의 세계시민이여, 단

1) 제5장의 내용은 『한독사회과학논총』 제22권 제3호(2012.9.) 및 제26권 제3호(2016.9.)에 게재하고, 한국교육사학회 연차학술대회(2017.11.25)에서 발표한 필자의 글을 부분적으로 수정·보완한 것임.

결하라!"라는 구호를 내세우며, 국민국가를 넘어선 민주주의의 가능성과 필요성을 역설하였다. 여기서 벡은 하버마스가 예측한 세계시민주의화에 힘을 실어 주면서 나름대로 정치적 요구사항을 제시하고 있다(Beck, 1998; Beck, 2005; Widmaier, 2006: 134; Widmaier, 2010: 27; 허영식·정창화, 2012: 47–48).

세계시민주의에 관한 담론과 더불어 세계시민교육에 대한 관심이 다시 증가하고 있다(김진희, 2017; 박환보, 2016; 윤성혜, 2017). 세계시민교육의 과제를 살펴보면, 한편으로 희망의 원리(Bloch)와 다른 한편으로 책임의 원리(Jonas)에 입각해야 한다는 점이 강조되고 있다. 공간측면에서는 글로벌 수준과 지방적 수준을 연결시켜 생각할 수 있는 글로컬(세방적) 관점이 거론되고 있으며, 시간측면에서는 미래를 고려하면서 현재를 구성할 수 있는 역량이 거론되고 있다. 하지만 다른 한편으로 세계시민교육의 가능성과 한계에도 주의를 기울일 필요가 있다(허영식, 2017: i – ii).

이러한 배경과 문제의식에서 출발하여, 이 장은 세계시민교육의 가능성과 한계에 대해 살펴보는 데 주된 목적을 두고 있다. 이 목적에 다가가기 위하여 우선 세계시민주의와 세계시민교육의 개념과 특징에 대해 개관하고, 이어서 세계시민주의에 대한 회의적 입장과 더불어 세계시민교육의 한계에 대해 기술한다. 그 다음 여기에 기초하여 세계시민교육의 가능성을 탐색하고 실천방안을 제시한다.

1. 세계시민주의와 세계시민교육의 개념과 특징

(1) 세계시민주의와 세계시민교육의 개념에 관한 이념사적 배경

세계시민주의의 개념은 고대 그리스로 소급시킬 수 있으며, 당시에는 주로 세계시민주의적 윤리와 연결되었다. 당시에는 가정(오이코스)

과 도시국가(폴리스)가 비교적 제한되어 있었으며, 개관할 수 있는 공간을 갖고 있었다. 이와는 대조적으로 계몽주의 시대에 본격적인 의미에서 인류라는 개념이 등장했다. 이제 세계는 매우 추상적이며 개관할 수 없는 상태를 함축하고 있다.

그러나 오이코스와 폴리스에서의 구체적 경험과 비교할 때, 코이노니아(세계공동체) 수준에서는 상당히 추상화를 해서 생각을 해야 한다. 추상화된 세계공동체 차원에서는 중심적인 정치권력을 확인하기 어렵기 때문에 불안정한 요인과 상태를 안정화시키는 과제가 어려운 일로 남게 된다. 그런데 계몽주의자들은 대체로 희망적이고 진보적인 사고방식을 통해 이러한 어려움을 극복할 수 있다고 보았다. 칸트(Kant)는 과학적으로 행위와 사고를 다룬다면 가정·공민교육을 넘어서서 세계시민교육도 가능할 것이라는 기대를 갖고 있었다. 시야를 세계 전체로 확장시켜 볼 때, 시민과 시민교육의 논리적·경험적 활동공간은 다음과 같이 도식화하여 제시할 수 있다(Seitz, 2009: 45–48; 허영식·정창화, 2012: 49–50).

세계시민교육의 가능성을 상기한 활동공간의 틀에 비추어볼 때, 가정과 국가에 국한된 관점에서 출발한 고대에는 상대적으로 회의적인 성격이 강했다. 이와는 대조적으로 계몽주의자들은 낙관적 관점을

| 표 5-1 시민과 시민교육의 논리적·경험적 활동공간

세계공동체 (koinonia, 코이노니아)	세계시민교육	세계를 이롭게 함
국가 (polis, 폴리스)	시민교육(공민교육)	국가·민족을 이롭게 함
가정 (oikos, 오이코스)	가정교육	가정을 이롭게 함

출처: 허영식·정창화, 2012: 50

취하여 공민교육을 넘어서서 가능하며 또한 필요하다고 간주했다. 그러나 현실적으로 경험하거나 관찰할 수 없는 수준에서 그 근거가 제시되었다. 세계시민교육이 당위적으로 존재해야 한다는 규범적 요청에서 출발하거나 아니면 마치 도덕교육으로서의 세계시민교육이 가능한 것처럼 바라보았다.

근대 국민국가의 전개과정을 고려할 때, 세계시민교육의 가능성을 이해하기는 비교적 어려운 일이다. 국가질서의 틀을 위한 수단으로서 국민국가의 형성이 작용했다는 점을 고려할 때, 국가의 체제적 기능을 글로벌 수준으로 확장하는 것이 이제 남아 있는 가능성이다. 그런데 그렇게 하려면 지구촌 혹은 세계사회가 마치 한 국가(one state)인 것처럼 변모되어, 글로벌 거버넌스(global governance: 세계협치 혹은 세계내치)가 제도적으로 확립되어야 한다. 그러나 가까운 미래에 그러한 기대가 실현될 수 있는가의 질문에 대해서는 아직 회의적인 답변이 우세한 것으로 보인다(Seitz, 2009: 43-44; Treml, 1996: 120-121; 허영식·정창화, 2012: 50-51).

18세기 당시에 칸트가 주장한 세계시민주의 개념은 국민국가의 해체가 아니라 국가들 사이의 평화를 추구하기 위하여 세계시민주의적 질서를 인정하는 데 주된 목표를 두었다(Mohrs, 2010: 92-97). 현실적으로 도달하기 어려운 세계공화국의 적극적인 이념 대신에 전쟁을 방지하는 연방이라고 하는 소극적인 대용물을 통하여 적대적이고 불법적인 성향을 막을 수 있다고 보았다. 글로벌 수준의 법질서에 입각하여 세계평화를 수립하려는 영구평화론에 비추어 볼 때, 적어도 칸트는 나중에 국제연맹·국제연합·유럽연합의 실천적·이론적 기초를 마련한 사상가로 간주할 수 있다(Juchler, 2010: 184-186; 최치원, 2012: 107-117).

그러나 19세기에 와서 세계시민주의의 중요성과 의미는 상당히 약화되었다. 그 까닭은 국민국가의 확립 및 다른 국가와의 경계설정(구획)이 주요한 정치목표로 설정되었다는 점에서 찾을 수 있다. 20세기 말에 와서 세계시민주의의 이념이 다시 거론되기 시작하였다. 하지만 세계시민주의에 입각한 세계시민의 심상보다는 오히려 제도화된 세계시민주의, 즉 특정한 정치적 조절형태(보기: 국제형사재판소(ICC), 글로벌 미디어)에 중점을 두었다. 상대적으로 더 현실주의적인 세계시민주의의 이념이 자리를 잡게 되었다. 인류라고 하는 추상적인 변수 혹은 단위가 아니라 오히려 타자와의 구체적인 만남이 논의의 중심에 놓여 있다. 전통적인 세계시민주의적 윤리는 이제 타자의 다름을 인정하는 문제로 재정식화된 것이다.

1990년대 말에 와서 세계시민주의의 개념은 영미계통의 사회과학적 논의에서 키워드로 다시 거론되기 시작했다. 세계화 또는 '세방화(glocalization)'라고 하는 현상과 과정(Bauman 1996; Robertson 1998)을 초국가적인 관점에서 분석하고 경험적인 문제제기를 위한 방법적 대안으로서 간주되었다. 여기서 사회과학이 추구하는 목표는 동질성·이질성, 보편성·특수성, 세계성·지방성 사이의 긴장관계를 비평적으로 고찰하는 데 있다(Koehler, 2010: 18−27; Zeuner, 2010: 84; 허영식·정창화, 2012: 51−52).

벡의 진단에 따르면, 고대 그리스의 견유학파 및 스토아학파로 소급시킬 수 있는 세계시민주의의 개념은 나중에 유럽사회가 근본적인 변혁에 봉착했을 때마다 중요한 역할을 수행했다고 한다. 이 개념은 계몽주의 철학(칸트, 피히테, 헤르더, 괴테, 쉴러, 하이네 등)에서 핵심적인 위치를 차지하였으며, 세계화와 관련된 현대사회의 분석·담론에서는 시장 및 국민국가의 권력에 대항하는 긍정적 개념으로서 다시 발견되었다(Beck, 2005: 8; 허영식·정창화, 2012: 52).

(2) 사회과학적 세계시민주의의 개념

벡의 문제제기는 사회과학 전반에 대한 요구와 연결되어 있다. 그는 사회과학이 기존의 방법론적 민족주의(methodological nationalism)를 극복하고, 세계시민주의적 안목을 갖추도록 하고, 사회이론 전체를 방법론적 세계시민주의(methodological cosmopolitanism)의 틀 속에서 재고할 것을 촉구하고 있다(Beck, 2005: 9). 전적으로 국민국가에 국한된 연구영역과 인식관심에 지향을 둔 사회과학은 점점 더 증가하고 있는 초국가화 혹은 세계화·세방화의 현상을 제대로 다룰 수 없다는 것이다(Griese and Sievers, 2010: 26).

벡이 제안한 세계시민주의의 기획을 담론의 주제로 부각시킨 연구결과로는 쾰러의 글(Koehler, 2010)을 들 수 있다. 여기서 세계시민주의화는 기존의 세계화개념에 대한 긍정적인 대항설계로서 이해되고 있다. 경제적 측면에 치중한 세계화에 대하여 다차원적인 과정을 함축하고 있는 용어로 해석할 수 있다. 이와 유사한 맥락에서 세계시민주의를 경제적·신자유주의적 세계화에 대한 비판적 설계로서 이해하려는 시도가 있다(Held, 2007). 여기서 비판의 초점은 정치수준에서 민주적 통제체제와 시민수준에서 시민사회를 배제하려는 경향에 맞추어져 있다.

이러한 점을 감안할 때, 교육적·정책적 관점에서 한편으로는 경제적 세계화의 개념과 연관시키면서, 다른 한편으로는 경제적 세계화와 구분하고 이것을 보완하는 차원에서 정치적·사회적 세계시민주의화라는 용어를 활용할 만하다. 그리하여 경제적 세계화가 대세를 이루고 있는 시대에서 행위 및 행위자의 관점이 존재한다는 점을 부각시키고, 시민으로서 이 행위 및 행위자의 관점을 능동적으로 이용해야 할 필요성과 정당성을 강조할 수 있다.

세계시민주의의 개념은 근거와 목표설정 측면에서 역사적 전통으로 소급시킬 수 있으며, 그 핵심은 윤리적·법적인 보편주의에 놓여 있다. 하지만 달성할 수 없는 어떤 이상적인 환상·비전·유토피아를 연상시키지 않으려면 보다 더 현실주의적인 입장에서 출발하여, 한편으로 지방적·특수적 준거와 다른 한편으로 지구적·보편적 준거 사이에서 중도를 취할 필요가 있다.

이 맥락에서 사회과학적인 세계시민주의의 개념은 행위자의 수준과 관찰자의 수준을 구분하고, 경험적 세계시민주의와 방법적 세계시민주의를 구분할 수 있다. 행위자의 수준에서 세계시민주의는 어떻게 그리고 어떤 맥락에서 세계시민주의적 원칙과 실천이 형성되는가의 질문에 주의를 기울인다. 관찰자의 수준에서 세계시민주의는 그러한 과정을 일단 인지할 수 있기 위하여 필요한 방법으로서의 세계시민주의를 함축하고 있다. 즉, 한편으로 일상경험으로서의 현실적인 세계시민주의와 다른 한편으로 연구 및 성찰의 지평으로서 적절한 방법론을 동시에 고려함으로써, 사회과학적 세계시민주의의 개념은 정책적·교육적 대안을 모색하는 데 있어서 보다 더 적절한 지침을 제공해 줄 수 있을 것으로 기대된다(Koehler, 2010: 18–20; Steffens and Widmaier, 2010: 6–7; Seitz, 2009: 45–46; 허영식·정창화, 2012: 53–55).

(1) 경험적 세계시민주의

경험적 세계시민주의화에 해당하는 과정은 사회를 점점 더 국민국가적 '컨테이너(container)'에 국한시킬 수 없다는 사정을 전제로 하고 있다. 고전적인 세계화개념과 비교할 때, 세계시민주의화는 국민국가 내부에서 발생하는 과정과 관련된다. 그 보기로는 초국가적 수준의 생산체제, 기업구조, 초국가적 수준의 미디어를 들 수 있다. 국민경제와 국내언론에 국한되어 있던 고전적인 표상으로는 이와 같은 현상을 제대로 기술하기 어렵다. 경험적 수준에서 세계시민주의화의 과정을 보여주는 지표는 경제, 법과 정치, 행위주체, 문화의 네 가지 측면에서 확인할 수 있는데, 이를 도식화하면 다음과 같다.

| 표 5-2 세계시민주의화의 지표

구분		
경제	– 다국적 기업	– 초국가적 불법경제
법과 정치	– 이중국적 – 초국가적 운동과 단체	– 민족집단의 대표성 – 인권레짐
행위 주체	– 개방성 – 초국가적 정체성	– 타자의 다름 인정 – 이동성
문화	– 문화적 생산·분배의 초국가화 – 원격통신 – 세계시민적 지식	– 언어의 다양성, 다중언어 – 초국가적 뉴스 – 세계시민적 기억

출처: Koehler, 2010: 22; 허영식·정창화, 2012: 55 재인용

(2) 방법론적 세계시민주의

상기한 세계시민주의화의 지표에 기초한 경험적 주장을 보완하는 것이 방법론적인 주장이다. 세계화와 초국가화가 진행되면서 세계시민주의화의 과정은 더 이상 국민국가에 국한된 개념을 갖고 관찰할 수 없게 되었다. 하지만 방법론적인 주장은 국민국가가 더 이상 존재하지 않는다거나 아니면 분석을 위해 국민국가가 소용이 없다는 것을 의미하지 않는다. 방법론적 세계시민주의의 인식관심은 친숙한 것과 낯선 것, 국가적 수준과 국제적 수준, 글로벌 수준과 지방적 수준 사이의 조합가능성을 지향하고 있다. 국민국가에 국한된 기존의 시야를 넘어서서 세계사회의 현상과 사태를 바라보려고 시도하는 세계시민주의적 방법론에 속하는 방법과 기본개념으로는 문화기술연구, 네트워크 분석, 글로벌 도시 연구, 경치와 흐름(scapes und flows) 연구(보기: 민족·기술·금융·미디어·이데올로기의 경치와 흐름 분석), 태도측정, 그리고 다수준분석 따위를 들 수 있다(Koehler, 2010: 23–26; 허영식·정창화, 2012: 56).

사회과학적 세계시민주의가 함축하고 있는 지향점은 성찰적 세계시민주의적 학습과정을 진흥시키는 데 놓여 있다. 이 학습과정에서, '기존의 국경과 경계가 상당 부분 철폐된 세계사회에서 사람들이 어떻게 살아가고 있는가?', '타자와의 만남을 점점 더 많이 경험하는 세상에서 그 타자와의 차이를 인정해야 하는 문제를 어떻게 다룰 것인가?'와 같은 질문에 대하여 답변을 모색해야 한다. 그리고 이와 같은 세계시민주의적 질문에 대한 답변이 세계 여러 곳에서 서로 다르게 나올 수 있다는 점, 차이와 다양성을 어떻게 다루어야 할 것인가 하는 점도 사회과학적 세계시민주의가 메타수준에서 성찰해야 할 과제에 속한다(허영식·정창화, 2012: 56-57).

2. 세계시민주의에 대한 회의적 입장과 세계시민교육의 한계

세계시민주의와 세계시민교육의 동향과 담론에서 시의적절하고 미래지향적인 정책적·교육적 목표와 과제를 도출하기 위해서는 세계시민주의에 대한 이의와 비판적·회의적 입장, 그리고 세계시민교육의 한계에 대해서도 주의를 기울일 필요가 있다. 이 맥락에서 여기서는 우선 세계시민주의에 대한 회의적 입장을 세 가지 관점에서 기술하고, 세계시민주의적 민주주의를 추구하는 데 있어서 고려해야 할 문제점을 지적하고자 한다. 이어서 그 연장선상에서 세계시민교육의 한계에 대해 논의한다.

(1) 세계시민주의에 대한 회의적 입장

① 탈식민주의의 관점

월러스타인(Wallerstein)은 '유럽의 보편주의'라는 표제어를 통하여 탈식민주의적 비판이 무엇을 목표로 삼고 있는지 분명하게 밝히고 있다. 기독교 선교가 필요하고 야만인에 대해 투쟁하기 위하여 식민주의가 정당화되었던 반면, 인권과 민주주의를 위한 투쟁으로서 탈식민주의와 서구보편주의가 정당화된다는 것이다. 이에 대한 대안으로는 이제 '보편적 보편주의'의 개념이 요청된다(Wallerstein, 2007; Widmaier, 2010: 31). 뮐러(Mueller)도 역시 이와 비슷한 관점에서 이의를 제기한 바 있다. 그에 따르면, 보편주의적인 요구와 주장은 기껏해야 담론을 위한 제안에 불과한 것이며, 이것이 보편적인 타당성을 획득하기 위해서는 지구적 수준에서 동의를 얻어야 한다. 예를 들면, 세계적 협상에서 어떤 합의에 도달해야 한다는 것이다(Mueller, 2008; Widmaier, 2010: 31; 허영식·정창화, 2012: 57–58).

벡에 따르면, 보편주의적인 가치는 기존의 전통적인 국민국가적 '컨테이너' 역사와 의식적으로 단절을 하고, 유대인 대학살과 유럽의 식민역사에 대한 자아비판적 기억을 통해서 획득하지 않으면 안 된다(Beck and Grande, 2004; Widmaier, 2010: 31). 하버마스는 공공적 담론을 통한 정당화이론에 입각하여, 문화적 패권은 한편으로는 긍정적인 효과를 수반하는 촉매의 기능을 수행할 수 있지만, 다른 한편으로는 타자와 낯선 자들 내에서도 공공적 담론을 통해 구조화된 의사·의지의 형성이 이성적인 정치적 상호이해를 가능하게 만들 경우 그 효과는 감소될 것이라고 지적한다(Habermas, 1998; Widmaier, 2010: 31; 허영식·정창화, 2012: 58).

세계시민주의 혹은 세계시민성에 대한 질문은 현실적 세계시민주의화로 지칭되는 현상에 대한 비평적 시각을 필요로 한다. 이주사회에서 세계시민의 모습은 관광객과 방랑자로 구분하여 상징적으로 표현할 수 있다(Baumann, 1996). 이런 전제에서 출발할 때, 글로벌 수준에서 나타나는 불평등의 흔적은 자기 자신의 생존과 생명권을 둘러싼 투쟁, 이주사회에서 (국적을 포함하여) 소속감에 대한 담론, 그리고 포스트모던

주의(Baumann)나 신슈미트주의(Neo-Schmittianism)에 입각한 이론적 접근 방안(Mouffe)에서 확인할 수 있다. 그리고 이 모든 사안에서 늘 식민주의의 역사와 연결된 세계의 분열·균열이 거론되고 있기 때문에, 세계시민성에 관한 논의에 있어서는 탈식민주의적인 역사적 성찰이 요청된다(Messerschmidt, 2010a: 129-134; Messerschmidt, 2010b: 38-40; Koehler, 2010: 19-20; 허영식·정창화, 2012: 58-59).

② 엘리트 세계시민주의의 관점

두 번째 이의는 내용적으로 첫 번째 이의와 밀접한 관련을 맺고 있다. 여기서 비판의 대상은 엘리트 세계시민주의로 지칭할 수 있다. 이러한 유형의 세계시민주의는 특히 교육을 받은 시민, 지식인 혹은 예술가에게서 찾아볼 수 있다. 이들은 외부의 강제를 받지 않은 상태에서 자발적으로 세계를 경험할 수 있는 자원을 갖추고 있다. 여기서 세계시민주의는 문화자본이 되며, 가까운 문화적 지평에 국한되어 있는 세계 여러 곳의 '지방인(locals)'과 미묘한 차이를 보여주는 특징이 된다. 그런데 이와 같은 엘리트 세계시민주의는 오늘날 다원적인 여러 가지 세계시민주의의 하나로 해체되는 경향이 있으며, 이 맥락에서 예를 들면 이주자는 문화와 사회적 관계에서 벗어나고, 지방적 수준의 배타성에서 벗어나는 데 기여하는 주인공으로 등장하고 있다(Roemhild, 2007; Widmaier, 2010: 31; 허영식·정창화, 2012: 59).

이러한 밑으로부터의 세계시민주의는 오늘날 계몽된 세계시민을 강조하는 대부분의 사람들에 의해서 세계시민주의적 역학의 일부분으로 간주되고 있다. 이 주제영역과 관련하여 그동안 경험적·기술적(記述的) 연구가 등장하였는데, 예를 들면, 가정에서 일하는 세계적으로 이동하는 청소부에 관한 연구를 그 보기로 들 수 있다. 이들은 상당 부분 불법체류자로서 살아가고 있으며, 초국가적인 네트워크 속에 묶여 있다. 또한 안정된 공동체에 관한 연구에서는 이주자가 출신국가의 가족구성원과 지속적으로 연계를 맺고 있다는 점이 분석되고 있으며, 이 맥락에서 새로운 초국가적인 공간이 발생하고 있다는 점이 확인되고 있다(Zoll, 2007; Widmaier, 2010: 31; 허영식·정창화, 2012: 59-60).

③ 신슈미트주의의 관점

세계시민주의에 대한 세 번째 이의는 정치이론의 토론에서 나오고 있다. 여기서 특히 무페(Mouffe)의 주장에 주의를 기울일 필요가 있다. 무페에 따르면, 세계시민주의는 필연적으로 갈등·권력·패권에 지향을 둔 정치의 개념과 양립할 수 없다는 입장을 취한다. 그리고 이 입장은 명시적으로 슈미트(Schmitt)의 이론적 배경과 관련을 맺고 있다. 무페의 입장에 의거할 때, 자유민주주의의 보편화에 기반을 두고, 갈등과 부정성(否定性)의 정치현상을 넘어서서 합의에 의한 조정을 지향하는 형태는 결코 도달할 수 없다. 그리고 바로 이것이 세계시민주의적 환상 또는 비전이 안고 있는 결정적인 취약점이다. 여기서 생각할 수 있는 전략은 유일한 권력에 의존하고 있는 상태를 회피하고, 다극적 세계질서를 수립하거나 패권을 다원화하는 데 놓여 있다(Mouffe, 2005; Mouffe, 2007; Widmaier, 2010: 31-32; 허영식·정창화, 2012: 60).

슈미트에게 있어서 정치의 의미는 우방과 적을 구별하는 데 놓여 있으며, 이러한 구별은 도덕적·경제적·종교적 기준에 대하여 나름대로 독자적인 성질을 지니고 있다. 무페는 자유주의에 대한 좌파의 비판에다가 슈미트의 이론을 끌어들이고, 세계시민주의를 자유주의의 세계화된 변종으로 파악하려는 후기마르크스주의자들에 속한다. 무페는 다음 두 가지 측면에서 세계시민주의가 정치의 의미를 제대로 고려하지 못한다고 비난하고 있다. ① 민주적 질서에서 좌파와 우파 사이의 투쟁 대신에 당사자들(혹은 개입을 하는 개인들) 사이의 합의도출을 위한 정치에 기대를 걸고 있다. ② 서로 다른 질서에 대하여 개방적인 국제체제 수준에서 관찰할 수 있는 체제·집단·생활형식 사이의 대립 대신에 보편주의적인 주장과 요구에 입각하여 자유주의적인 세계질서를 설정하고 있다.

이 두 가지 측면은 정치에서 상대방 혹은 적의 개념을 사라지게 함으로써, 결국 민주정치의 사실적인 과제를 오인하게 만들 위험성을 안고 있다. 민주정치의 과제는 포괄적인 합의를 통하여 대립관계를 지양(止揚)하는 데 놓여 있는 것이 아니라, 오히려 심각한 피해를 수반할 수 있는 우방과 적의 적대관계를 이제 서로 다른 상대방 사이에서 패권을 둘러싸고 벌어지는 투쟁으로, 그것도 가능하면 사회친화적인 투쟁으로 변모시키는 데 놓여 있다. 이때 투쟁을 벌이는 상대방은 서로를 정당한 적으로 존중한다. 무페에 따르면, 국제질서도 역시 이와 같이 정당한 적 혹은 상대방 사이의 상호존중을 가능케 해야 한다. 적을 제거하는 데 지향을 두는 대신에 정치적 형태 속에서 대립관계가 표현될 수 있는 방도를 마련해야 한다. 민주적 맥락에서 패권을 둘러싸고 벌어지는 내부적 투쟁의 범위를 넘어서서 이제 정당한 대립관계의 폭을 더 넓히지 않으면 안 된다. 이런 관점에서 무페는 세계시민주의적 민주주의 대신에 오히려 다극적 세계질서를 옹호한다. 이 다극적 세계질서는 지역적 블록과 패권세력에 기반을 두고 있으며, 서로를 정당한 상대방 혹은 적으로서 받아들이고 인정해 준다(Mouffe, 2007; Haus, 2010: 115-118; 허영식·정창화, 2012: 60-62).

(2) 세계시민주의적 민주주의가 안고 있는 문제점

상기한 세계시민주의의 개념과 이에 대한 회의적 입장에 비추어 볼 때, 도대체 어느 정도로 민주주의를 세계적인 수준에서 구현할 수 있는가 하는 근본적인 질문을 여기서 다루지 않을 수 없다. 근대에 자유롭고 평등한 사람들의 정치공동체가 발생하게 된 배경을 살펴보면, 대체로 기존의 국가에서 지배적인 권력에 대항하여 투쟁을 하였다. 또는 외부의 세력에 대항하여 힘을 합쳐 투쟁한 경험을 공유하였다. 아니면 경제적인 계급 사이의 투쟁을 통하여 평화로운 갈등해소라고 하는 역사적인 타협에 도달하였다. 그에 비해서 세계시민주의적 민주주의는 기존의 권력중심을 민주화하려는 시도를 할 수도 없으며, 심각한 사회적 적대관계를 평화적으로 해결하는 데 희망을 걸기도 힘들다. 단지 상향식 과정, 지구촌문제, 그리고 가치에 호소할 수 있을 뿐이다. 그런데 이와 관련하여 다음과 같이 적어도 세 가지 어려운 문제점이 제기된다(Haus, 2010: 119-120; 허영식·정창화, 2012: 62-64).

① 국민국가의 민주화를 전제로 해야 한다는 점

세계시민주의적 민주주의의 구상이 내재적으로 안고 있는 취약점은 우선 여러 국민국가의 민주화를 전제로 삼아야 한다는 점에 놓여 있다. 이 전제조건을 고려할 때, 상향식 과정을 통하여, 즉 밑으로부터의 합의도출이라는 과정을 통하여 세계시민주의적 민주주의를 구현할 수 있다고 기대한다면, 그것은 적어도 현재로서는 공상적인 비전에 가까운 것으로 보인다.

② 지구촌문제가 민주주의의 보급·확산을 보장하지 않는다는 점

벡이 강조한 '방법론적 세계시민주의'의 개념이 왜 지구촌문제가 결코 민주주의의 보급·확산을 가져오지 않을 것인가를 잘 보여줄 수 있다. 왜냐하면 지구촌문제를 해결하기 위하여 초국가적인 수준에서 모색하는 정책과 조치가 오히려 권위주의적인 정권의 안정화에 기여할 수도 있기 때문이다. 벡 자신도 전염병 퇴치를 위한 정책과 조치에 대한 분석에서 이러한 문제점을 예시하고 있다. 위험 및 위험담론의

경계철폐가 권위주의적인 정권에게 다시금 권위와 정통성을 되돌려줄 수 있는 가능성을 포함하고 있다. 또한 국민의 불안을 구실로 삼아 정치적 게임을 이용할 수 있으며, 국제기구와 이들의 요구사항을 명분으로 삼아 자유와 관련된 규범을 훼손할 수도 있다(Beck, 2007: 312−313).

③ 가치의 결속력이 한계를 안고 있다는 점

가치가 여러 민족과 국민을 공동의 민주적 질서로 결속시켜 주는 수단으로 기능을 수행할 수 있다고 이해한다면, 그것은 무리한 기대가 될 수 있다. 물론 여기서 일정한 규범적 원칙의 보편성에 관해서 자세하게 논할 필요는 없다. 하지만 한 가지 지적하고 넘어갈 사항은 적어도 정치의 영역에서는 이상적이고 보편적인 가치를 구체적인 사람들에 대한 지배권·패권의 질문과 분리시켜 생각하기 어렵다는 점이다. 이 부분에서도 벡 자신이 시민사회의 보편주의를 문제시하면서 조심스러운 진단을 내리고 있다. 그린피스(Greenpeace)의 보기에서 확인할 수 있는 바와 같이, 시민사회와 서구국가 사이의 공조(共助) 속에 유럽중심적 세계시민주의의 위험성이 놓여 있다(Beck, 2007: 321−322). 하지만 세계시민사회가 보편적 가치의 측면에서 진정성을 확보하기 위해서는 모든 문화와 종교 속에 들어 있는 가치와 전통에 기반을 두어야 한다.

(3) 세계시민교육의 한계

세계사회적 전개과정의 진행과 개인의 의도적 행위 사이에는 질적인 간격과 차이가 존재한다. 개인적 생활세계의 직접적인 경험에서 세계의 복잡한 사회적 과정에 대한 이해를 도출하는 것이 그렇게 쉬운 일이 아니다. 복합적인 세계사회에서 판단하고 행위를 할 수 있는 역량을 갖추기 위해서는 생활세계의 경험을 넘어서서 방향을 안내해 주는 이론적 지식이 요청되며, 생활세계의 공간적·시간적 지평을 넘어선 추상화 능력이 필요하다. 세계시민교육의 주요과제는 세계사회(거시세계)에서 요청되는 지식·정보와 생활세계(미시세계)의 경험 사이에 존재하는 격차를 줄이는 데 놓여 있다. 그러나 글로벌 수준과 지방적 수준의 연결문제가 안고 있는 복합성을 고려한다면, 글로벌 맥락에서 자신의 행위를 이해하고 파악한다는 것은 그렇게 쉽지 않다. 인접공간의 대인관계에서 작용하는 윤리나 관습을 글로벌 사회로 투사시킨 것, 즉 글로벌 사회에 대한 책임의식은 그 대상이 상당히 모호할 수 있다.

그리고 지구촌문제를 해결하는 데 교육이 기여할 것이라는 기대가 과장되지 않도록 해야 한다. 교육·학습의 도움을 빌어 세계적 규모에서 평화의 왕국을 수립할 수 있다는 심정에서 출발하여 교육계획을 수립하고 실행하려고 시도한다면, 이것은 무리한 기대가 될 수 있다. 그 까닭은 글로벌 사회가 안고 있는 지구촌문제나 글로벌 위험요인을 어떻게 교육적인 소통으로 전환시킬 수 있을 것인가 하는 어려운 문제가 발생하기 때문이다. 따라서 유토피아적인 세계공동체나 이상적인 인간의 모습을 상정하는 미래주의적 전망에 대해 경계할 필요가 있다. 지구와 인류가 안고 있는 생존의 문제를 교육적으로 어떻게 적절하게 취급할 것인가에 주안점을 둔 최소교육전략이 적실성이 더 많은 접근방안이라고 해석할 수 있다.

이런 맥락에서 생활세계에서 이루어지는 일상적인 나의 행위가 구체적인 경험의 지평을 넘어선 곳에 살고 있는 다른 사람들에게 어떤 영향을 미치고 어떤 귀결을 수반할 것인가를 관찰 및 성찰하도록 한다면 상당히 유의미한 일이 될 것이다. 사회체제와 개인의 생활에 대해 개입할 수 있는 여지가 그렇게 많지 않다는 점을 인정하면서도, 우리 자신의 생활방식이 글로벌 수준에서 혹은 국제적 관점에서 얼마나 적실성과 타당성이 있는지에 관해 성찰할 수 있도록 하면서, 사고·판단·행위의 학습과정에 해당하는 상황과 기회를 마련하는 일이 필요하고 정당한 교육적 방책이 될 것이다(허영식, 2017: ii－iv).

상기한 세계시민교육의 한계를 고려할 때, 전통적인 세계시민교육에 대한 재검토가 요청된다. 세계시민주의·보편주의에 입각한 교육목표가 민족과 국민, 향토와 조국에 대한 애착심을 심어주려는 교육목표와 어느 정도 양립이 가능한 것인가 하는 근본적인 질문이 남아 있다. 또한 선언적으로 표명된 세계시민주의적인 지향이 교육과정의 구체적인 실행과 학교생활의 실천에서 일관되게 반영되거나 관철되는가에 대해서도 의문의 여지가 남아 있다. 왜냐하면 민족·국가의 틀 속에서 교육의 목표와 과제를 설정하고, 이를 교육현실의 다양한 측면(학습내용, 교수법의 관점, 수업에서 활용되는 언어, 교사의 국적 등)에서 반영하려는 시도가 작용하고 있기 때문이다. 그럼에도 불구하고 국가·민족에 국한된 패러다임은 더 이상 적절하지 않으며, 세계화·정보화·다원화의 시대에 부응하기 위해서는 교육의 목표와 과제를 새로운 지평에다 놓는다는 의미에서 세계시민교육에 대한 관심은 교육의 전환이 요구된다는 점을 보여주고 있다(Seitz, 2009: 38－40).

그렇지만 오늘날 세계시민주의적인 비전은 칸트가 가설적 수준에서 상상했던 모습, 즉 공화주의적·법치국가적 세계국가의 이념이 더 이상 아니다. 그 대신 세계시민주의적 민주주의는 부분적으로 글로벌 거버넌스의 방식과 형태로 구현되고 있다. 여기서 글로벌 거버넌스란 국가와 지역의 경계를 넘어서는 지구촌문제를 처리하고 해결하기 위하여 여러 국가와 국제기구, 시민사회와 다국적기업을 협력의 틀 속에 포함시키는 다층적 제도와 규칙의 체제를 의미한다. 그러한 글로벌 거버넌스의 구조는 물론 세계시민적 연대의식을 기초로 하여 비로소 발생할 수 있으며 또한 기능을 수행할 수 있다. 그리고 바로 이 지점에서 세계시민교육이 중요한 역할을 수행할 것이라는 기대를 걸 수 있

| 표 5-3 세계화시대에 부응할 수 있는 세계시민교육의 특징

(1) 개인적인 윤리보다는 오히려 제도적 질서의 문제
- 이상주의적인 세계시민성에 지향을 둔 세계시민교육의 프로그램은 개인적인 윤리를 강조했음
- 그에 비해 세계적인 평화의 문화를 위한 제도의 기능을 소홀히 다루었음
- 하지만 세계사회의 정의는 개인들의 정의로운 행위에 해당하는 문제라기보다는 오히려 제도적인 질서의 문제라는 점을 염두에 둘 필요가 있음

(2) 개인의 도덕적 성실성을 넘어서서 역량강화에 대한 지향 필요
- 전통적 세계시민교육은 복합적인 세계사회에서 행위의 능력을 보여주기 위하여 요청되는 역량을 소홀히 다루었다는 진단을 내릴 수 있음
- 하지만 어떤 기본적인 규칙에 의거하여 세계사회의 문제를 학습과제로 변형시킬 수 있는가의 질문에 대해서 아직 그럴듯한 답변이 부족한 것으로 보임

(3) 세계사회의 조건하에서 사회통합의 개념에 대한 새로운 이해
- 세계시민주의는 가설적 수준에서 세계사회의 통합을 위한 기제에 기대를 걸고 있음
- 세계시민적 책임의식과 추상적인 사회정의의 원칙에 입각하여 세계시민적 연대의식이 발휘될 수 있음

(4) 사회통합과 관련된 교육의 양면성
- 전통적 세계시민교육의 개념은 평화를 수립하고 사회통합을 보장하는 교육의 역할을 미화시키려는 경향이 상당히 강했음
- 하지만 교육체제는 사회적 결속을 강화시키는 데 있어서 실패하거나 아니면 사회적 격차와 불평등을 심화시킬 수도 있음
- 교육의 역설이라는 의미에서 교육은 서로 모순된 양면성을 띨 수 있음

(5) 세계시민성에 대한 배타적 이해와 포용적 이해
- 전통적 세계시민주의에는 부분적으로 배타적 보편주의가 내재하고 있었음
- 이와는 대조적인 포용적 이해는 차이·다양성에 대하여 감수성을 갖춘 보편주의라고 지칭할 수 있음
- 이 입장에 따르면, 자신의 세계관이 문화적으로 결부되어 있다는 점을 인식하는 일이 더 중요함

출처: Seitz, 2009: 44–47; 허영식, 2017: 131–132 재인용

다. 세계사회의 구성원들이 서로 인권을 존중하고 민주주의를 구현한다는 가정에서 출발할 때, 세계시민의식, 즉 세계사회에 부응하는 집단정체성이 우리 시대가 안고 있는 지구촌문제 혹은 글로벌 수준의 도전을 처리하고 해결하기 위한 전제조건인 것이다(Seitz, 2009: 43-44; 허영식, 2017: 127-128).

세계시민교육의 주된 과제는 글로벌 수준에서 인류와 지구가 안고 있는 도전에 대하여 교육적인 대안이나 답변을 찾고자 하는 데 놓여 있다. 하지만 세계시민교육을 지구촌문제에 국한된 교육으로 오해를 해서는 안 된다. 세계시민교육은 일차적으로 세계적인 지평을 의식한 인성교육이다. 즉, 위험에 처한 세계사회의 조건하에서 적절하게 생활을 영위하고 이와 동시에 책임의식을 갖춘 삶을 영위하기 위하여 도대체 사람이 어떤 능력이나 역량을 갖추어야 하는지의 기본질문에 지향을 두고 있다. 이와 같은 세계시민교육의 사상과 이념은 특히 계몽주의 시대의 교육학으로 소급시킬 수 있다. 하지만 21세기의 변화된 사회적 조건하에서 세계사회의 지평을 고려한 교육은 몇 가지 측면에서 전통적인 세계시민교육의 개념을 재검토하고 그 개념을 넘어서려는 시도를 해야 한다(〈표 5-3〉 참조).

3. 세계시민교육의 가능성과 실천방안

이상에서 논의한 세계시민주의와 세계시민교육의 개념과 특징, 그리고 세계시민주의에 대한 회의적 입장과 세계시민교육의 한계를 고려할 때, 세계시민교육의 가능성과 실천방안은 다음과 같이 몇 가지 관점에서 기술할 수 있다.

(1) 세방화·혼성화에 부응하는 접근방안의 모색

상품과 서비스에 대한 새로운 판매시장(판로)의 문화적 맥락을 무시할 경우 다국적 기업은 손해를 볼 수 있다. 이를 통해 다국적 기업은 지방적인 특성과 글로벌한 것의 연결이 중요하다는 점을 인식하게 된다. 판매형태, 디자인, 광고전략, 상품명 따위가 이것과 관련될 수 있다. 그래서 광고·판매전략을 모색하면서 다국적 기업은 지방적 세계화(local globalization)나 세계적 지방화(global localization)와 같은 개념을 사용하고 있다. 결국 기업전략의 측면에서 지방적 수준과 글로벌 수준의 연결을 함축하고 있는 세방화(glocalization) 현상에 관심을 기울일 필요가 있다.

글로벌 수준과 지방적 수준의 결합·연결을 통하여 전통·지역성에 대한 이해도 변하고 있다. 글로벌 문화를 통한 탈지방화(de-localization)와 이에 대한 반작용인 재지방화(re-localization)의 과정을 거치면서 지방문화는 구체적이고 특정한 장소와 연결된 관계를 단절시키지 않으면서 다른 한편으로는 그 장소에 고착된 상태를 해체하게 되며 글로벌 문화의 구성요소가 된다. 즉, 지방문화가 일단 존속하기 위하여 글로벌 준거체제를 상정하지 않을 수 없는 상황이 나타나고 있다.

지구적 문화산업의 가능성을 고려하여 자체의 문화적 근거·출처를 탐색하거나, 예를 들어 관광자원의 개발에서 확인할 수 있는 바와 같이, 글로벌 문화시장을 위한 자체의 상품이 갖고 있는 잠재력을 탐색하면서 일련의 지방문화가 재발견되거나 아니면 새롭게 창출된다. 즉, 특정한 지방·지역에 해당하는 것이 세계적인 것의 구성요소가 될 뿐만 아니라, 이 세계적인 것에 의해 비로소 발생하기도 한다. 이와 같은 새로운 관계를 배경으로 삼을 때, 토산물·수입품, 진정성·피상성, 지방성·세계성과 같은 기존의 대립관계는 그 의미를 상당 부분 상실하게 된다(Wagner, 2002: 16-17; 허영식·정창화, 2012: 65-67).

다문화·세계화시대에 놓여 있는 현대사회의 특징으로서 세방화 이외에 혼성화(hybridization)가 또한 흔히 거론되고 있다. 교차현상(crossover)·크리올화(creolization)와 같은 용어도 혼성화와 비슷한 용어로 사용되고 있다. 이제까지 서로 분리되어 있던 전통·양식·부문의 경계가 사라지고, 상호 차이가 있는 문화적 전통·형태·양식이 혼합하며, 여기서 글로벌 혼합물(global melange)이라고 부를 수 있는 새로운 것이 등장한다. 오늘날 문화적 혼성화의 중심은 글로벌 대중문화와 다문화사회에서 찾아볼 수 있다(Wagner, 2002: 17–18; Breidenbach and Zukrigl, 2002: 22–23).

다문화사회에서는 풍자극·연극·그림·영화·문학·대중음악 등 거의 모든 문화형태 및 예술부문에서 이주자의 문화적 영향과 활동을 통하여 새로운 문화·방향·스타일이 형성되고 있다. 이것은 또한 디아스포라 문화공간에 국한되지 않고, 주류사회의 문화적 경관을 이루는 구성요소가 되고 있다. 하지만 거꾸로 주류사회와 거리를 유지하거나 접촉단절을 시도함으로써 평행사회(parallel society)로 퇴행하는 현상도 발생할 수 있다. 하지만 다문화사회에서는 여러 다른 문화·민족이 평화롭게 공존해야 한다는 규범적 목표에 도달하기 위하여 혼성화 현상에 적절하게 대처할 수 있는 실천과 전략을 강구할 필요가 있다(허영식·정창화, 2012: 67–68).

(2) 방법론적 세계시민주의로의 전환

벡의 지적에 따르면, 사회학의 등장이 국민국가·국제정치체제·민족주의의 등장과 밀접한 연관성을 맺고 있다. 그 결과 사회·국가·국민을 근대사회의 정치적·사회적 형식으로 간주하는 방법론적 민족주의가 그동안 우세한 원리로 작용했다고 한다. 이에 대한 대안적 접근방안으로서 그는 방법론적 세계시민주의를 제안하고 있다(Beck, 2005: 3–4).

이것은 세계화의 개념이 사회과학에 대해 제기하는 문제를 거론한 것이다. 이 문제와 관련하여 세계시민주의화와 세계화를 구별하는 것이 요청된다. 세계화는 국가수준과 국제수준, 국가수준과 세계수준의 구분을 전제로 삼고 있지만, 사회과학적인 세계시민주의는 우리와 타자, 국가와 국제, 지방과 세계 사이의 구분을 지양하고, 그 두 가지 변인의 교차·혼합·융합·결합에 관해 경험적 분석을 시도하고자 한다.

소박한 보편주의 혹은 배타적 보편주의는, 탈식민주의 경험에서 확인할 수 있는 바와 같이, 맥락적인 여러 보편주의의 명시적·잠재적 갈등을 소홀히 다루는 경향을 보여주었다. 방법론적 세계시민주의는 이러한 경향을 극복하기 위하여, 문화적 타자를 배제하지 않고, 언어의 국민적 동질성과 상호이해 가능성의 보편성을 단순히 주어져 있는 요인으로 가정하지 않는다. 그 대신 오히려 세계시민주의적 해석학 또는 세계시민주의적 이해의 방법론적 가능성을 찾아보려고 시도한다 (Beck, 2005: 9-10; Beck, 2007: 337-338; 허영식·정창화, 2012: 68-69).

(3) 세계시민주의적 역량의 함양

상기한 세계시민주의적 이해는 학습자 또는 행위주체자의 관점에서 바라볼 때 세계시민주의적 역량을 요청한다. 이 역량의 함양·신장을 위한 과제는 교육과 학습에 놓여 있다. 국민적 동질성과 통합에 중점을 둔 교육과 학습이 내재적으로 안고 있는 문제는 타자의 말을 경청하거나 이해하지 않는 데 놓여 있다. 그렇지만 물론 우리 모두가 동시에 타자의 말을 경청할 수는 없다. 그래서 경청·이해에 지향을 둔 세계시민주의는 의식적으로 경청·이해를 하지 않고 구획(경계설정)하려는 현상을 전제로 삼고 있다. 이와 같은 성찰적 선정과정에서 세계시민주의적 이해가 가능하다. 왜냐하면 성찰적 선정을 전제로 삼을 때 자기 자신의 생활에 타자를 포함시키는 관점취득 및 관점변경이 비로소 가능하기 때문이다(Beck, 2007: 338).

벡이 세계시민주의적 역량(Beck, 2007: 338)이라고 지칭한 것, 혹은 쾰러가 보편주의적인 공감(Koehler, 2010: 19)이라고 지칭한 것은 세계화·정보화·다원화시대에 적절한 목표 또는 준거로 간주할 만하다. 그리고 이것을 '사회적 관점취득(SPT: social perspective-taking)'의 개념과 연결시켜 볼 때(Juchler, 2010: 181-183), 세계시민주의적 역량의 핵심적인 구성요소를 세계시민주의적 관점취득이라고 지칭할 수 있다(허영식·정창화, 2012: 69-71).

세계시민주의적 역량의 필요성은 법에 관한 간문화적 담론에서도 확인할 수 있다. 세계화·다원화가 평화롭게 이루어지려면 세계법질서와 같은 구속력 있는 틀이 필요하다. 법의 이론 측면에서는 보편타당하게 적용할 수 있는 원칙을 착근시키는 일이 요청되며, 권력분립·인권·국민주권의 원리를 여러 문화의 공통분모로 확인할 필요가 있다. 또한 법의 실천 측면에서는 차이·다양성을 인정하고 더불어 공존할 수 있는 능력인 간문화역량의 함양·신장에 주의를 기울여야 한다. 그러나 이러한 역량은 자동적으로 형성되는 것이 아니며, 간문화교육·담론을 통하여 함양·신장될 수 있다. 비교적 안정된 직업을 갖고 교육을 받은 사람들이 이러한 역량을 더 많이 갖출 것이라고 예상할 수 있다. 결국 간문화적 상황에서 상호이해·인정·존중에 입각한 관용의 실천이 중요한 과제로 남게 된다(Hoeffe, 2009: 68-72; 최치원, 2012: 117-124; 허영식·정창화, 2012: 71).

상기한 세계시민주의적 역량 또는 간문화역량은 계몽된 세계시민에게서 기대할 수 있는 능력이다. 따라서 성숙한 세계시민 또는 계몽된 세계시민을 세계시민교육의 규범적 주도이념으로 정착시킬 필요가 있다. 이 맥락에서 세계시민주의의 주제와 결합시킬 수 있는 접근방안으로는 간문화교육·평화교육·개발교육을 들 수 있다. 세계시민교육은 이러한 교육적 접근방안들을 포괄하는 개념이라고 해석할 수 있다. 세계시민주의는 문화적 차이·다양성을 적절히 취급하기 위한 형식적 개념으로 간주할 수 있다. 이러한 사고방식은 간문화교육의 접근방안에서 목표로 삼고 있는 간문화역량의 개념과 친화성이 있다. 그러나 세계시민주의 개념과 간문화역량의 상호 연관성에 대해 아직 분명하게 말하기는 어려운 것으로 보인다. 이 맥락에서 간문화교육과 세계시민교육의 상호관계를 설정하려는 시도를 일단 참고할 만하다(Widmaier, 2006: 135-136; 허영식, 2010: 65-74; 허영식·정창화, 2012: 72).

(4) 관점취득·다중관점 지향 세계시민교육 방안 모색

관점취득과 다중관점에 지향을 둔 세계시민교육의 핵심적인 과제는 자유민주적 기본질서에 위배되지 않는 범위 내에서 또는 민주적 스펙트럼 내에서 가능하면 시각·입장·관점의 차이·다양성을 제한하지 않고 오히려 권장하는 데 놓여 있다. 세계시민교육은 글로벌 수준과 지방적 수준의 연관성을 염두에 두면서 구체적인 학습대상(주제·내용)을 적실성이 있는 모형(인지적 도식, 스크립트)이나 이론과 연관시키면서 살펴보고, 역사적 사건과 시사적 사건을 통해 확인할 수 있는 여러 가지 상이한 입장·관점·시각을 비평적으로 취급하면서 학습자가 기본적인 학습과정에 따라 사고·판단·행위의 역량을 함양하고 신장시킬 수 있도록 도와주어야 한다(Sander, 2009: 58-60; 허영식, 2017: 140).

그리고 상기한 바와 같이, 미시세계(생활세계)와 거시세계(세계사회)의 연결문제 혹은 구체적 학습수준과 추상적 학습수준의 연결문제를 해결하기 위한 방법적 접근방안을 고려할 때, 예를 들면, 사례·상황·영상텍스트·내러티브·유추 등을 적절하게 활용할 필요가 있다(강현석, 2016: 312-313). 또한 관점취득과 다중관점에 지향을 둔 수업·학습에 초점을 맞추어 볼 때, 정반합(正反合)에 입각한 변증법적 사고과정을 적극적으로 활용할 필요가 있다.

이 장은 세계시민주의와 세계시민교육에 대한 주의와 관심이 제고되고 있다는 진단과 평가를 배경으로 하여, 세계시민교육의 가능성과 한계에 대해 살펴보는 데 주된 목적을 두었다. 이 글에서 강조하고자 하는 주요사항은 다음과 같이 정식화하여 제시할 수 있다.

첫째, 윤리적·법적 보편주의에 입각한 기존의 전통적 세계시민주의와 비교할 경우, 사회과학적 세계시민주의는 보다 더 현실주의적인 개념을 설정해야 한다는 취지에서 출발하여, 지방적·특수적 준거와 글로벌·보편적 준거 사이에서 중도를 취하고자 한다. 또한 행위자와 관찰자의 수준을 구분하고, 경험적 세계시민주의와 방법적 세계시민주의를 구분한다. 즉, 일상경험으로서의 현실적 세계시민주의와 연구·성찰의 지평으로서 적절한 방법론을 동시에 고려한다.

둘째, 세계시민주의의 개념에 대해서는 탈식민주의, 엘리트 세계시민주의, 신슈미트주의의 시각에서 비판적·회의적 입장이 제기되고 있다. 또한 세계시민주의적 민주주의의 실현 가능성에 대하여 고려해야 할 문제점이 거론되고 있다. 즉, 민주주의를 글로벌 차원에서 구현하는 데 있어서는 국민국가의 민주화를 전제로 해야 한다는 점, 지구촌문제가 민주주의의 보급·확산을 보장하지 않는다는 점, 가치의 결속력이 한계를 안고 있다는 점이 난점으로 지적되고 있다.

셋째, 이와 같은 맥락에서 세계시민교육의 한계에도 유의할 필요가 있다. 거시세계(세계사회)에서 필요한 지식·정보와 미시세계(생활세계)에서 경험한 것 사이의 차이·격차를 줄이는 방안을 모색하는 일이 세계시민교육의 주된 과제이긴 하지만, 글로벌 수준과 지방적 수준의 연결문제가 내재적으로 안고 있는 복합성에 비추어 볼 때, 개인이 자신의 행위를 글로벌 맥락에서 파악·이해한다는 것이 그렇게 쉬운 일은 아니다. 또한 교육이 지구촌문제를 해결하는 데 기여할 수 있을 것이라는 기대가 과장되어서는 안 된다. 그 이유는 도대체 어떻게 글로벌 위험요인 또는 지구촌문제를 교육적 소통으로 변환시킬 것인가 하는 어려운 문제가 남아 있다는 점에 놓여 있다. 그러므로 지구와 인류가 안고 있는 생존문제를 교육적으로 어떻게 하면 적절하게 취급할 것인가에 중점을 둔 최소교육전략에 국한하는 것이 현실적으로 더 적절한 것으로 보인다.

넷째, 상기한 회의적 입장과 한계를 염두에 두면서 세계시민교육은 세방화·혼성화에 부응할 수 있는 접근방안을 모색할 필요가 있으며, 방법론의 수준을 고려할 때, 민족주의에서 세계시민주의로의 전환에 주의를 기울일 필요가 있다. 또한 세계시민주의적 역량의 함양·신장에 역점을 두어야 하며, 특히 관점취득과 다중관점에 지향을 둔 세계시민교육을 실천방안으로 강조할 필요가 있다.

다섯째, 세계시민주의적 역량을 함양·신장시켜야 하는 과제에 대처하려면 특히 다문화사회에서 타자(낯선 자, 외국인)의 역량강화를 위한 방안도 모색해야 한다. 즉, 타자 자신도 세계시민적 행위주체가 될 수 있는 가능성을 제고해야 하며, 타자의 말을 경청하고 이해할 수 있는 분위기를 조성하는 일이 필요하다. 타자가 목소리를 낼 수 있는 기회를 제공하고, 정당한 발언권을 부여할 수 있는 방책을 마련해야 한다. 또한 가능하면 대화적 상상력을 발휘하면서 사회통합의 문제를 평화적으로 취급하기 위해서는 논쟁·대화·갈등(해소)문화를 착근시킬 수 있는 접근방안을 강구해야 할 것이다.

요/약

이 글은 세계시민주의와 세계시민교육에 대한 주의와 관심이 제고되고 있다는 진단을 배경으로 하여, 세계시민교육의 가능성과 한계에 대해 살펴보는 데 주된 목적을 두었다. 본고의 논지와 주요내용은 다음과 같이 요약하여 정리할 수 있다. 첫째, 대체로 윤리적·법적 보편주의에 입각한 기존의 전통적인 세계시민주의와 비교할 때, 사회과학적 세계시민주의는 현실주의적인 개념을 설정해야 한다는 취지에서 지구적·보편적 준거와 지방적·특수적 준거 사이에서 중도를 취하려는 시도를 하고 있으며, 경험적 세계시민주의와 방법적 세계시민주의를 구분한다. 둘째, 탈식민주의, 엘리트 세계시민주의, 신슈미트주의의 관점에서 세계시민주의의 개념과 접근방안에 대해 비판적·회의적 입장이 제기되고 있으며, 세계시민주의적 민주주의의 실현 가능성에 대한 문제점이 거론되고 있다. 셋째, 이와 같은 맥락에서 세계시민교육의 한계에도 유의할 필요가 있으며, 전통적인 세계시민교육의 개념에 대한 재검토가 요청된다. 넷째, 상기한 회의적 입장과 한계를 염두에 두면서 세계시민교육은 세방화와 혼성화에 적절히 대처할 수 있는 방안을 모색할 필요가 있으며, 방법론적 민족주의에서 방법론적 세계시민주의로의 전환에 주의를 기울일 필요가 있다. 또한 세계시민주의적 역량의 함양·신장에 역점을 두어야 하며, 특히 관점취득과 다중관점에 지향을 둔 세계시민교육을 실천방안으로 강조할 필요가 있다. 다섯째, 세계시민주의적 역량의 함양·신장을 위한 과제에 적절히 부응하기 위해서는 다문화사회에서 타자도 세계시민적 행위주체가 될 수 있다는 가정에서 출발하여 그 타자의 역량강화를 위한 방안도 모색해야 한다.

05 참고문헌

강현석. 『인문·사회과학의 새로운 연구방법론: 내러티브학 탐구』. 서울: 한국문화사, 2016.

김진희. 『글로벌시대의 세계시민교육』. 서울: 박영스토리, 2017.

박환보. "왜 세계시민교육을 해야 하는가?."

http://www.eduinnews.co.kr/news/articleView.html?idxno=7036 (2016; 2017년 11월 7일 검색).

윤성혜. "대학생용 세계시민의식(Global Citizenship) 척도 개발." 이화여자대학교 대학원 박사학위논문. 2017.

최치원. "칸트와 회페의 '세계공화국' 개념에 대한 일고찰: 동북아시아의 대안적 지식 생산을 위한 하나의 시도." 『오토피아(Oughtopia)』. 제27권 제1호 (2012년 봄), pp. 101－133.

허영식. 『다문화사회와 간문화성』. 서울: 강현출판사, 2010.

허영식. 『다양성과 세계시민교육』. 서울: 박영스토리, 2017.

허영식·정창화. 『간문화성과 한국의 정체성』. 서울: 원미사, 2012.

Bauman, Z. "Glokalisierung oder: Was fuer die einen Globalisierung, ist fuer die anderen Lokalisierung." *Das Argument*. No. 5－6 (1996), pp. 653－664.

Beck, U. "Weltbuerger aller Laender, vereinigt euch! Demokrtie jenseits des Nationalstaates: Europa muss den Anfang machen. Thesen fuer ein kosmopolitisches Manifest." *Die Zeit*, 1998.

Beck, U. "Europaeisierung－Soziologie fuer das 21. Jahrhundert." *Aus Politik und Zeitgeschichte*. No. 34－35 (2005), pp. 3－11.

Beck, U. *Weltrisikogesellschaft*. Frankfurt/M.: Suhrkamp, 2007.

Beck, U. and Grande, E. *Das kosmopolitische Europa. Gesellschaft und Politik in der zweiten Moderne*. Frankfurt/M.: Suhrkamp, 2004.

Breidenbach, J. and Zukrigl, I. "Widersprueche der kulturellen Globalisierung: Strategien und Praktiken." *Aus Politik und Zeitgeschichte*. No. 12 (2002), pp. 19－25.

Griese, H. and Sievers, I. "Bildungs－und Berufsbiografien erfolgreicher Transmigranten." *Aus Politik und Zeitgeschichte*. No. 46－47 (2010), pp. 22－28.

Habermas, J. Die *postnationale Konstellation*. Frankfurt/M.: Suhrkamp, 1998.

Haus, M. "Kosmopolitismus－Entpolitisierung unter der Hand?." Widmaier, B. and Steffens, G. (eds.). *Weltbuergertum und Kosmopolitisierung. Interdisziplinaere Perspektiven fuer die Politische Bildung*. Schwalbach/Ts.: Wochenschau, 2010, pp. 108－122.

Held, D. *Soziale Demokratie im globalen Zeitalter*. Frankfurt/M.: Suhrkamp, 2007.

Hoeffe, *O. Ist die Demokratie zukunftsfaehig? Ueber moderne Politik*. Muenchen: Beck, 2009.

Juchler, I. "Der Weltbuerger－Leitbild fuer Politische Bildung im 21. Jahrhundert." Widmaier, B. and Steffens, G. (eds.). *Weltbuergertum und Kosmopolitisierung. Interdisziplinaere Perspektiven fuer die Politische Bildung*. Schwalbach/Ts.: Wochenschau, 2010, pp. 179－190.

Koehler, B. "Der Neue Kosmopolitismus－Diagnose zur aktuellen Lage der Gesellschaft." Widmaier, B. and Steffens, G. (eds.). *Weltbuergertum und Kosmopolitisierung. Interdisziplinaere Perspektiven fuer die Politische Bildung*. Schwalbach/Ts.: Wochenschau, 2010, pp. 13－32.

Messerschmidt, A. "Touristen und Vagabunden－Weltbuerger in der Migrationsgesellschaft." Widmaier, B. and Steffens, G. (eds.). *Weltbuergertum und Kosmopolitisierung. Interdisziplinaere Perspektiven fuer die Politische Bildung*. Schwalbach/Ts.: Wochenschau, 2010a, pp. 123－135.

Messerschmidt, A. "Selbstbilder und Zugehoerigkeiten. Elemente politischer Bildung in der Migrationsgesellschaft." *kursiv–Journal fuer politische Bildung*. No. 2 (2010b), pp. 36–43.

Mohrs, T. "Weltbuergertum–Illusion oder unvermeidlicher Ausgang der Not?" Widmaier, B. and Steffens, G. (eds.). *Weltbuergertum und Kosmopolitisierung. Interdisziplinaere Perspektiven fuer die Politische Bildung*. Schwalbach/Ts.: Wochenschau, 2010, pp. 91–107.

Mouffe, C. "Eine kosmopolitische und eine multipolare Weltordnung?" *Deutsche Zeitschrift fuer Philosophie*. No. 53 (2005), pp. 69–81.

Mouffe, C. *Ueber das Politische. Wider die kosmopolitische Illusion*. Frankfurt/M.: Suhrkamp, 2007.

Mueller, H. *Wie kann eine neue Weltordnung aussehen? Wege in eine nachhaltige Politik*. Frankfurt/M.: Fischer, 2008.

Robertson, R. "Glokalisierung. Homogenitaet und Heterogenitaet in Raum und Zeit." Beck, U. (ed.). *Perspektiven der Weltgesellschaft*. Frankfurt/M.: Suhrkamp, 1998, pp. 192–220.

Roemhild, R. "Alte Traeume, neue Praktiken: Migration und Kosmopolitismus an den Grenzen Europas." Transit Migration Forschungsgruppe. (eds.). *Turbulente Raender. Neue Perspektiven auf Migration an den Grenzen Europas*. Bielefeld, 2007, pp. 211–222.

Sander, W. "Anstiftung zur Freiheit–Aufgaben und Ziele politischer Bildung in einer Welt der Differenz." Overwien, B. and Rathenow, H.–F. (eds.). *Globalisierung fordert politische Bildung*. Opladen: Barbara Budrich, 2009, pp. 49–61.

Seitz, K. "Globales Lernen in weltbuergerlicher Absicht: Zur Erneuerung weltbuergerlicher Bildung in der postnationalen Konstellation." Overwien, B. and Rathenow, H.–F. (eds.). *Globalisierung fordert politische Bildung*. Opladen: Barbara Budrich, 2009, pp. 37–48.

Steffens, G. and Widmaier, B. "Der Weltbuerger als Leitbild fuer

Bildung in Zeiten der Globalisierung? Zur Einfuehrung." Widmaier, B. and Steffens, G. (eds.). *Weltbuergertum und Kosmopolitisierung. Interdisziplinaere Perspektiven fuer die Politische Bildung*. Schwalbach/Ts.: Wochenschau, 2010, pp. 5–12.

Treml, A. "Didaktik der entwicklungspolitischen Bildung am Ausgang einer Epoche." Boettger, G. and Frech, S. (eds.). *Der Nord–Sued–Konflikt in der politischen Bildung*. Schwalbach/Ts.: Wochenschau, 1996, pp. 113–128.

Wagner, B. "Kulturelle Globalisierung. Von Goethes Weltliteratur zu den weltweiten Teletubbies." Aus Politik und Zeitgeschichte. No. 12 (2002), pp. 10–18.

Wallerstein, I. *Die Barbarei der anderen. Europaeischer Universalismus*. Berlin, 2007.

Widmaier, B. "Der Weltbuerger. Zukunftsmusik fuer politische Bildung?" *Praxis Politische Bildung*. Vol. 10. No. 2 (2006), pp. 133–138.

Widmaier, B. "Weltbuergertum–Transnationalisierung–Kosmopolitisierung." *kursiv–Journal fuer politische Bildung*. No. 2 (2010), pp. 26–34.

Zeuner, C. "Kosmopolitisierung: Neue Perspektiven fuer die politische Bildung?" kursiv–*Journal fuer politische Bildung*. No. 2 (2010), pp. 84–86.

Zoll, K. Stabile *Gemeinschaften. Transnationale Familien in der Weltgesell–schaft*. Bielefeld, 2007.

부록

세계시민교육과 간문화교육[1)]

세계화와 이주운동으로 인하여 오늘날 세계 곳곳에서 차이와 다양성이 점점 더 많이 증가하고 있다. 이 맥락에서 세계시민교육과 간문화교육의 필요성이 거론되고 있다. 하지만 이 두 가지 교육적 접근방안이 서로 어떤 관계를 맺고 있는지 분명하게 밝힐 필요가 있다. 그동안 세계시민교육은 대체로 개발정책과 관련된 교육, 즉 개발교육의 전통을 따르고 있으며, 이와 동시에 평화교육과 환경교육, 인권교육과 간문화교육(다문화교육)의 주제영역도 역시 포괄하고 있다. 차이와 다양성의 증가는 여러 생활영역에서 적절한 대응을 요청하고 있으며, 이 맥락에서 간문화교육이 중요한 의제로 부각되고 있다. 여기서는 세계시민교육의 관점에서 바라본 간문화교육의 목표와 과제에 대해 좀 더 자세하게 살펴보고자 한다.

오늘날 세계화·정보화·다원화라고 하는 거시적인 사회변동과정에 부응할 수 있는 세계시민교육의 관점에서 바라볼 때, 요청되는 시민의 모습은 일단 세계시민으로 설정할 수 있다. 지방과 개인의 일상생활에

1) 이 문서의 내용은 『행복한 교육』 제434권(2018.9.)에 게재한 필자의 글을 부분적으로 수정·보완한 것임.

까지 영향을 미치는 글로벌 수준의 상호의존, 지방수준과 세계수준의 상호연결, 하나의 세계를 지향한 통합 등이 세계시민의식과 관련된 소통과 담론에서 핵심적인 역할을 수행하고 있다. 하지만 이와 관련하여 한편에서는 다문화성이나 다문화주의의 기치 아래 문화상대주의를 강조하는 포스트모던주의자들이 있으며, 다른 한편에서는 계몽주의적인 인류의 이상이 보편적인 타당성을 갖고 있다고 주장하는 보편주의자들이 있다.

이러한 논쟁이 남아 있긴 하지만, 세계시민교육에서 바라본 간문화교육의 위상에 초점을 맞출 때, 다문화·다양성 시대에 요청되는 세계시민교육의 목표와 과제가 도대체 무엇인가 하는 질문을 제기할 수 있다. 이러한 질문에 답하기 위해서는 세계시민교육과 간문화교육의 교차점 혹은 상호관계에 대해 명료화할 필요가 있다. 이 교차점은 다음과 같이 몇 가지 사항으로 구체화할 수 있다.

주변화·차별·권력관계를 분석하고, 편견과 고정관념에 대해 비평적인 질문을 제기하기.

다른 것에 대한 지각과 타자에 대한 생각을 검토하고, 평등과 다양성 사이의 연결을 탐구하기.

다양성과 관련하여 교육의 내용을 재고·조절·개정하고, 필요한 교육과정 개정을 지향하며 작업하기.

학교 안팎에서 관찰할 수 있는 배제의 현상을 분석하고 그러한 현상의 퇴치를 위해 노력하기.

교육에 대한 보편적인 접근을 위해 노력하고, 국민 전체를 다양하고 포용적인 공동체로 간주하기.

지방·국가·지역·국제사회의 수준에서 차이를 받아들이고 존중할 수 있는 여건을 마련하는 데 기여하기.

규범적 가정에 입각한 이러한 목표와 과제는 세계시민교육과 간문화교육의 잠재적인 교차점 혹은 공통부분을 시사하고 있다. 물론 이론과 실천 측면에서 이 공통부분에 대한 체계적인 탐구는 아직 많이 이루어졌다고 볼 수 없다. 그렇지만 간문화교육을 실행에 옮기는 데 있어서 적어도 두 가지 도전 혹은 과제를 확인할 수 있다. 그 과제 중의 하나는 문화적 소수집단을 포용하는 일이고, 다른 하나는 문화적 다수집단이 소수집단을 받아들이도록 설득하는 일이다. 그렇게 함으로써 문화 사이에 성공적인 소통이 이루어지도록 장려할 수 있다. 이러한 이유 때문에 간문화교육은 문화들 사이의 상호작용과 교류·접촉, 그리고 대화를 촉진하고자 노력한다. 즉, 문화들 사이의 상호침투를 위한 조건을 마련하고, 특정한 문화적 정체성을 부인하지 않으면서 각 문화를 더욱 풍부하게 하려고 시도한다. 이것이 바로 다문화적 시민성의 함양과 신장을 위하여 간문화교육이 떠맡고 있는 중요한 과제이다.

상기한 사항의 연장선상에서 바라볼 때, 다문화적인 교육환경에서 서로 다른 관점의 이질성과 다양성을 받아들이고 존중하는 것이 중요하다. 예를 들면, 학교에서 서로 다른 문화와 언어를 반영한다든지, 학교의 활동과 행사에서 지역사회의 다원성을 대표하는 소수집단의 학부모, 지역사회의 지도자, 그리고 다른 행위자들을 참여시킨다든지, 아니면 다양한 이해관계, 능력, 문화적 배경을 적절하게 고려하는 다양한 학습기회를 제공한다든지 하면서 그러한 일에 기여할 수 있다.

초등학교에서는 사회적 인지와 능력의 일반적인 발달이 유의미한 것으로 보인다. 편견과 갈등을 주제로 삼는 일이 중요하며, 또한 경직된 규범지향에서 벗어나도록 하는 것, 즉 규범적 유연성을 기르는 일도 역시 중요하다. 이러한 기초를 바탕으로 하여 중등학교에서는 차이·다양성에 관해서 더 복합적이고 세분화된 사고와 성찰이 이루어지도록 해야 할 것이다. 차이·다양성을 적절하게 고려하기 위해서는 다중관점교육을 거론할 필요가 있다. 편협한 국가정체성 또는 민족정체성에 대하여 타자 혹은 낯섦의 관점과 측면을 자기 자신의 정체성에 포함시킬 수 있는 정체성의 확장이 요청되고 있다. 언어·역사·종교·국제관계·세계경제·과학기술에 대한 다중관점 혹은 다중시각을 추구할 필요가 있다.

학교는 다양한 문화적 교류과정에 대한 의식과 더불어 각 문화의 다층성에 대한 의식을 갖추도록 해야 한다. 다른 민족과 국민을 단순히 객체로 취급할 것이 아니라, 역사적인 주체로서 파악하도록 해야 한다. 이를 위하여 학교교육과정의 다중관점이 도움을 줄 수 있다. 특히 이주배경을 갖고 있는 학습자가 문화적 정체성을 상실하지 않도록 하고, 역사와 문화가 없는 존재로 전락하지 않도록 하고, 출신국 문화와 체재국 문화 사이의 단순한 병존으로 남아 있지 않도록 해야 한다. 교사교육 차원에서는 사회체제 내에서 그리고 사회체제 사이에서 존재하는 사회문화적 공통점과 차이점에 대한 감수성을 개발하는 데 중점을 두어야 할 것이다.

간문화교육은 국민국가에서뿐만 아니라 다양한 세계사회에서 적절하게 기능과 역할을 수행하는 데 필요한 지식·기능·태도를 갖추도록 해야 한다. 또한 세계를 보다 더 정의로운 사회로 만들기 위하여 학습자들이 세계를 변화시키는 데 기여할 수 있는 자질과 능력을 갖출 수 있도록 도움을 주어야 한다. 결국 간문화교육은 세계화된 사회에서 요청되는 세계시민교육, 세계화된 사회를 위한 세계시민교육의 일환으로 인식해야 한다. 상기한 목표와 과제를 통해 학습자들이 갖추어야 할 자질과 능력은 간문화역량 혹은 다양성역량이라고 지칭할 수 있다. 따라서 앞으로는 간문화교육의 결과로서 나타날 것으로 기대할 수 있는 간문화역량 혹은 다양성역량을 구체화하고 이것을 교육현장에서 실행할 수 있는 방안에 대해 더 많은 관심과 주의가 요청된다.

06

보이텔스바흐 합의에 관한 담론과 합의

1. 보이텔스바흐 합의의 배경과 핵심명제
2. 보이텔스바흐 합의에 관한 담론과정과 특징 분석
3. 보이텔스바흐 합의를 고려한 시민교육 방안

제6장

보이텔스바흐 합의에 관한 담론과 함의[1)]

자유민주적 기본질서를 핵심적인 준거와 지향점으로 삼고 있는 헌정애국주의의 관점에서 출발할 때, 사회와 국가를 유지하고 발전시키려면 민주적인 정치문화가 요청되며, 이러한 정치문화는 거기에 부응할 수 있는 시민의 자질과 역량을 필요로 한다. 이와 같은 시민의 자질과 역량을 함양·신장시키는 데 중요한 역할과 기능을 수행하는 것이 다름 아니라 시민교육이다(Sander, 1996: 32). 그렇지만 그러한 자질과 역량은 자동적으로 함양·신장되는 것이 아니라, 의도성과 계획성을 담보한 교육과 학습의 과정을 통해 비로소 갖추어질 수 있다. 그러므로 국가·사회·학교·가정은 모든 사회구성원, 즉 성인·청소년·아동에게 그러한 교육과 학습의 과정을 마련해 주어야 한다. 또한 교육과 학습을 담당하는 기관이나 단체는 시민교육을 핵심적인 과제로서 간주하고 발전방안을 모색해야 할 것이다.

이러한 맥락에서 시민교육의 방향을 제공해주는 중요한 단서로서 독일에서는 1970년대 중반부터 소위 '보이텔스바흐 합의'라는 것이 거

1) 제6장의 내용은 『융합사회와 공공정책』 제11권 제4호(2018.2.)에 게재한 필자의 글을 부분적으로 수정·보완한 것임.

론되어 왔으며, 최근에는 우리나라에서도 역시 시민교육의 활성화라는 과제와 관련하여 이 합의가 학술대회나 교육현장에서 여러 번 소개되고 있다. 하지만 이러한 주의·관심에도 불구하고, 주로 선언적인 수준에서 참조대상으로서 보이텔스바흐 합의와 같은 것이 필요하거나 중요하다는 점이 거론되고 있다. 그리고 경우에 따라서는 이 합의사항이 마치 '협약'이나 '협정' 혹은 '조약'인 것처럼 지나치게 과장되어 소개되기도 한다. 이 맥락에서 시민교육의 합의문제에 대한 배경과 담론과정, 그리고 합의에 대한 분석적인 연구가 거의 이루어지지 않고 있거나, 아니면 이에 대한 주의와 관심에 비추어볼 때 보다 더 자세한 분석적 연구나 해석학적 내용분석연구가 상대적으로 소홀히 다루어지고 있는 것처럼 보인다(잔더, 2006: 16-17; 장은주 외, 2014: 12-13; 최영돈, 2016: 70-71).

이와 같은 배경과 문제의식에서 출발하여, 이 장은 관련된 문헌과 자료에 대한 해석학적 내용분석을 통하여 보이텔스바흐 합의에 관한 담론과 합의를 보다 더 자세하게 살펴보는 데 주된 목적을 두고 있다. 이러한 목적에 도달하기 위하여 우선 보이텔스바흐 합의의 배경과 핵심명제에 대해 기술한다. 이어서 보이텔스바흐 합의에 관한 담론과정과 특징을 분석한다. 그 다음에는 여기에 기초하여 이 합의가 지닌 함의를 보다 더 구체화하는 차원에서 보이텔스바흐 합의를 고려한 시민교육 방안을 제시하고자 한다. 여기서는 특히 다중관점에 지향을 둔 방안과 담론윤리에 지향을 둔 방안에 중점을 둔다.

1. 보이텔스바흐 합의의 배경과 핵심명제

시민교육의 합의문제와 관련하여 어떤 단서나 시사점을 찾아보는 데 있어서는 독일에서 20세기 후반에 이루어진 담론을 참고할 만하다. 독일에서는 1970년대 중엽부터 시민교육 분야에서 실용적 전환이나 다원화로 특징지을 수 있는 경향이 나타났다. 실용적 전환의 국면은 우선 시민교육에 관한 최소합의를 정식화하려는 시도에서 나타났다. 그 이전에 있었던 정치적·이데올로기적 논쟁과 시민교육의 목표에 대한 논란은 이제 상당히 뒷전으로 물러난 것이다. 시민교육에 관한 정치화된 논쟁·논란이 학교 시민교육의 위상을 제고하기보다는 오히려 그 반대로 실추시켰다는 진단·평가가 제기되었다. 또한 학문적·정치적 논쟁·논란을 해소하기 위해서 시민교육을 위해 어떤 접점 혹은 공통점을 모색해야 한다는 문제의식이 생겨나게 되었다. 즉, 근본적인 수준에서 어떤 공통의 기반을 마련해야 한다는 당위성에서 출발하여 시민교육의 합의문제에 대한 주의와 관심이 많아지게 되었다(Schneider, 1999: 171–173; Breit, 2007: 24–25; 잔더, 2006: 15–16; 허영식, 1999: 113–115; Huh, 1993: 5).

이런 배경과 맥락에서 등장한 것이 보이텔스바흐 합의(Beutelsbacher Konsens, Beutelsbach Consensus)이다. 이 합의는 정치적으로 입장을 달리하는 여러 시민교육 관련 학자들이 보이텔스바흐라는 소도시에 모여 개최한 학술회의의 귀결을 가리키는 말이다. 시민교육의 합의를 탐색하기 위해서 논의의 장을 마련한 행위주체는 당시 바덴–뷔르템베르크(BW)주의 시민교육원(LpB) 원장인 쉴레(Schiele)였다. 쉴레 원장은 서로 다른 입장·관점을 갖고 있던 몇몇 이름 있는 시민교육 관련 학자들을 1976년에 보이텔스바흐라는 소도시로 초대하였다(Widmeier and Zorn, 2016: 9–10). 이 전문가협의회에서 자신의 입장과 관점을 발표한 대표적인 7명의 학자·전문가로는 피셔(Fischer), 기제케(Giesecke), 그로써(Grosser), 호르눙(Hornung), 쉴레(Schiele), 슈미더러(Schmiederer), 수토르(Sutor)를 들 수 있다. 그런데 이 자리에서 가장 큰 대립을 보인 사람은 슈미더러와 수토르였다.

슈미더러는 그의 발표문에서 우선 양립할 수 없는 점을 지적하였다. 그의 견해에 따르면, 시민교육의 구상에 대한 학문적인 또는 정치적인 근거를 수립하는 데 있어서는 어떤 합의를 기대할 수 없다는 것이다. 하지만 수업에 지향을 둔 제안이나 고려사항의 영역에 있어서는 의견의 일치를 볼 수 있을 것이라고 했다. 여기서 그는 시민교육학을 수업의 개선을 위한 학문, 그리고 응용과 관련된 학문으로 규정하였으며, 보다 더 수업실천에 가까운 교육학을 요구하고, 이런 의미에서 실용적인 합의는 가능하다고 보았다(Schmiederer, 1977: 136–137).

수토르는 다른 길을 택하였다. 그는 헌법의 핵심적인 규정에 들어있는 것, 즉 헌법과 관련된 최소합의의 내용을 찾으려고 하였다. 그러면서 그는 시민교육을 위해 일반적으로 타당한 학습목표의 기술(記述)을 제안하였다. "시민교육을 생각하고 있는 사람은 누구나 다음과 같은 목표의 정식화에 동의할 것이다. 시민교육의 목표는 가능한 한 객관적인 정보, 양심적인 판단형성, 그리고 헌법의 기본규범에 비평적으로 지향을 두고 책임 있는 의사결정을 통하여 정치참여를 할 수 있는 능력과 자세를 전달하는 데 있다"(Sutor, 1977: 170).

수토르의 이와 같은 제안이 실제로 얼마나 동의를 얻고, 일반적인 타당성을 획득할 수 있는지는 일단 논외로 하자. 더 중요한 것은 최소합의를 향한 대화 그 자체가 가능하게 되었다는 점이며, 이런 계기와 더불어 나중에 보이텔스바흐 합의라고 불리는 시민교육의 최소합의가 대체로 많은 사람들로부터 인정을 받을 수 있게 된 점이다(Gagel, 1995: 218–220). 그런데 이 최소합의는 '시민교육에 있어서의 합의문제'라는 주제를 갖고 개최된 회의결과를 정리하면서, 거기에 참가했던 벨링(Wehling)이라는 사람이 정식화한 것이며, 결코 투표나 거수로 합의여부를 직접 확인한 것은 아니었다. 시민교육원장인 쉴레가 당시 그의 직원인 벨링에게 요청한 과제는 서로 다른 진영 사이에서 도대체 어떤 점이 합의가능성이 있는지를 일종의 프로토콜(회의록, 조서) 형식으로 정리하는 일이었다(Pohl, 2015: 3).

보이텔스바흐 합의의 발생과정을 살펴볼 때, 그것은 결코 참석자들이 집단적 수준에서 공식적으로 결정하거나 의결한 것도 아니며, 일종의 선언서나 성명서로 발표 혹은 발간한 것도 아니다. 보이텔스바흐 합의는 오히려 1976년 이후에 다른 사람들이 전문가회의 및 특히 벨링의 회의보고서를 지속적으로 수용하는 과정을 거치면서 시민교육의 자기이해 혹은 정체성을 확립하는 데 있어서 핵심적인 구성요소로 자리를 잡게 된 것이다(Widmeier and Zorn, 2016: 10). 어쨌든 벨링은 그의 주관적인 판단을 전제로 하면서 합의사항(혹은 합의능력이 있다고 간주되는 것)을 다음과 같이 세 가지 기본원칙(Grundprinzipien, basic principles)으로 요약하였다(Wehling, 1977: 179–180; Bundeszentrale fuer politische Bildung, 2011: 1).

① 교화 또는 주입을 금지해야 한다. 수단이 무엇이든 관계없이 교사(강사)가 바람직하다고 생각하는 것에 따라 학생들을 조종하여 이 학생들이 스스로 판단을 내리는 것을 방해해서는 안 된다. 바로 이 대목에서 주입·교화와 시민교육 사이의 경계선이 놓여 있다. 그러나 자유민주국가·사회에서 주입·교화는 교사의 역할과 어울리지 않으며, 또한 학습자의 성숙성(자율성과 책임의식)이라고 하는 널리 인정받고 있는 교육목표와도 어울리지 않는다.

② 정치영역과 학계에서 논쟁점이 되는 것은 수업에서도 가능하면 논쟁적으로 다루어져야 한다. 이러한 요청은 첫 번째 요청과 매우 밀접한 연관성을 갖고 있다, 그 까닭은 서로 다른 입장·관점이 반영되지 못하거나, 선택할 수 있는 가능성이 은폐되거나, 아니면 여러 가지 대안이 언급조차 되지 않을 경우, 교화나

주입으로 흐를 위험성이 있기 때문이다. 여기서 제기할 수 있는 질문은 교사가 심지어 교정의 기능도 떠맡아야 하지 않는가 하는 것이다. 왜냐하면 교사는 학습자에게 생소하거나 낯선 대안·시각·관점을 특별히 소개해야 할 경우도 있기 때문이다[필자 해설: 교정기능과 관련하여 첨언하자면, 다른 정당한 관점·입장·시각이 있는데도 불구하고 이것이 전혀 드러나지 못하고 무시될 경우, 교사는 심지어 '악마의 변호인'(advocatus diaboli, devil' s advocate, Teufelsadvokat: 철저한 논의를 위해 고의적으로 반대를 하는 사람, 일부러 반대 입장을 취하는 사람, 선의의 비판자) 기능을 수행할 수도 있는 것이다.].

③ 학습자는 어떤 정치적 상황과 더불어 자신의 이해관계(이익)상황을 고려하면서 자신의 이해관계에 따라 정치상황에 영향을 줄 수 있도록 해야 한다. 이와 같은 목표의 설정은 조작적인 행위능력(operational abilities)을 강조하고 있으며, 상기한 두 가지 원칙(주입·교화의 금지, 논쟁점 반영)에서 논리적으로 도출할 수 있는 귀결이다.

2. 보이텔스바흐 합의에 관한 담론과정과 특징 분석

위에서 언급한 세 가지 윤리적 요청사항(주입·교화의 금지, 논쟁점 반영, 이해관계 고려)은 그동안 제기되었던 여러 가지 다른 정치적 관점·입장 간에 최소한의 합의가 가능하다는 것을 암시하고 있다. 그리고 이 세 가지 요구사항은 시민교육을 위한 근본적 원칙이나 본질적 요소를 가리킨다고 간주할 수 있다. 그러나 1980년대에 와서 이 합의사항은 사회 전체에 대한 연대와 책임의식, 집단정체성(민족·국가에의 소속감), 공익에의 기여를 부각시키려는 관점에 의해 부분적으로 보완되기도 하였다. 즉, 개인주의적인 시각에 경도된 문제점이 지적된 것이다.

이와 관련하여 한 가지 보기를 들기로 한다. 슈나이더(Schneider)는 보이텔스바흐 합의의 세 번째 원칙에서 사용된 개념인 이해관계를 명료화하기 위하여 그것을 세 가지 수준으로 분화시킬 것을 제안하였다. 즉, 이 개념은 적어도 세 수준·차원(① 개인 자신의 이익, ② 공감능력의 대상인 타자의 이익, ③ 일반적인 전체에 대한 공동책임)으로 분석할 필요가 있다는 것이다. 일반적인 사회 전체 속에는 향토와 국가, 그리고 아직 정치적으로 충분히 조직화되지 못한 인류 전체가 포함될 수 있다. 슈나이더는 이해관계의 세 번째 수준, 즉 부분적인 이해관계를 넘어서고 이것을 포괄하는 정치적 결사체에 대한 공동책임을 가리켜서 공동체연대라고 불렀다.

이러한 개념분석에 입각하여, 그는 위에서 인용한 세 번째 합의원칙을 다음과 같이 다시 정식화할 것으로 제안하였다. "학생(또는 성인)은 정치적 문제를 분석하고, 그것에 의해 영향을 받는 당사자의 입장에서 생각해 볼 뿐만 아니라, 사회 전체에 대한 공동책임을 고려하여, 자기의 이해관계에 따라 문제해결에 어떻게 영향을 미칠 것인가 그 방안을 강구할 수 있도록 해야 한다"(Schneider, 1987: 30). 슈나이더가 제안한 이 재정식화는 상기한 세 가지 합의사항이 내재적으로 안고 있는 불균형(지나치게 강조된 자기계발의 가치)을 문제점으로 지적하면서, 사회적 책임의 의미와 중요성에 대해서도 정당한 고려를 해야 한다는 점을 함축하고 있다(Schneider, 1999: 176; Breit, 2007: 25–26).

이와 같이 슈나이더는 시민교육의 최소합의와 관련하여, 동일시와 정체성의 문제에 주의를 기울인다. 특히 보이텔스바흐 합의의 세 번째 명제(이해관계상황의 고려)에 대하여 문제를 제기하면서 시민교육의 과제를 도출하려는 시도를 보이고 있다. 이 명제에 포함된 이익개념이 타자의 이해관계와 사회 전체의 이해관계(공익)를 소홀히 다루어서는 안 된다는 것이다. 물론 적어도 동기부여의 측면에서 바라볼 때, 학습자의 이해관계상황에서 출발하는 것은 인정하지만, 거기에만 국한될 경우 시야나 지평을 편협하게 할 위험성이 있다. 이를 지양하기 위해서는 사회 전체가 안고 있는 문제나 상태를 선정해야 하며, 학습자가 사회정치적 맥락을 이해하면서 정체성을 형성해 나가도록 해야 한다.

여기서 슈나이더는 동일시 혹은 정체성 개념을 거론하면서, 동질화는 거부하면서 지나치게 자기계발을 부각시키는 합의사항의 일부분과 개인의 사회적 결속 사이에 존재하는 연관성을 주제로 삼는다. 슈나이더는 정체성에 관한 질문('너는 어디서 왔는가?', '나는 어디에 속하는가?')에 관하여 두 가지 가정에서 출발한다. "① 인간은 자신의 개성을 형성함에 있어서 집단정체성과 구분을 짓는 준거뿐 아니라, 그것과 결합시키는 준거도 필요로 한다. ② 다원적·민주적 공동체는 여러 다른 가치관과 이해관계상황에서 출발하고 있기 때문에 그것은 동일시에 대한 어느 정도의 일치 혹은 집단정체성을 필요로 한다"(Schneider, 1987: 35).

상기한 두 가지 가정(자아정체성의 형성과 공동체의 통합에 대한 가정)은 집단정체성의 필요성을 전제로 하고 있다. 이러한 전제에서 출발할 때, 시민교육의 과제는 학습자와 시민이 정치적 (자아)정체성을 형성하는 데 놓여 있다. 이 과제를 수행하려면 전통과 역사에서 내려오는 중요한 정체성을 학습자가 의식하도록 하고, 이와 동시에 첫 번째 합의명제(주입·교화의 금지)에 유의하면서 학습자가 선택할 수 있는 동일시의 준거로 안내해 주어야 한다. 결국 개인의 자아정체성을 표출하는 것을 보완하는 차원에서 집단에 대한 동일시 혹은 충성이라는 시민의 덕목도 소홀히 다루어서는 안 된다는 것이다.

자아정체성과 집단정체성과의 관계, 민족과 민주 사이의 관계에 대한 쟁점은 여기서 일단 접어두기로 한다. 이 부분에서는 보이텔스바흐 합의에 관한 담론과정의 맥락을 고려하면서 이 최소합의가 지닌 특징을 몇 가지 명제로 정리하고자 한다. 여기서 전제로 삼고 있는 점은 보이텔스바흐 합의를 둘러싼 문제는 어디까지나 갈등현상과의 변증법적인 관계 속에서 파악해야 한다는 것이다.

(1) 여기서 합의사항으로 간주된 것(교화의 금지, 논쟁점 취급, 학습자의 이해관계 고려) 속에는 이미 다른 맥락에서 제기되었던 요구들이 반영되었다고 볼 수 있다. 여기서는 매우 형식적인 수준에 머물러 있는 최소합의가 표현되었기 때문에 물론 헌정질서의 존중, 유효한 법과 민주적 절차의 승인 등을 보완사항으로 덧붙일 수도 있을 것이다. 하지만 이 합의사항을 내용적으로 기술하려고 시도한다면, 다시 의견의 일치를 보기 힘들게 되기 쉽다. 오히려 상당히 형식적인 수준에서 정식화된 최소합의가 더 유익한 효과를 거둘 수 있다고도 볼 수 있다. 왜냐하면 어려운 문제는 세부사항으로 들어가면서 등장하기 때문이다. 추상적인 공통분모에 대한 합의는 서로 다른 해석의 가능성을 제공한다. 이러한 가능성은 그 도달한 최소합의의 강점이면서 동시에 약점이기도 한 것이다(Schneider, 1999: 176–177).

(2) 시민교육의 영역에 있어서 최소합의가 정치의 갈등적인 성격을 은폐시킬 것이라는 우려는 불식시킬 필요가 있다. 이러한 이유 때문에, 그리고 다른 곡해를 방지하기 위해서라도 최소합의의 세 가지 사항을 개별적으로 다시 한번 짚고 넘어갈 필요가 있다. 교화의 금지는 이론적으로 결코 의심의 여지가 없는 것이다. 하지만 문제는 교사 자신과 학습자들에게 잘 보이지 않게 나타나는 미묘한 형태의 교화에 대해서 감수성을 키우는 데 있다. 이를테면, 절대적으로 자기주장이 옳다고 하는 시민교육은 그 단초부터 이미 교화의 위험성을 안고 있는 것이다. 그리고 교육활동의 목표가 분명히 드러나지 않는 경우에도 교화의 위험성이 존재한다고 볼 수 있다. 또한 시민교육이 그때그때

사회정치적인 폐해를 제거해야 한다고 하는 생각, 즉 소방수기능을 떠맡아야 한다는 생각도 교육의 과정에서 교화로 나아가기 쉽다(Schiele, 1996: 2–3; Schneider, 1999: 173–174; Daeuble, 2016: 450–454).

(3) 논쟁점 취급의 원칙은 갈등의 범주를 시민교육에서 배제해서는 안 된다는 점을 분명히 하고 있다. 정치를 단순한 가르침으로 전달하려 한다면, 정치현상의 본질을 정당하게 취급하지 못하게 될 것이다. 중요한 정치적 논쟁을 포착하고 묘사하는 일은 시민교육을 보다 더 생동감 있게 할 것이고, 정치적 논의과정에 참가한 사람들의 판단과 입장표명을 더 쉽게 끌어낼 것이다. 갈등과 합의의 변증법적 관계는 이 논쟁점 취급의 원리 속에 명백하게 표현되어 있다. 단, 이 원칙을 부분적으로 상대화시킬 수 있는 제한점을 지적하자면, 민주사회체제의 자유와 개방성이 토론의 대상이 될 수는 있지만, 이것 자체를 시민교육의 논쟁점으로 삼는 데는 문제가 있을 수 있다. 또한 환경문제에 관해서 말한다면, 환경보호를 해야 한다는 것 자체는 논쟁점으로 다루기 힘들 것이며, 단지 환경보호를 위한 보다 더 구체적인 방안과 절차에 대해서는 논쟁의 여지가 있을 것이다(Schiele, 1996: 4–5; Schneider, 1999: 174–175; Breit, 2007: 28; Grammes, 2005: 128; Weisseno, 1996: 107–108; Pohl, 2015: 6–7; Daeuble, 2016: 454–457).

(4) 학습자의 이해관계 상태를 고려해야 한다는 원칙에 대해서도 마찬가지로 덧붙일 말이 있다. 우선 문제는 그때그때 이해관계 상태를 정확하게 규정하기가 매우 어렵다는 데 놓여 있다. 따라서 시민교육의 틀 속에서는 이해관계 상태와 관련하여 분석적인 능력을 갖추도록 하는 일이 그만큼 더 중요하다고 볼 수 있다. 또 이해관계의 표출문제와 어떻게 그 이해관계를 관철시킬 수 있도록 도와줄 것인가 하는 질문은 개인적인 과제로 남아 있기 쉽다. 또한 이해관계의 상태는 개인적

인 수준에서나 집단적인 수준에서 서로 매우 달라질 수 있기 때문에, 시민교육에 있어서는 다른 사람들의 이해관계에도 주의를 기울이도록 해야 한다. 이런 까닭으로 이해관계의 조정문제가 자동적으로 등장하게 된다. 그러니까 결국 이해관계의 범주에 있어서도 역시 갈등과 합의의 긴장관계가 포함되어 있는 것이다(Schiele, 1996: 6–7; Schneider, 1999: 175).

(5) 보이텔스바흐 합의는 이념적·정치적 관점·입장 혹은 가치관이 서로 다른 전문가·학자들이 모인 협의회에 참석한 한 사람(Wehling)이 상이한 태도·입장에도 불구하고 합의의 여지가 있다고 여길 수 있는 것을 세 가지 규범적 원칙 혹은 교수법적 준칙으로 정식화한 것에서 유래한다. 그때부터 10년 뒤인 1986년에 개최된 후속 전문가협의회의 결과는 '시민교육에서의 합의와 이의'라는 제목으로 발간되었다. 여기서는 기존의 세 가지 합의사항이 학생의 개인주의에 지나치게 경도되었다는 문제점이 제기되었다. 특별히 세 번째 합의명제(학습자의 이해관계 고려)와 관련해서 집단정체성 혹은 집단준거(민족·국가)와의 동일시에 대한 고려가 요청되며, 공동체의식의 중요성에 유의해야 한다는 비평적 관점 또는 부분적인 이의가 제기되었다(Schneider, Hornung). 그로부터 다시 10년 뒤에 이루어진 후속 세미나(1996: '보이텔스바흐 합의는 충분한 것인가?')에서는 정치참여의 전제조건과 가능성, 민주주의와 자유의 중요성에 관하여 학습자가 성찰할 수 있는 기회를 마련해야 한다는 방안이 제시되었다(Breit, 1996: 100; Breit, 2007: 26). 그리고 민주정치문화의 중요한 구성요소로 시민교육을 이해하고, 이 시민교육을 통해 결국 민주주의의 유지·발전에 기여하도록 해야 한다는 제안도 있었다(Sander, 1995: 217; Sander, 1996: 32).

어쨌든 시민교육에 관한 최소합의는 고정불변의 상수로 바라볼 것이 아니라, 오히려 역동적인 담론의 과정을 거치면서 그것 자체가 언제든지 대화와 논쟁의 주제 또는 의제가 될 수 있다는 점에 유의할 필요가 있다. 따라서 이 최소합의는 일종의 합의가설(consensus hypothesis)로 해석하는 것이 더 적절하다(Gagel, 1996: 22). 바로 그렇기 때문에 최대합의가 아니라 오히려 최소합의를 지향하게 된 점을 이해하게 된다. 여기서 최소합의란 학문과 정치, 그리고 시민교육의 장(場)에서 반대의견이나 이의를 제기하는 것이 자명하고 당연하다는 점을 함축하고 있다. 따라서 시민교육에 관하여 서로 경쟁관계에 놓여 있는 개념과 구상 사이의 합의가 중요한 것이 아니라, 오히려 공교육 차원에서 이루어지는 교육적 실천(교수학습)을 위한 규칙이 더 중요한 것이다. 이러한 의미에서 전문가협의회에 참여한 사람들은 최소합의로 정식화된 것을 나중에 받아들이게 되었다. 학교현장에서 실제로 이루어지는 시민교육이 실용적 수준에서 정식화된 합의규칙에 주의를 기울이고 그것을 존중하는 한, 이론적 논쟁·논란은 상대적으로 그 의미와 중요성을 상실했다고 볼 수 있다(Schneider, 1999: 176–177; Bundeszentrale fuer politische Bildung, 2011: 1).

(6) 상기한 세 가지 합의명제를 분석해 보면, 또한 실체적인 내용적 수준에서가 아니라 오히려 상당히 형식적 수준에서 설정되었다는 점을 알아차릴 수 있다. 거꾸로 말하자면, 내용적 차원에서 합의에 도달하기는 그만큼 더 어렵다는 것을 확인하게 된다. 두 번째 합의명제(논쟁점 반영: "학문과 정치에서 논쟁적인 것은 수업에서도 역시 논쟁적으로 나타나도록 해야 한다.")는 물론 교사(강사)와 취급할 내용(주제) 사이의 관계를 포함하고 있다. 그러나 여기서도 특정한 주제·내용을 취급할 것인가 말 것인가가 중요사안이 아니며, 오히려 내용이나 주제의 논쟁적 측면(내용의 형식적 측면)이 더 중요하다.

상기한 사항에 대한 이해를 돕기 위한 참고자료로서 여기서는 보이텔스바흐 합의 관련 전문가협의회(1976, 1986, 1996)에 참석한 발표자 명단 및 발표문 제목을 소개하고자 한다.

| 표 6-1 1976년 전문가협의회(주제: 시민교육에서의 합의문제)에 참석한 발표자 명단 및 발표문 제목

발표자	발표문 제목
피셔(Fischer)	오늘날 정치와 시민교육에서의 합의문제
기제케(Giesecke)	다원주의적 서비스기관으로서의 학교와 시민교육에서의 합의문제
그로써(Grosser)	시민교육에서 최소합의를 위한 기준
호르눙(Hornung)	자유민주주의가 안고 있는 합의의 한계. 체제를 극복하려는 해방적 사회철학과 교육학의 비판에 대한 논평
쉴레(Schiele)	합의를 탐색하기 위한 시도－국가평생교육기관의 과제를 중심으로
슈미더러(Schmiederer)	시민교육에서의 합의문제에 관한 성찰
수토르(Sutor)	헌법과 최소합의. 시민교육을 둘러싼 논쟁에서 기본법의 역할
벨링(Wehling)	보이텔스바흐 방식의 합의?－전문가협의회에 대한 재검토(후기)

출처: Schiele and Schneider (eds.), 1977: 7－8 재구성

| 표 6-2 1986년 전문가협의회(주제: 시민교육에서의 합의와 이의)에 참석한 발표자 명단 및 발표문 제목

발표자	발표문 제목
쉴레(Schiele)	보이텔스바흐 합의 이후 10년
힐리겐(Hilligen)	보이텔스바흐 합의에 대한 교직원의 승인에 관한 추정
슈나이더(Schneider)	보완이 필요한 합의? 시민교육에서 정체성과 동일시의 문제에 대하여
클라우센(Claussen)	다원주의·당파성·합의의 긴장관계 속에서 살펴본 사회과학 지향 시민교육의 문제점
호르눙(Hornung)	해방－정체성－합의. 시민교육의 상태와 기초
가겔(Gagel)	기술·경제변동을 고려한 교수학적 문제－합의에 대한 장애물?
아이젤(Eisel)	독일연방공화국에서 최소합의와 정치문화
게오르게(George)	생활요소로서의 이의: "나는 반항한다, 고로 나는 존재한다."
그로써(Grosser)	정치에 대한 판단에서 어려움의 정도
수토르(Sutor)	역사적 맥락에서 보통교육으로서의 시민교육
벨링(Wehling)	보이텔스바흐 합의 이후 10년－재검토(후기)

출처: Schiele and Schneider (eds.), 1987: V－VI 재구성

| 표 6-3 1996년 전문가협의회(주제: 보이텔스바흐 합의는 충분한 것인가?)에 참석한 발표자 명단 및 발표문 제목

발표자	발표문 제목
쉴레(Schiele)	보이텔스바흐 합의가 나이를 먹고 있다
가겔(Gagel)	역사적 사건으로서의 보이텔스바흐 합의. 현황파악
잔더(Sander)	보이텔스바흐 합의 이후 시민교육
후퍼(Hufer)	이질성이냐 아니면 공통의 중심(근본)사상이냐? 평생교육 차원의 시민교육에서 합의는 어디에 놓여 있는가?
수토르(Sutor)	보이텔스바흐 합의－내용이 없는 형식적 최소합의?
브라이트(Breit)	시민교육의 '서구지향'이 내용적 합의를 위한 기초를 형성할 수 있는가?
바이세노(Weisseno)	"학문과 정치에서 논쟁적인 것은 수업에서도 논쟁적인 것으로 나타나야 한다." 이 요구사항을 실행하는데 있어서 제기되는 문제
호르눙(Hornung)	우리 사회를 결속시키는 것은 무엇인가?
그라메스(Grammes)	수업분석－그동안 교과교육학이 소홀히 다룬 것
쉐르프(Scherb)	최소합의에 대한 실용적·규범적 정당화: 가치지향 시민교육의 기초
슈나이더(Schneider)	공동체의식, 시민사회, 학교－시민지향 시민교육을 위한 변론

출처: Schiele and Schneider (eds.), 1996: V－VI 재구성

여기에 더하여 이른바 '보이텔스바흐 대화(Beutelsbacher Gespraeche)'에 해당하는 회의 혹은 세미나의 주제·일시·장소를 일부 소개하면 다음과 같다.

표 6-4 보이텔스바흐 대화(1976~1996)

"시민교육에서의 합의문제", 1976.11.19~20, Landgut Burg, Weinstadt-Beutelsbach
"규범·가치 전달자로서의 가족", 1978.11.10~11, Hotel Hoehenblick, Muehlhausen/Taele
"시민교육에서의 합의와 이의", 1986.11.28~30, Landgut Burg, Weinstadt-Beutelsbach
"시민교육에서의 합리성과 정서", 1990.11.23~25, Landgut Burg, Weinstadt-Beutelsbach
"시민교육 목표로서의 헌정애국주의", 1993.02.18~20, Haus auf der Alb, Bad Urach
"보이텔스바흐 합의는 충분한 것인가?", 1996.02.26~28, Haus auf der Alb, Bad Urach

출처: Schiele and Schneider (eds.), 1996: 228 재구성

3. 보이텔스바흐 합의를 고려한 시민교육 방안

(1) 다중관점에 지향을 둔 시민교육 방안

교수학습원칙은 복합적이고 다양한 사회정치현상 중에서 시민교육의 학습대상으로서 적절한 부분 혹은 단편을 조명하는 데 지침이 되는 양식이라고 이해할 수 있다. 이 교수학습원칙의 도움을 빌어 사회정치현상을 재구성할 수 있으며 적절한 학습의 대상이 되도록 한다. 주제는 어떤 내용(영역)을 다루기 위한 지향(intention) 혹은 관점(질문·문제제기·과제)과 결합시킬 때 비로소 등장하기 때문에, 교수학습원칙은 수업계획을 위한 주제를 선정하고 개발하는 것을 가능하게 만든다. 다음에 열거하는 교수학습원칙은 분석적으로 서로 구분할 수 있으며, 따라서

시민교육의 대상영역에 대하여 그때그때 서로 다른 접근을 나타낸다. 그러나 동시에 그것들은 서로 보완관계에 놓여 있으며 구체적인 수업 계획에서 서로 겹치는 부분도 있다. 비유를 하자면, 이 교수학습원칙은 교과수준에서 의미가 있고 중요한 문제영역을 다루는 데 있어서 그때그때 서로 다른 학습가능성을 비추는 탐조등(서치라이트)이라고 할 수 있다(Sander, 2007: 190–200; Sander (ed.), 2005: 3–4).

여기서 제시한 여섯 가지 교수학습원칙은 합의문제의 맥락에서 거론한 세 가지 합의사항(주입·교화의 금지, 논쟁점 반영, 이해관계 고려)과 매우 밀접한 관련이 있음을 확인할 수 있다. 즉, 그 세 가지 합의명제가 함축

| 표 6-5 시민교육의 교수학습원칙

학습자 지향	학습대상을 선정하고 구조화하는 데 있어서는 학습자(참여자)의 예비(사전)지식과 선입견·태도와 연결될 수 있도록 하고, 학습자를 행위주체로서 진지하게 받아들이고 그의 생활경험과 학습에 대한 흥미·관심이나 이해관계를 고려해야 한다.
사례학습 (본보기학습)	학습대상을 선정하고 구조화하는 데 있어서는 구체적인 개별 사례 혹은 보기에서 일반화할 수 있는 지식·정보를 습득하도록 해야 한다.
문제지향	학습대상을 선정하고 구조화하는 데 있어서는 사회정치현상의 문제내용을 인식하도록 해야 한다.
논쟁점 반영	학습대상을 선정하고 구조화하는 데 있어서는 사회정치현상의 논쟁적인 구조를 인식할 수 있도록 해야 한다.
활동지향	학습상황에서 학습대상을 주제로 삼을 때 학습자가 능동적으로 활동을 하면서 그 학습대상을 다룰 수 있도록 다양한 기회를 제공해야 한다.
학문지향	학습상황에서 학습대상을 주제로 삼을 때 시민교육에서 제공한 지식과 그것을 다루기 위한 방법적 측면이 사회과학의 배경을 고려할 때 책임 있게 변명할 수 있는 것이어야 한다.

하고 있는 의미를 좀 더 구체적으로 풀이한 것이라고 해석할 수 있다. 상기한 교수학습원칙 중 특히 논쟁점 반영의 원칙을 실제로 구현하고자 하는 방안으로서 최근 다중관점에 지향을 둔 시민교육이 강조되고 있다. 여기서는 이 접근방안에 관해 좀 더 자세하게 기술하고자 한다.

자유민주적 기본질서에 입각한 현대사회에서 시민교육은 관점의 다양성 혹은 다중관점을 소홀히 다루어서는 안 된다. 이것은 특히 세계화·다원화시대의 시민교육이 더 많은 주의와 관심을 기울여야 할 원칙이라고 해석할 수 있다. 시사적인 사회정치현상을 다루는 데 있어서 간학문적인 활동을 통해 습득할 수 있는 능력(역량)을 갖추는 것이 요청된다. 또한 사회정치현상을 다루는 데 있어서 다중관점(Multiperspektivitaet, multiperspective)이 역할을 수행하며, 이때 어떤 정치적·사회적 현상에 대해 서로 다른 관점을 표출할 수 있는 기반을 마련하는 것이 중요하다(Evens, 2016: 17). 상기한 논쟁점 반영의 원칙은 특히 다중관점의 교수학습원칙을 통해 실천에 옮길 수 있다. 이때 학습자는 타자의 눈으로 바라보는 능력을 갖추게 되고 관점의 변경에 도달할 수 있다. 공감은 시험적으로 타자의 마음속으로 들어가 그 타자의 관점이나 입장을 취득할 수 있는 능력을 지칭한다(Grammes, 2005: 134–135).

그러나 사람들이 이러한 원칙을 늘 준수하는 것은 아니다. 학교 시민교육에서 이 규범적 원칙을 얼마나 잘 준수하는가의 질문은 경험적으로 확인해야 할 성질의 것이다. 권위적인 학교문화나 정치문화가 지배적으로 작용하는 곳에서는 소여성(所與性)이라는 의미에서 이미 주어진 입장이나 관점을 밀어붙이기 위한 수단이나 도구로 시민교육을 활용하려는 경향이 강하다. 오늘날에도 이러한 것을 여러 교육현장에서 관찰할 수 있다. 시민교육을 단순히 도구로 이해할 경우, 교육의 대상인 사회정치현상을 내용적 측면에서 적절하게 다루기 어려울 것이며, 또한 교육기관·단체에 대한 자유민주적 기본질서의 요구사항에 부응하기도 어려울 것이다.

관점의 다양성 혹은 다중관점이 시민교육을 특징짓는 중요한 요소라는 것은 상기한 시민교육의 합의문제에 관한 세미나(1976)에서 나온 최소합의사항에서도 다시 확인할 수 있다. 그동안 이 최소합의사항에 대하여 효과성, 실천적 어려움, 수정·보완할 측면에서 부분적으로 논란이 계속되었지만(Schneider, 1999: 175–176; Breit, 2007: 25–28; Widmeier and Zorn, 2016: 10–11; Daeuble, 2016: 457; Weisseno, 2017: 53–54), 오늘날 대체로 시민교육의 방향을 설정해주는 기본적인 지침으로서 널리 받아들여지고 있다(Sander, 2009: 49–50; Pohl, 2015: 3–4; 허영식, 2017a: 132–133; 허영식, 2017b: 49).

이 합의사항을 자세히 살펴보면, 다른 의견 혹은 이의를 제기하는 것이 정당하다는 점, 이를 거꾸로 표현하면 관점의 다양성 혹은 다중관점이 필요하다는 점이 강조되고 있다(Widmeier and Zorn, 2016: 11). 오래된 정치이론의 통찰과 가정에 따르면, 논쟁적 해석을 전혀 고려하지 않고 사회정치현상을 적절하게 다룰 수 없다. 인간이 서로 상이하고,

| 그림 6-1 수업상황에서 교사–주제–학습자의 상호관계

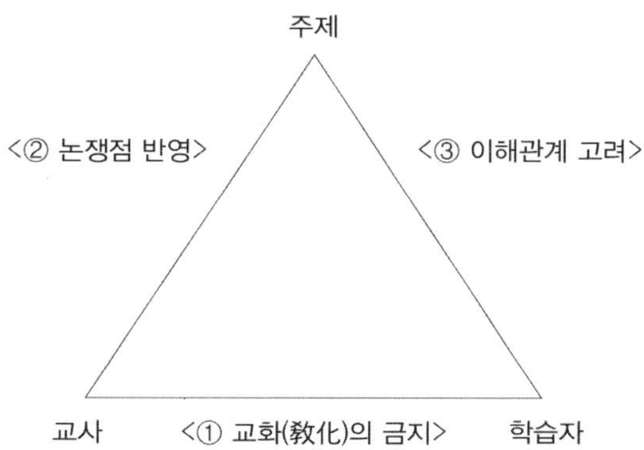

출처: Grammes, 1996: 145 재구성

공동생활에 대하여 상이한 이해관계와 대립적인 입장·의견을 갖고 있기 때문에, 공동의 사안 혹은 공공적인 일을 다루는 데 있어서 정치라고 하는 조절·조정의 메커니즘(기제)이 요청된다.

상이하고 다양한 이해관계가 조우·상충하기 때문에 경우에 따라 타협·합의에 도달해야 하며, 바로 그렇기 때문에 사람들의 사회적 공동생활이 정치적인 문제가 된다. 객관적으로 최선의 해결책을 탐색하는 일은 유능한 전문가가 일차적으로 떠맡아야 할 과제이며, 정치가 더 주안점을 두어야 할 일은 상호 모순되는 이해관계로 인하여 갈등상황이 발생할 경우 그 갈등상황을 조정·조절하는 것이다. 다시 말하면, 정치적 사고와 판단에서는 객관적인 것이 무엇인가의 문제보다 당사자·참여자가 그 무엇을 어떤 시각·관점·입장에서 바라보는가의 문제가 더 중요하다(Sander, 2009: 51; 허영식, 2017a: 133-134).

결국 사회정치적 현실은 당사자·참여자가 해석하는 것으로 구성된다. 물론 해석의 관철을 위한 능력과 기회는 평등하지 못할 수 있으며, 특정한 입장·관점을 완력·폭력으로 관철시키거나 다른 입장·관점을 억압하거나 배척할 수 있다. 하지만 부인할 수 없는 점은 이해관계와 제도, 사회적 환경과 사회집단, 국민·민족과 관련된 현실은 당사자·참여자의 해석(의미부여)을 고려하지 않고는 적절하게 다룰 수 없다.

다른 정치적 질서와 비교할 때, 특히 자유민주적 기본질서에 입각한 사회와 국가가 보여주는 특징은 상이하거나 다양한 입장·관점을 나름대로 정당한 것으로 인정하고 개인에게 자신의 입장·관점을 대변하거나 옹호할 수 있는 자유·권리를 보장하는 데에서 찾을 수 있다. 이러한 점을 고려할 때, 다중관점에 기반을 둔 교육은 자유민주적 기본질서의 조건을 갖춘 곳에서 실제로 실행이 가능할 것이라고 기대할 수 있다. 이것을 역으로 표현하면, 자유민주적 기본질서는 다중관점에 입각한 시민교육을 요청한다. 즉, 국가의 명령에 따라 특정한 정견·심정·신조를 일방적으로 주입하려는 교육을 관철시킴으로써 학습자의 기본권을 제한하지 않으려면 다중관점에 지향을 둔 시민교육이 요청된다(Sander, 2009: 51; 허영식, 2017a: 134).

자유민주적 기본질서에 입각한 국가와 사회에서 요청되는 시민교육은 가능하면 다중관점을 고려하면서 내용적 대상인 사회정치현상을 취급해야 한다. 다중관점에 지향을 둔 시민교육은 차이·다양성, 관점취득과 관점변경을 더 적절하게 고려하고자 하며, 상기한 논쟁점 반영의 원칙을 실제로 구현하고자 시도한다. 이러한 취지에 부응하기 위한 방법·기법으로는 디베이트(찬반대립토의), 전문가면담, 워크숍, 그리고 여러 가지 심미적 기법을 들 수 있다(Sander, 2009: 51–52; Pohl, 2015: 6–7; 허영식, 2017a: 135; 허영식, 2017b: 50–51). 또한 다중관점에 지향을 둔 수업·학습에 초점을 맞추어 볼 때, 정반합(正反合)에 입각한 변증법적 사고과정을 적극적으로 활용할 필요가 있다. 여기서 변증법지향수업 혹은 변증법지향학습의 절차를 예시하면 다음과 같다.

| 표 6-6 다중관점 지향 시민교육 방안: 변증법지향수업의 절차

(1) 도입단계
- 출발점 확인 차원에서 학습자의 선입견·편견 혹은 선(先)이해·선지식·선이론을 알아볼 수 있도록 도입단계를 구상한다.

(2) 전개단계
- 전개단계, 즉 관점취득 혹은 다중관점의 적용단계에서는 공감능력을 발휘하여 타자의 마음(사고와 감정) 속으로 들어간 다음, 그 타자의 입장·관점에서 사물이나 인간관계를 바라볼 수 있는 기회를 제공한다.
- 이때 일차적으로 내부의 관점(당사자·참여자의 관점, 너와 나의 관점, 이믹(emic)의 관점)에서 바라보는 데 중점을 둔 관점취득을 넘어서서, 가능하면 보다 더 객관적 수준에서 외부의 관점(관찰자의 관점, 제3자의 관점, 에틱(etic)의 관점)을 고려할 수 있는 학습기회도 마련해 주어야 한다.

– 그리고 한 걸음 더 나아가서, 수업상황이나 여건이 허락할 경우, 내부·외부의 관점과 더불어 동시에 여러 가지 다양한 관점을 고려할 수 있는 다중관점의 함양·신장에도 주의를 기울여야 한다.

(3) 정리단계

– 정리단계에서는 한편으로 도입단계에서 확인한 출발점, 즉 학습자 자신의 생각이나 견해·입장(正)과 다른 한편으로 전개단계에서 살펴본 타자의 내부적 관점, 보다 더 객관적인 외부의 관점, 다중관점 따위(反)를 서로 대조·대비하면서 학습자가 자신의 관점을 변경했는지의 여부, 그리고 변경한 경우 무엇을 어떻게 어느 정도로 변경했는지를 확인할 수 있다(合).
– 즉, 정리단계에서는 관점변경의 여부를 확인하는 것이 중요하다.
– 하지만 이때 관점변경을 억지로 이끌어내지 않도록 유의해야 한다.
– 왜냐하면 만약 그럴 경우 시민교육의 중요한 원칙(주입·교화의 금지)에 어긋날 수 있기 때문이다.

출처: 허영식, 2017a: iv – v 재구성

여기에 더하여 보이텔스바흐 합의를 반영한 수업에 대한 성찰(분석·평가)에서 관찰할 수 있는 문제점과 한계를 소개하면 다음과 같다.

| 표 6-7 수업분석에서 드러난 보이텔스바흐 합의의 문제점과 한계

(1) 주입·교화의 금지 원칙과 관련된 문제점과 한계

– 도덕적 호소와 과장을 통한 주입·교화
– 도덕적 관점에서 바라보는 현실분석과 정치적 올바름(political correctness: 사회적 약자에 대한 배려; 편견·차별과 관련된 발언이나 행동 자제)에 입각한 미디어 형식을 계속해서 취득함으로써 미묘한 주입·교화가 발생할 수 있음(정치적 올바름의 미명 아래 정당한 토론을 방해할 경우 '잘못된 관용'이라는 비판을 받을 수 있음)
– 학습자의 정당한 이의제기를 간과하거나 못들은 척하거나 소홀히 다룸
– 서로 다른 관점을 성급하게 조화시키려는 경향

(2) 논쟁점 반영의 원칙과 관련된 문제점과 한계
- 인위적으로 구성된 학교지식의 측면에서 바라볼 때, 외관상 논쟁점이 있는 것처럼 연출하려는 경향
- 특히 간문화주제와 관련하여 사회에 대하여 서로 양립하기 어려운 관점과 시각이 있다는 점을 고려할 때, 단순히 관점의 상대주의, 가치상대주의(모든 것이 다 일리가 있거나 좋음)로 흐르는 경향
- 교사의 발문이 안고 있는 3중의 구조(triple structure: 교사의 발문－학생의 답변－답변에 대한 확증이나 거부)와 관련하여, 성급하게 교사의 평가와 검열이 작용할 수 있음
- 관점의 대립 혹은 대면(confrontation)보다는 오히려 성급한 절충주의나 서로 다른 관점의 단순한 융합이나 혼합(conflation, patchwork)으로 흐를 수 있는 경향

(3) 학습자의 이해관계 고려 원칙과 관련된 문제점과 한계
- 학습자의 흥미·관심을 끌기 위한 동기유발 자료가 오히려 학습자의 흥미·관심을 줄어들게 할 수가 있음
- 진지한 협상 대신에 냉소적이거나 아이러니컬한 냉정함(coolness)으로 흐르는 경향
- 성급하게 유추(analogy: 주어진 두 가지 사실에서 하나의 단일한 특징을 찾는 일)하려는 경향. 이럴 경우, 복합적인 사회정치현상을 지나치게 단순화하거나 잘못된 판단으로 나아갈 수 있음
- 흑백논리(혹은 성급하게 선과 악으로 구분)로 흐를 수 있는 경향. 베버(Weber)의 용어를 빌려 언급하자면, 심정윤리(ethic of sentiment: 도덕적 엄격주의, 엄숙주의)에서 벗어나지 못함으로써 책임윤리(ethic of responsibility)의 측면을 제대로 고려할 수 없음

출처: Grammes, 1996: 147－162 재구성

(2) 담론윤리에 지향을 둔 시민교육 방안

보이텔스바흐 합의는 적어도 시민교육 영역에서 대화를 다시금 가능하게 만들었다는 점에서 소위 '정치적 지리학'의 개념으로 지칭되었던 기존의 보수·진보 진영논리를 상당 부분 지양(止揚)할 수 있었다. 이

| 표 6-8 보이텔스바흐 합의, 개방성의 차원, 담론규칙 사이의 친화성

보이텔스바흐 합의의 원칙	개방성의 차원	담론규칙
(1) 주입·교화의 금지 (2) 논쟁점 반영	– 동등한 권리를 갖고 있는 참여자들이 대화공동체에 자유롭게 접근할 수 있다. – 서로 다른 입장을 표출할 수 있는 가능성이 있다.	– 대화수준에서의 담론규칙: ① 말할 수 있는 사람은 누구나 담론에 참여할 수 있다. ② 누구나 모든 주장을 문제시할 수 있고, 누구나 모든 주장을 담론에 끌어들일 수 있으며, 누구나 자신의 태도·소망·필요를 진술할 수 있다. ③ 상기한 두 가지 규칙, 즉 ①과 ②에 포함된 권리를 행사하는 데 있어서 어떤 화자(話者)도 방해를 받아서는 안 된다.
(3) 이해관계 고려	– 동등한 권리를 갖고 일반적으로 대화공동체에 참여가 가능하며, 대화공동체에서 이해관계를 대변할 수 있다.	– 담론윤리적 근거를 제시하는 규칙: 모든 타당한 규범은 다음 조건을 충족시켜야 한다. 즉, 모든 각자의 이해관계를 만족시키기 위해 규범을 일반적으로 따를 때 나타나는 결과 및 부수효과를 모든 당사자가 강제 받지 않고 받아들일 수 있어야 한다.

출처: Scherb, 1996: 182–183; Habermas, 1983: 99, 103 재구성

러한 측면에서 바라볼 때, 이미 위에서 언급한 바와 같이, 벨링(Wehling)이 세 가지 원칙 혹은 명제로 정식화한 합의사항은 시민교육의 역사에서 흔히 '실용적 전환'의 국면으로 지칭된 더 큰 맥락에 포함시킬 수 있다. 또한 다원주의적 민주주의 혹은 개방사회에 부응할 수 있는 시민교육에서 일반적으로 개방성에 대한 요청사항이 제기되고 있다는 점을 고려할 때, 보이텔스바흐 합의는 그러한 개방성의 요구를 수업실천에서 구체화하려는 시도라고 해석할 수 있다. 그리고 이 개방성에 대한 요청사항은 시민교육에서 담론윤리의 요소를 통합시킬 수 있는 가능성을 열어주고 있다. <표 6-8>은 보이텔스바흐 합의의 세 가지 요소가 개방성에 대한 요청사항 및 이에 대응하는 담론규칙과 친화성을 갖고 결합될 수 있다는 점을 보여주고 있다(Scherb, 1996: 182).

시민교육이 이루어지고 있는 현장의 조직구조를 고려할 때, 우선 한 가지 제한사항을 지적하자면, 보이텔스바흐 합의는 '대화공동체에의 자유로운 접근'의 개방성 차원에 대해서는 명시적으로 대응하는 요소를 포함하지 않고 있다. 대화공동체에의 자유로운 접근은 단지 외적인 구조적 소여성(所與性), 즉 학급구조나 학교구조에 의해서만 제한된다고 볼 수 있다. 따라서 자유로운 대화공동체의 보장이라는 개방성 차원은 보이텔스바흐 합의에서는 우선 시민교육이 이루어지는 현장의 내부영역에 국한되어 있다. 이에 대한 근거는 교사에 대한 학생의 부작위(不作爲)요구에서 찾을 수 있다. 즉, 학생의 부작위요구는 교사의 개입과 간섭에 대해 한계를 설정하며, 교사의 적극적인 참여를 주입·교화의 금지라는 조건하에 놓는다. 그러므로 교사의 참여자역할은 주로 토의·토론의 균형과 조화를 보장해야 하는 과제에 집중되어 있다. '서로 다른 입장의 표출 가능성' 보장이라는 개방성 차원은 보이텔스바흐 합의의 두 번째 요소에 명시적으로 반영되어 있다. 그런데 이 개방성 차원은 주입·교화의 금지를 제3자효과라는 의미에서도 해석해야 한다는 점을 포함하고 있다. 왜냐하면 주입·교화의 문제는 교사와 학생 사이의 관계에서뿐만 아니라 학생과 학생 사이의 관계에서도 역시 존재하기 때문이다(Scherb, 1996: 184).

보이텔스바흐 합의의 세 번째 요소는 시민교육의 과제가 학습자의 능동적인 역량강화에 놓여 있다는 점을 정식화하고 있다. 그런데 여기에 해당하는 개방성의 개념은 이해관계를 대변하는 데 있어서 효용성(실용성)에 대한 고려가 귀결에 대한 예측을 포함할 것을 요구하고 있다. 즉, '결과주의적 공리주의'(Scherb, 1996: 181)라는 의미에서 행위의 귀결(결과)에 대한 예측 혹은 영향평가를 포함할 것을 암시하고 있다. 동등한 권리를 갖고 일반적으로 대화공동체에 참여하고, 거기서 이해관계를 대변할 수 있는 능력을 길러주어야 한다는 개방성의 차원은 책임윤리의 구성요소를 지니고 있다. 하버마스의 담론윤리에 따르면, 장기적으로 바라볼 때 소통의 단절로 인하여 자신의 이해관계에 어긋나는 결과가 나타날 수 있으며, 이럴 경우 우리는 담론의 한계를 확인할 수 있다. 이와 같은 책임윤리의 구성요소는 한편으로 담론윤리의 근거가 되는 규칙(모든 타당한 규범은 다음 조건을 충족시켜야 한다. 즉, 모든 각자의 이해관계를 만족시키기 위해 규범을 일반적으로 따를 때 나타나는 결과 및 부수효과를 모든 당사자가 강제 받지 않고 받아들일 수 있어야 한다.)에 포함되어 있다(Habermas, 1983: 103; Scherb, 1996: 184).

또한 책임윤리의 구성요소는 다른 한편으로 보이텔스바흐 합의의 세 번째 원칙에 대한 슈나이더(Schneider)의 재정식화(수정안)에 포함되어 있다. 슈나이더는 제1차 재정식화(1987)에 이어서 이것을 다시 약간 교정한 제2차 재정식화를 다음과 같이 진술하였다. "학생(성인)은 정치적 문제를 분석하고, 그것으로 영향을 받은 당사자의 상태 속으로 들어가며, 사회적 공동생활 및 여러 가지 형태의 공동체에 대한 공동책임을 고려하면서 잘 이해된 자신의 이해관계라는 의미에서 문제해결에 영향을 줄 수 있는 수단과 방도를 찾을 수 있도록 해야 한다”(Schneider, 1996: 220). 이미 앞에서도 언급한 바와 같이, 슈나이더는 원래 보이텔스바흐 합의(1976)의 세 번째 원칙(이해관계 고려)에 포함된 이해관계의 개념이 지나치게 개인주의에 경도되어 해석될 수 있다는 위험성을 경고하면서, 이를 보완하는 차원에서 사회 전체에 대한 공동책임 혹은 공익에 대한 관점을 동시에 고려해야 한다는 점을 이미 제1차 재정식화에서 강조하였다. 보이텔스바흐 합의가 안고 있는 불균형(자기계발가치의 지나친 강조)을 줄이고, 자기이익과 공익 사이의 가치공생(價値共生) 혹은 가치종합이라는 의미에서 사회적 책임도 적절하게 고려해야 한다는 점을 강조한 것이다(Schneider, 1987: 30; Schneider, 1999: 176; Scherb, 1996: 190). 즉, 이미 토크빌(Tocqueviile)이 강조한 바가 있고, 오늘날 공동체주의에서 부각시키고 있는 ‘잘 이해된 자신의 이해관계’(다른 사람들에게 도움을 준다면 자기 자신에게도 유익한 이해관계) 혹은 ‘계몽된 자기이익’(Hoeffe)이라는 의미에서 이해관계의 개념을 분화시켜 고려할 것을 제안하였다(Schneider, 1996: 202; Scherb, 1996: 177, 184).

담론윤리에 지향을 둔 시민교육에서 피해갈 수 없는 근본적인 문제 중의 하나는 가치전달과 가치상대주의 사이의 긴장관계이다. 이 양극(가치전달과 가치상대주의)을 고려할 때, 두 가지 질문이 제기된다. 첫째, 가치상대주의에 빠지지 않으면서 도덕적 자기결정에 대한 요구사항에 유의하는 시민교육은 어떤 형태를 취할 수 있는가? 둘째, 주입·교화의 위험성을 피해가면서 가치명료화 과정의 임의성을 어떻게 막을 것인가? 다원적·이질적 사회에서 존재하는 가치·규범의 논쟁적인 측면을 고려할 때, 개인과 관련된 자기명료화를 위해 단지 경험적인 도움을 주는 가치명료화 과정은 결과의 임의성을 방지할 수 없다. 도덕적 자기결정과 상대주의의 양극성 혹은 대립관계를 적절히 다루기 위한 방안으로는 개방성과 판단능력함양 사이의 연관성을 밝히려는 시도를 들 수 있다. 다원적 사회에서 요청되는 실용적 최소합의로서의 개방성에 부응하기 위해서는, 그리고 주입·교화의 금지라는 원칙에 부응하기 위해서는 수업을 담당하는 교사는 단지 학습자의 판단능력을 길러주어야 한다는 과제를 떠맡을 수밖에 없다. 즉, 학습자가 책임의식을 담보한 도덕적 자기결정을 할 수 있는 능력을 함양·신장할 수 있는 가능성을 열어주어야 한다(Scherb, 1996: 188–189).

다중관점에 지향을 둔 시민교육 방안을 기술하면서 제시했던 도식(수업상황에서 교사–주제–학습자의 상호관계)과 연관시켜볼 때, 담론윤리에 지향을 둔 시민교육에서도 역시 교사·학생·수업주제 사이의 삼각관계 혹은 긴장관계가 대화적·담론적 형태 속에서 이루어져야 하며, 이때 학습문제를 다루는 데 있어서 학습자가 가능하면 근거·이유가 있고 책임을 질 수 있는 판단을 내릴 수 있도록 해야 한다. 수업의 도입·전개 단계에서 교사가 안고 있는 과제는 정보·지식을 마련해준다는 의미에서 학습자의 능력을 함양·신장시키는 데 놓여 있다. 여기서 주입·교화의 금지 원칙에 유의할 때, 일상에서 정보전달의 가장 효과적인 방법으로 흔히 간주되고 있는 교사중심수업(보기: 정면수업)에 국한시킬 필요는 없다. 또한 논쟁점 반영의 원칙에 유의할 때, 이 도입·전개 단계에서 서로 만나거나 맞붙는 것, 즉 이미 현존하는 선판단(선입견·편견·고정관념·가정 따위)도 역시 정보습득의 과정을 작동시킬 수 있다. 이러한 전제조건하에서 학습자는 어디까지나 잠정적인 것 혹은 일시적인 것을 말하는 것이기 때문에, 여기서 판단능력의 함양·신장은 거의 완결시킬 수 없는 판단의 과정 혹은 판단형성의 과정이 이루어진다는 것을 의미한다(Scherb, 1996: 189).

하지만 도덕적 자기결정이라는 의미에서 학습자 개인의 자율성을 키우는 데 있어서는, 지속적인 과정을 거치면서 보편주의적인 기준(인권·민주주의·법치주의)에 비추어보면서 성찰적으로 자신의 정체성과 집단

정체성을 형성해 나가야 한다는 목표를 시야에서 놓쳐서는 안 될 것이다. 이 맥락에서 책임윤리의 관점에서 이해해야 할 요구사항, 즉 판단형성의 성찰성에 대한 요청사항에 주의를 기울일 필요가 있다. 왜냐하면 책임윤리에 입각한 성찰을 통하여 비로소 수업에서 정치적·도덕적 판단의 임의성에서 벗어날 수 있기 때문이다. 이때 성찰은 두 가지 단계로 구분할 수 있다. 첫째 단계에서는 어떤 사회정치적 문제에 관한 학습자의 발설·진술에 대해 담론절차에 의거하여 판단·평가할 수 있다. 개인적인 판단근거에 대한 성찰은 자신의 주장을 정당화하고 다른 학습자가 자신의 주장에 대해 판단·평가하는 과정을 거치면서 수행된다. 개인적인 판단근거에 대해 서로 다른 관점에서 판단·평가하는 과정을 거치면서 타당성·중요성에 따라 비중을 달리하거나 위계질서를 형성할 수 있다. 둘째 단계에서는 사회 전체의 관점을 도입하게 된다. 만약 개인주의적 시각에서만 바라볼 경우 개인은 단독행위자로 간주되고 따라서 도덕적으로 일방적이라는 부담을 지게 될 것이다. 이러한 편협한 사고방식에서 벗어나도록 하기 위해서는 사회 전체의 관점을 도입할 필요가 있다. 또한 사회적·역사적 맥락을 고려함으로써 자신의 판단이 수반할 수 있는 사회정치적 귀결을 헤아리고, 따라서 사회 전체의 관점에서 자신의 논증·논거가 지닌 타당성·적절성·지탱능력을 살펴볼 수 있게 된다(Scherb, 1996: 190).

수업주제가 학습자의 생활세계(미시세계)에서 나온 것이고 학습자 자신의 이해관계와 직접 관련이 있을 경우에도 역시 판단형성과정의 구조는 가능하면 책임윤리의 관점을 반영할 수 있도록 해야 한다. 즉, 하버마스가 제시한 담론윤리적 근거규칙이나 슈나이더가 재정식화한 보이텔스바흐 합의 제3명제에 입각하여, 자기의 이익과 공익 사이의 가치공생 혹은 가치종합이라는 의미에서 학습자의 판단능력을 함양·신장시켜야 하는 과제를 수행해야 할 것이다(Habermas, 1983: 103; Schneider,

1996: 220; Scherb, 1996: 190).

이상에서 논의한 다중관점 및 담론윤리 지향 시민교육 방안에 관해서는 앞으로 적용가능성과 적절성을 확인하고 검토하기 위한 차원에서 수업분석을 통하여 경험적 연구를 수행할 필요가 있다고 본다. 또한 보이텔스바흐 합의의 세 가지 원칙이 수업실천에서 어떻게 구체적으로 반영될 수 있는가의 질문과 관련해서도 경험적인 연구가 요청되며, 이때 특히 내러티브 접근방법을 적용하는 것이 바람직할 것으로 보인다. 여기에 더하여 체험중심 교육방안의 가능성과 적절성에 대한 검토도 요청된다(강현석, 2016: 339-342; 유제순, 2017: 300-301).

이 장은 보이텔스바흐 합의에 관한 담론과 함의를 살펴보는 데 목적을 두었다. 이 글에서 제시하고자 하는 주요사항은 다음과 같이 몇 가지 명제로 정식화할 수 있다.

첫째, 보이텔스바흐 합의와 관련해서는 합의사항을 일종의 합의가설로 받아들여야 하며, 최대합의가 아니라 최소합의를 지향할 수밖에 없었다는 점, 그리고 실체적 내용의 차원이 아니라 형식적 차원에서 최소합의사항이 정식화되었다는 점에 유의할 필요가 있다.

둘째, 보이텔스바흐 합의에 관한 담론과정에서 살펴본 바와 같이, 제3명제(이해관계 고려)를 재정식화하려는 시도에서는 자기의 이익과 공익의 가치공생 혹은 가치종합이라는 의미에서 타자의 이해관계와 더불어 사회 전체의 이해관계를 소홀히 다루어서는 안 된다는 점을 강조하고 있다. 또한 내용적 차원보다는 형식적 차원에 치중하여 정식화된 최소합의에 대한 문제의식에서 출발하여, 자유와 민주주의의 의미와 중요성, 정치참여의 전제조건과 가능성을 강조한 입장, 민주정치문화의 일부분으로서 시민교육을 이해해야 한다는 점을 강조한 입장을 고려할 때, 특히 다중관점과 담론윤리에 지향을 둔 시민교육 방안을 모색할 필요가 있다.

셋째, 이러한 맥락에서 시민교육은 가능하면 다중관점을 고려하여 사회정치현상을 다루어야 한다. 다중관점에 입각한 시민교육은 논쟁점 반영의 원칙을 구현하고자 하며, 관점취득과 관점변경, 그리고 차이와 다양성을 더 많이 고려하고자 한다. 이러한 교육적 방안은 여러 가지 서로 다른 입장이나 관점을 비평적으로 다루면서 학습자가 자신의 사고·판단·행위능력을 함양·신장시킬 수 있도록 도와주어야 한다.

넷째, 시민교육은 또한 담론윤리에 지향을 둔 방안에 주의를 기울일 필요가 있다. 이상적인 담론상황을 위해 설정한 담론규칙(대화규칙)은 다원적 민주사회에서 요청되는 개방성을 과정적 측면에서 구체화한다고 간주할 수 있으며, 보이텔스바흐 합의와도 상당히 친화성이 있음을 확인할 수 있다. 이 맥락에서 시민교육은 학습자의 판단능력을 함양·신장시키는 데 주안점을 두어야 하며, 이때 판단형성과정의 성찰적 구조(즉, 책임윤리의 요소 반영)를 통하여 판단형성의 임의성을 피하도록 하는 것이 바람직하다. 책임윤리의 요소를 반영한 성찰과정은 개인적 관점의 수준과 공익관점의 수준으로 분화시킬 수 있다.

요/약

이 글은 보이텔스바흐 합의에 관한 담론과 함의를 살펴보는 데 목적을 두었다. 본고에서 제시하고자 하는 주요사항은 다음과 같이 몇 가지 명제로 정식화할 수 있다. 첫째, 보이텔스바흐 합의와 관련해서는 합의사항을 일종의 합의가설로 받아들여야 하며, 최대합의가 아니라 최소합의를 지향할 수밖에 없었다는 점, 그리고 실체적 내용의 차원이 아니라 형식적 차원에서 최소합의사항이 정식화되었다는 점에 유의할 필요가 있다. 둘째, 제3명제(이해관계 고려)의 재정식화를 통해 자기의 이익과 공익의 가치공생을 강조한 입장, 자유와 민주주의의 의미와 중요성, 정치참여의 전제조건과 가능성을 강조한 입장, 민주정치문화의 일부분으로서 시민교육을 이해해야 한다는 점을 강조한 입장을 고려할 때, 특히 다중관점과 담론윤리에 지향을 둔 시민교육 방안을 모색할 필요가 있다. 셋째, 다중관점에 입각한 시민교육 방안은 논쟁점 반영의 원칙을 구현하고자 하며, 관점취득과 관점변경, 그리고 차이와 다양성을 더 많이 고려하고자 한다. 넷째, 담론윤리에 지향을 둔 시민교육 방안은 학습자의 판단능력을 함양·신장시키는 데 주안점을 두어야 하며, 이때 개인적 관점과 공익관점의 가치종합이라는 의미에서 책임윤리의 요소를 반영한 성찰과정이 이루어지도록 유의해야 한다.

06 참고문헌

강현석. 『인문·사회과학의 새로운 연구방법론. 내러티브학 탐구』. 서울: 한국문화사, 2016.

유제순. "교과와 창의적 체험활동의 통합적 설계를 통한 민주시민교육 방안." 『공정사회와 민주시민교육』. 한국민주시민교육학회 민주시민교육 특별학술대회 자료집(2017), pp. 283-303.

잔더, 볼프강. "독일 정치교육의 역사, 이론적 구상, 최근의 도전." 전득주·페터 마싱·허영식 편. 『민주시민교육의 이론과 실제』. 서울: 엠-애드, 2006, pp. 9-27.

장은주 외. 『왜 그리고 어떤 민주시민교육인가?-한국형 학교 민주시민교육의 이론적 기초에 대한 연구』. 수원: 경기도교육연구원, 2014.

최영돈. "독일의 정치교육과 관점의 다양성에 대한 사회적 합의: 보이텔스바흐 합의." 『사회적 합의 형성 기반으로서의 민주시민교육』. 선거연수원 제12회 민주시민교육 국제심포지엄 자료집 (2016), pp. 70-77.

허영식. "독일 정치교육 논쟁사: 갈등과 합의." 한국교원대학교 박사학위논문. 1999.

허영식. 『다양성과 세계시민교육』. 서울: 박영스토리, 2017a.

허영식. "독일의 정치교육: 합의문제와 다중관점." 『세계시민』. 제10호 (2017b), pp. 44-51.

Breit, G. "Kann die Westorientierung der politischen Bildung die Grundlage fuer einen inhaltlichen Konsens bilden?" Schiele, S. and Schneider, H. (eds.). *Reicht der Beutelsbacher Konsens?* Schwalbach/Ts.: Wochenschau, 1996, pp. 81-106.

Breit, G. "Beutelsbacher Konsens." Weisseno, G. et al. (eds.). *Woerterbuch Politische Bildung*. Schwalbach/Ts.: Wochenschau, 2007, pp. 21-29.

Bundeszentrale fuer politische Bildung. "Beutelsbacher Konsens."
http://www.bpb.de/die-bpb/51310/beutelsbacher-konsens (2011; 2017년 11월 23일 검색).

Daeuble, H. "Der fruchtbare Dissens um den Beutelsbacher Konsens." *Gesellschaft·Wirtschaft·Politik*. No. 4 (2016), pp. 449-458.

Evens, J. "Post-unification civic education for democracy in the former East German region: Focused on social consensus."『사회적 합의 형성 기반으로서의 민주시민교육』. 선거연수원 제12회 민주시민교육 국제심포지엄 자료집 (2016), pp. 5-21.

Gagel, W. *Geschichte der politischen Bildung in der Bundesrepublik 1945-1989*. Opladen: Leske+Budrich, 1995.

Gagel, W. "Der Beutelsbacher Konsens als historisches Ereignis. Eine Bestandsaufnahme." Schiele, S. and Schneider, H. (eds.). *Reicht der Beutelsbacher Konsens?* Schwalbach/Ts.: Wochenschau, 1996, pp. 14-28.

Grammes, T. "Unterrichtsanalyse-ein Defizit der Fachdidaktik." Schiele, S. and Schneider, H. (eds.). *Reicht der Beutelsbacher Konsens?* Schwalbach/Ts.: Wochenschau, 1996, pp. 143-169.

Grammes, T. "Kontroversitaet." Sander, W. (ed.). *Handbuch politische Bildung*. Schwalbach/Ts.: Wochenschau, 2005: pp. 126-145.

Habermas, J. *Moralbewusstsein und kommunikatives Handeln*. Frankfurt/M.: Suhrkamp, 1983.

Huh, Young-Sik. *Interesse und Identitaet. Eine Untersuchung zu Wertbezuegen, Zielen, Inhalten und Methoden des politischen Unterrichts nach dem Beutelsbacher Konsens*. Frankfurt/M.: Peter Lang, 1993. (Zugl.: Frankfurt (Main), Univ., Diss., 1992).

Pohl, K. "Kontroversitaet: Wie weit geht das Kontroversitaetsgebot fuer die politische Bildung?."
http://www.bpb.de/gesellschaft/kultur/politische-bildung/193225/kontroversitaet (2015; 2017년 11월 23일 검색).

Sander, W. "Rechtsextremismus als paedagogische Herausforderung fuer Schule und politische Bildung." Bundeszentrale fuer politische Bildung. (ed.). *Verantwortung in einer unuebersichtlichen Welt. Aufgaben wertorientierter politischer Bildung*. Bonn: bpb, 1995, pp. 215－226.

Sander, W. "Politische Bildung nach dem Beutelsbacher Konsens." Schiele, S. and Schneider, H. (eds.). *Reicht der Beutelsbacher Konsens?* Schwalbach/Ts.: Wochenschau, 1996, pp. 29－38.

Sander, W. *Poltik entdecken－Freiheit leben: Didaktische Grundlagen politischer Bildung*. Schwalbach/Ts.: Wochenschau, 2007.

Sander, W. "Anstiftung zur Freiheit－Aufgaben und Ziele politischer Bildung in einer Welt der Differenz." Overwien, B. and Rathenow, H.－F. (eds.). *Globalisierung fordert politische Bildung*. Opladen: Barbara Budrich, 2009, pp. 49－61.

Sander, W. (ed.). *Handbuch politische Bildung*. Schwalbach/Ts.: Wochenschau, 2005.

Scherb, A. "Pragmatisch－normative Minimalkonsensbegruendung als Grundlage wertorientierter politischer Bildung." Schiele, S. and Schneider, H. (eds.). *Reicht der Beutelsbacher Konsens?* Schwalbach/Ts.: Wochenschau, 1996, pp. 170－ 198.

Schiele, S. "Der Beutelsbacher Konsens kommt in die Jahre." Schiele, S. and Schneider, H. (eds.). *Reicht der Beutelsbacher Konsens?* Schwalbach/Ts.: Wochenschau, 1996, pp. 1－13.

Schiele, S. and Schneider, H. (eds.). *Konsensproblem in der politischen Bildung*. Stuttgart: Klett, 1977.

Schiele, S. and Schneider, H. (eds.). *Konsens und Dissens in der politischen Bildung*. Stuttgart: Metzler, 1987.

Schiele, S. and Schneider, H. (eds.). *Reicht der Beutelsbacher Konsens?* Schwalbach/Ts.: Wochenschau, 1996.

Schmiederer, R. "Einige Ueberlegungen zum Konsensproblem in der politischen Bildung." Schiele, S. and Schneider, H. (eds.). *Konsensproblem in der politischen Bildung*. Stuttgart: Klett, 1977, pp. 130–151.

Schneider, H. "Ergaenzungsbeduerftiger Konsens? Zum Identitaets– und Identifikationsproblem in der politischen Bildung." Schiele, S. and Schneider, H. (eds.). *Konsens und Dissens in der politischen Bildung*. Stuttgart: Metzler, 1987, pp. 27–47.

Schneider, H. "Gemeinsinn, Buergergesellschaft und Schule–Ein Plaedoyer fuer buergerorientierte politische Bildung." Schiele, S. and Schneider, H. (eds.). Reicht der *Beutelsbacher Konsens?* Schwalbach/Ts.: Wochenschau, 1996, pp. 199–220.

Schneider, H. "Der Beutelsbacher Konsens." Mickel, W. (ed.). *Handbuch zur politischen Bildung*. Schwalbach/Ts.: Wochenschau, 1999, pp. 171–178.

Sutor, B. "Verfassung und Minimalkonsens. Die Rolle des Grundgesetzes im Streit um die politische Bildung." Schiele, S. and Schneider, H. (eds.). *Konsensproblem in der politischen Bildung*. Stuttgart: Klett, 1977, pp. 152–172.

Wehling, H.–G. "Konsens à la Beutelsbach?" Schiele, S. and Schneider, H. (eds.). *Konsensproblem in der politischen Bildung*. Stuttgart: Klett, 1977, pp. 173–184.

Weisseno, G. "Was in Wissenschaft und Politk kontrovers ist, muss auch im Unterricht kontrovers dargestellt werden. Probleme bei der Umsetzung dieser Forderung." Schiele, S. and Schneider, H. (eds.). *Reicht der Beutelsbacher Konsens?* Schwalbach/Ts.: Wochenschau, 1996, pp. 107–127.

Weisseno, G. "Zur Historisierung des Beutelsbacher Konsenses." 한독사회과학회 학술간담회 자료집 (2017), pp. 35–56.

Widmeier, B. and Zorn, P. "Konsens in der politischen Bildung? Zur Einfuehrung." Widmeier, B. and Zorn, P. (eds.). *Brauchen wir den*

Beutelsbacher Konsens? Eine Debatte der politischen Bildung. Bonn: bpb, 2016, pp. 9–13.

07

독일통일 이후 사회구조의 변화와 시민교육을 위한 함의

제7장

독일통일 이후 사회구조의 변화와 시민교육을 위한 함의[1)]

독일의 경우를 살펴볼 때, 1989년 11월 9일 베를린장벽이 허물어지고 그 이듬해 10월 3일 정치적 측면에서 공식적으로 국가통일이 수립된 이후 그동안 약 30년이 흘렀다. 하지만 이와는 대조적으로 남북한의 분단은 여전히 존재하고 있으며, 남북한의 통일은 아직 현실화되지 못하고 있다. 2000년대 초에는 남북한 정상회담의 개최, 그리고 여기서 합의된 사항을 실행에 옮기기 위한 후속회의와 더불어 여러 가지 조치(이산가족상봉, 장관급회담, 경의선복원, 남북경협, 식량지원, 금강산관광 등)가 취해지고 실행되는 모습을 보여주었다. 물론 북한 핵문제로 특히 미국과의 관계에서 어려움을 안고 있었지만, 국민의 정부는 대북포용정책을 추진하려는 시도를 보여주었으며, 참여정부도 역시 이를 계승하여 평화번영정책을 추진하고자 하였다.

그러나 지난 몇 년 동안에는 여러 가지 사건과 사태(연평해전, 금강산 관광객에 대한 총격, 천안함 폭침, 연평도 포격, 비무장지대 목함지뢰 폭발, 북한의 핵실험과

1) 제7장의 내용은 중앙선거관리위원회 선거연수원이 주체한 국제심포지엄(2016.9.29)에서 발표하고, 『내러티브와 교육연구』 제5권 제1호(2017.4.)에 게재한 필자의 글을 부분적으로 수정·보완한 것임.

미사일 발사, 한반도 사드 배치 등)로 인하여, 상대적으로 살펴볼 때, 남북한관계가 상당히 경색된 양상을 띠게 되었다. 그 결과 한편으로는 분단극복과 통일의 과제를 위해 비교적 어두운 그림자가 나타나고 있다. 하지만 다른 한편으로는 그럼에도 불구하고 북한의 자체 '내폭(implosion)' 현상이 발생할 수 있다는 가능성과 가정에서 출발하여 통일을 향한 기회가 도래하기를 기대하고 있는 실정이다.

이와 같은 배경을 고려할 때, 분단의 상태를 극복하고 통일에 다가가기 위하여 그리고 통일 이후의 사태와 상황에 대처하기 위하여 시민교육 및 통일교육의 필요성과 발전방향에 대한 논의가 계속될 것으로 예상되고 있다. 이러한 점을 감안하여 이 장에서는 독일통일 이후 사회구조의 변화에 대하여 분석하고 이에 비추어 본 시민교육의 과제를 도출하는 데 주된 목적을 두고 있다. 이러한 목적에 도달하기 위하여 우선 독일통일 이후 사회구조의 변화에 대해 살펴본다. 이어서 통일과 사회구조의 변화에 대한 국민의 여론조사결과에 대해 기술한다. 그 다음에 통일과 사회구조의 변화에 비추어 본 시민교육의 과제에 대해 논의한다. 마지막으로 결론 부분에서는 핵심적인 주요사항을 다섯 가지 명제로 정식화하여 제시하고자 한다.

1. 독일통일 이후 사회구조의 변화

독일통일 이후 사회구조의 변화는 한 마디로 후속(後續)근대화(nachholende Modernisierung, follow–on/making good modernization)라고 특징지을 수 있다. 40년 동안 두 독일국가(구서독과 구동독)는 병존하였다. 경제·정치·법·이데올로기 측면에서 서로 다른 체제를 갖고 있었기 때문에 서독과 동독의 사회구조도 역시 서로 다른 양상을 띠면서 전개되었다.

이러한 전개과정의 특징을 파악하기 위한 적절한 접근방안으로서 근대화이론을 들 수 있다. 이 부분에서는 근대화이론의 관점에 입각하여 사회구조의 네 가지 영역을 보기로 하여 사회구조의 변화를 기술하고자 한다. 이를 통하여 1989년 전후 구동독이 처한 상황을 근대화가 뒤진 것으로 확인할 수 있다. 또한 통일 후 구동독에서 전개된 사회구조의 변동을 후속근대화로 특징지을 수 있다. 이 후속근대화는 여전히 여러 가지 측면에서 문제점을 포함하고 있으며 아직 완결된 것이 아니다. 전체적으로 중간평가를 시도한다면, 1989년 이후 구동독의 생활조건은 대체로 구서독의 그것에 근접했다고 할 수 있지만, 그러나 '생활상태의 균등화(Angleichung der Lebensverhaeltnisse, approximation of life conditions/circumstances)'라고 하는 궁극적인 목표에는 아직 도달하지 못한 부분이 남아 있다.

(1) 물질적 생활조건: 부와 복지의 급속한 증가

제2차 세계대전 이후 서독의 '경제적 기적(Wirtschaftswunder)'은 부와 복지의 급속한 증가를 수반하였다. 경제적 성과가 빠르게 증가하면서 이와 더불어 소득과 생활수준도 향상되었다. 1950~1980년 사이에 구서독 근로자의 소득은 세 배 이상 증가했다. 하지만 구동독은 이러한 속도를 따라갈 수 없었다. 그 결과 부와 복지 측면에서 구서독과 구동독의 격차는 계속해서 더 벌어지게 되었다. 1988년 당시 구동독 근로자의 소득은 구서독 근로자 소득의 31%에 불과하였다. 또한 1980년대의 경우 거시적 수준에서 바라본 구동독의 생산성은 구서독의 생산성과 비교할 때 약 3분의 1에 불과했던 것으로 추정된다.

이것은 여러 분야에서 구동독 국민의 생활수준에 그대로 반영되었다. 1980년대에 드러난 불만의 증가, 1989년에 발생한 탈출현상, 그리고 이 연장선상에서 결국 이루어진 구동독의 붕괴를 설명하기 위한 요인으로서 자유, 정치적 참여, 삶의 질 측면에서의 결함도 물론 거론되고 있다. 하지만 이러한 요인 이외에 구서독과 비교할 때 확연하게 드러난 이와 같은 낮은 수준의 생활수준이 중요한 요인이나 아니면 심지어 가장 핵심적인 요인으로 작용한 것으로 보인다.

1990년대 전반에 구동독 주민은 부와 복지 측면에서 급속한 향상을 경험할 수 있었다. 2006년 당시 구동독 근로자의 가계소득은 서독 수준의 81~83%에 달하였으며, 이를 1988년과 비교할 때 동서독 사이의 격차가 그동안 약 3분의 2만큼 줄어든 것이나 마찬가지다. 아직도 여전히 남아 있는 동서독 간의 격차는 상당 부분 구조적인 조건에서 기인한다. 즉, 보수가 높은 부문과 소득이 높은 사람들의 수가 구서독에 더 많이 있기 때문이다.

구동독 국민의 물질적 생활조건이 구서독의 수준에 근접하는 데 있어서는 서쪽에서 동쪽으로 향한 이전지급이 중요한 역할을 수행하였다. 할레(Halle)경제연구소가 조사한 결과에 따르면, 1991년~2003년 동안 이전지급의 규모가 약 9,500억 유로에 달했으며, 이는 구서독 주민 1인당 매년 약 1,100 유로에 해당하는 것이다. 구동독 주민의 소득이 구서독 주민의 소득수준에 근접하는 일은 비교적 완만하게 이루어지고 있기 때문에(2008년 당시 68.5%에 도달함), 앞으로도 이전지급은 계속 필요할 것으로 보인다.

부와 복지의 급속한 증가에서 구동독 주민 모두가 수혜자가 된 것은 아니다. 일차적인 수혜자에는 연금생활자가 속한다. 이와는 대조적으로 상대적으로 불이익을 받는 집단에는 통일 이후 오랫동안 일자리를 상실한 사람들이 속한다. 구동독지역의 실업률은 구서독과 비교할 때 약 두 배에 달한다. 2007년의 경우를 살펴보면, 구서독의 실업률은 8.4%인데 비해 구동독의 그것은 16.8%에 달했다. 이로 인하여 실업수당(속칭 Hartz IV) 수령자 및 빈곤층에 속하는 사람들이 구동독지역에 상대적으로 더 많은 현상이 나타나고 있다(Geissler, 2009: 1–2; Schroeder, 2008: 37–41; "Die Ausgangslage in Ost und West", 2015: 1–2; "Wirtschaft und Arbeit", 2015: 1–2).

| 표 7-1 2007년 동서독 가구의 소비재 구비 현황(%)

	구서독	구동독
적어도 승용차 1대 이상	78	72
신품 구입	36	34
유선전화	96	94
휴대폰	82	82
컴퓨터	73	70
전자레인지	69	68
디지털 사진기	43	37

출처: Geissler, 2009: 1 재구성

(2) 직업·계층구조: 서비스산업 위주의 사회를 향한 후속변화와 자영업 중산층의 복구

구동독의 직업구조는 두 가지 측면에서 부족함을 보여주고 있다. 그 하나는 서비스산업에서 뒤진 격차이며, 다른 하나는 자영업에 기반을 둔 중산층의 부족이다.

직업구조에서 근대화과정은 특히 근로자(취업자)의 배분에서 확인할 수 있다. 근로자의 배분은 세 가지 중요한 생산부문, 즉 1차산업(특히 농업), 2차산업(공업과 수공업), 3차산업(서비스)으로 구분할 수 있다. 구서독은 1970년대에 서비스산업 위주의 사회가 된 반면, 구동독은 1989년 당시에도 여전히 노동자와 농민을 과도하게 강조한 산업사회였다. 그리고 서비스산업의 부문이 구서독과 비교할 때 상대적으로 활성화되지 못했다. 생산부분에 따른 근로자의 배분은 1960년대 구서독의 상황과 유사했다. 하지만 1989년 이후 구동독의 공업과 농업이 고통스러운 위기를 겪으면서 통일 후에는 서비스산업에서 뒤진 격차가 상당히 신속하게 줄어들었다. 구서독에서 25년 동안 진행되었던 전개과정이 통일 후의 구동독에서는 3년에 걸쳐 만회되었다. 즉, 통일 후 구동독에서는 서비스업종 위주의 사회를 향한 후속변화가 신속하게 이루어진 것이다.

자영업자들은 성취욕구가 비교적 강하고 유연하게 활동하며 실험정신을 갖추고 있으며 이와 동시에 모험을 좋아하는 집단으로서 사회경제적으로 중요한 기능을 수행한다. 구서독에서는 취업인구에서 자영업자가 차지하는 몫(11%)이 지난 20년 동안 비교적 안정적으로 유지되고 있다. 이와는 대조적으로 통일 이전 구동독에서 자영업에 기반을 둔 중산층은 집단화·국영화정책으로 인하여 거의 파괴되었다. 취업인구 중 불과 약 2%에 해당하는 180,000명의 자영업자들은 1980년대에

ㅣ표 7-2 1989~2007년 생산부문에 따른 취업자 현황(%)

	구서독			구동독		
	1차	2차	3차	1차	2차	3차
1989	3.7	41	55	11	50	40
1993	3.3	40	56	4.2	38	58
2007	2.1	26	72	2.9	25	72

출처: Geissler, 2009: 2 재구성

특히 수공업 분야에서 살아남았으며, 이들은 겨우 명목을 유지할 뿐이었다. 그들의 경제적 활동은 계획경제에 입각한 지침과 높은 세금으로 인하여 활성화되기 힘들었다. 중산층을 재건하는 일은 상당한 어려움을 수반한다. 규모(취업인구에서 차지하는 몫)의 측면에서 살펴볼 때, 통일후 구동독에서는 일단 11%에 해당하는 구서독수준에 도달하게 되었다. 그러나 질적인 관점에서 바라볼 때, 상대적으로 차별적인 특징을 보여주고 있다. 규모가 작은 소기업이 더 많으며, 실업상태에서 벗어나기 위한 궁여지책으로 세운 업체가 상당히 많으며, 소득의 양극화로 인하여 평균에 미치지 못하는 벌이를 하는 사람들이 상대적으로 더 많다 (Geissler, 2009: 2; “Die Ausgangslage in Ost und West”, 2015: 1–2; “Wirtschaft und Arbeit”, 2015: 1–2).

(3) 인구구조: 구동독지역을 떠나 구서독지역으로 이주하는 현상의 지속

근대화된 사회의 특징은 이주자를 끌어들일 수 있는 매력에서 찾을 수 있다. 근대화된 현대사회는 대체로 다민족적인 인구구조를 갖고 있는 이주국가가 되는 경향이 강하다. 이 측면에서 바라볼 때, 구동독지역은 상당 부분 부족한 점을 보여주고 있다.

구서독의 인구는 1946년의 4천6백만명에서 1989년에 6천3백만명으로 증가한 반면, 구동독은 이와는 대조적으로 인구가 계속 감소하였다. 1949년과 1989년 사이에 인구가 1천8백4십만에서 1천6백4십만으로 줄어들었다. 이와 같이 상반된 전개과정을 초래한 주요원인은 이주운동이었다. 간단히 말해서, 구서독은 사람들을 끌어들이는 이주국가(Einwanderungsland)인 반면, 구동독은 사람들이 나가는 이주국가(Auswanderungsland)였다. 좋은 생활조건을 갖춘 구서독은 구동독, 지중해연안 국가, 동유럽·동남유럽(발칸의 여러 나라)에서 이주민들을 끌어들였다. 이와는 대조적으로 구동독은 부와 복지, 자유와 민주주의의 결함으로 인하여 사람들을 나가게 만드는 국가로 전락하였다.

독일의 통일은 이와 같은 상반된 전개과정을 별로 변화시키지 못했다. 구서독지역의 인구는 2007년까지 5백만명이 늘어 6천8백만명에 도달하였다. 이와는 대조적으로 구동독지역의 인구는 1백7십만명이 줄어 1천4백7십만명으로 위축되었다. 양국을 가로지른 경계가 무너진 다음, 물론 적지 않은 구서독인들이 구동독지역으로 옮겨갔지만, 그보다 더 많은 구동독인들이 구서독지역으로 옮겨갔다. 이로 인하여, 구동독지역에서는 매년 거의 5만명이 감소하는 결과를 낳았다. 구서독지역으로 이주한 사람들 중에는 18~30세에 속하고 교육을 받은 젊은이들이 많았다. 서쪽으로 이주한 사람들은 경제적으로 낙후된 지역(Mecklenburg-Vorpommern, Sachsen-Anhalt)에서 나온 경우가 많았다. 이들을 이주하게 만든 요인으로는 구동독지역의 높은 실업률, 그리고 구서독지역에서의 더 좋은 벌이와 승진가능성의 탐색을 들 수 있다.

통일된 독일의 국경을 넘어선 이주의 측면에서도 역시 구서독과 구동독은 큰 차이를 보여주고 있다. 노동이주자에 대한 경제적 필요가 있기 때문에 구서독지역은 점차 현대적인 다민족 이주사회로 변모되었다. 2007년의 경우 구서독지역 인구의 5분의 1(총 1천4백만명)이 이주해 들어온 가족에 속하였다. 이와는 대조적으로 구동독지역에서는 외국에서 들어온 이주자가 매우 적었으며, 단지 190,000명의 외국인근로자가 있었다. 그리고 이들 중 많은 사람들은 임시직 차용근로자로서 어려운 근로조건에서 일을 하고 살아가야 하는 실정에 놓여 있었다. 결국, 독일통일 이후에도 구동독지역은 대체로 단일민족사회의 상태로 남아 있다고 볼 수 있다. 2007년 당시 구동독지역 주민 중 단지 20분의 1에 해당하는 사람들(총 640,000명)만이 이주배경을 갖고 있었다 (Geissler, 2009: 2–3; "Bevoelkerung", 2015: 1–2; Martens, 2015: 1–2).

(4) 엘리트의 변화: 독점엘리트에서 다원적 부분엘리트로의 변모

구동독의 붕괴 이후에 엘리트구조는 근본적으로 변화되었고 지도층이 거의 완전하게 교체되었다. 통일 이전에 권력을 쥐고 있던 독점엘리트(Monopol–Elite), 즉 중앙집권적이고 철저한 위계질서에 입각했던 지도층과 정치적·이데올로기적으로 동질적이었던 지도층 대신에 통일과정을 겪으면서 이제 구서독의 유형에 따른 다원적 부분엘리트(plurale Teil–Elite)가 들어서게 되었다. 이러한 구조변동은 지도층의 거의 완전한 교체를 통하여 이루어졌다. 이것은 나치정권체제의 붕괴 이후에 이루어졌던 엘리트교체보다 더 근본적이라고 간주할 수 있다. 왜냐하면 통일 이후 구동독지역에서 갑작스럽게 발생한 엘리트의 공백을 메우기 위한 인적자원을 구서독이 이미 상당히 갖추고 있었기 때문이다. 그 결과 구동독을 구서독이 말하자면 부분적으로 '덮어쓰게' 되었다. 하지만 바로 그렇기 때문에 구동독지역 주민들은 자신들이 식민화되었다는 느낌을 갖게 되면서 심리적으로 문제의식도 수반하였다.

1990년대에 구동독지역의 지도적 위치 중 40%가 구서독에서 '수입된' 사람들에 의해 충원되었다. 특히 군대·경제계·행정부·사법부·노조 영역에서 그러한 현상이 두드러지게 나타났다. 구동독 출신으로 새로운 엘리트에 속한 사람들은 상당 부분 기존의 사회주의체제에 대해, 비록 개별적으로 정도의 차이는 있지만, 어느 정도 혹은 상당 부분 거리를 둔 자가 많았으며, 구동독 출신의 새로운 엘리트 중 약 4분의 1에 해당하는 사람들은 기존정권에 대해 비판적인 시민권운동에서 나왔다.

1990년대의 새로운 구동독 엘리트가 보여준 특징으로는 또한 비교적 나이가 젊은 사람들이 많다는 점, 여성이 차지하는 비중이 크다는 점, 그리고 자연과학자·공학자·신학자가 차지한 몫이 크다는 점을 들 수 있다. 그리고 정치적 성향의 측면에서 바라볼 때, 구서독의 엘리트에 비해서 상대적으로 좌파에 속한 사람들의 수가 더 많다는 것을 관찰할 수 있다. 그들은 풀뿌리민주주의와 국가주의에 지향을 더 많이 두고 있다. 즉, 정치적 의사결정에 가능하면 모든 시민이 직접 참여해야 한다는 점을 강조하고 있으며, 다른 한편으로는 특히 사회적 약자를 위하여 국가가 더 많은 규제와 개입을 해야 한다는 태도를 갖고 있다(Geissler, 2009: 3–4).

2. 통일 및 사회구조의 변화에 대한 여론조사결과

상기한 통일 후 독일의 사회구조변화를 고려하면서 이 부분에서는 통일이 이루어진 지 4분의 1세기가 지난 다음 독일국민이 어떤 생각과 의견을 갖고 있는지를 개괄적으로 소개하고자 한다. 여기서 주요 근거로 삼은 자료는 한편으로 독일의 연방경제에너지부(BMWi)가 『우리는 하나의 국민인가(Sind wir ein Volk?)』라는 표제 아래 2015년 2월에 발간한 문서(Zentrum fuer Sozialforschung Halle, 2015)이며, 다른 한편으로 이 문서와 관련된 다른 미디어자료이다(Scholz, 2015a: 1–3; Scholz, 2015b: 1–3; Holtmann and Jaeck, 2015: 35–45; Fuerstenau, 2014: 1–2; Steiner, 2015: 1–2; "Die Stimmung zur deutschen Einheit", 2015: 1–2; "25 Jahre nach der Wiedervereinigung", 2015: 1–2). 이 문서에 포함된 연구결과는 2014년도 후반에 할레(Halle)대학교의 사회연구소(ZSH)가 14세 이상의 국민 2,001명을 대상으로 실시한 여론조사에 기반을 두고 있다.

이 문서가 발간된 배경과 과정은 다음과 같다. 독일은 2015년에 구동독에서 발생한 평화혁명과 더불어 독일통일 25주년을 맞이하게 되었다. 이와 관련하여 연방정부의 구동독지역 담당관(Die Beauftragte der Bundesregierung fuer die neuen Bundeslaender)은 구동독지역과 구서독지역의 국민들을 대상으로 한 여론조사를 연구과제로 위탁하였다. 이 연구과제에 참여한 연구진은 2014년도 9월 14일~10월 10일에 걸쳐 여론조사를 실시하고, 그 결과를 기존의 선행연구와 연결하여 정리한 다음 발표하기에 이르렀다(Zentrum fuer Sozialforschung Halle, 2015: 2–3). 이 연구결과와 관련하여 언급하면서 연방정부 구동독 담당관(Iris Gleicke)은 다음과 같은 결론을 도출하였다. "우리는 분단 40년 동안에도 하나의 국민이었다. 그리고 오늘날 우리는 통일은 되었지만, 그러나 여전히 하나는 아니다(vereint, aber noch nicht eins; unified, but yet not one)."

이 연구는 동서독 비교에서 많은 공통점을 찾아냈다. 구서독주민과 구동독 주민 가릴 것 없이 현재의 경제적 상태에 대해서는 다수가 긍정적으로 인지하고 있다. 가까운 장래에 처할 자신의 상황에 대해서도 역시 구동독 주민과 구서독 주민이 유사한 것으로 나타났다. 생활에 대한 일반적인 만족도에 대해서는 약간의 차이를 보여주고 있다. 즉, 구서독 주민의 83%가 만족감을 표시하고, 구동독 주민의 76%가 만족감을 표시했다(Zentrum fuer Sozialforschung Halle, 2015: 31).

구동독 담당관은 독일통일에 대한 일반적인 평가를 나타내는 수치와 관련하여 언급하면서, '온갖 오류와 잘못, 그리고 악화에도 불구하고 전반적으로 좋고 성공한 전개과정'을 나타내는 징후라고 해석하였다. 구동독 주민의 77%, 그리고 구서독주민의 62%가 통일을 개인적으로 자신에게 유익한 것으로 체험했다(Zentrum fuer Sozialforschung Halle, 2015: 24).

상기한 연구는 동서독 사이의 차이점도 역시 찾아냈다. 구서독 주민 중 약 4분의 3에 해당하는 사람들은 독일연방공화국을 정치적으로 편한 것으로 느끼는데 비해, 구동독 주민의 약 절반만이 그렇게 느끼는 것으로 나타났다. 하지만 이러한 차이는 상당 부분 사회화의 조건과 관련되어 있다. 통일된 독일에서 태어나고 자라난 젊은 세대(14~29세)의 경우, 연방공화국에 대한 정치적 정체성 혹은 동일시와 관련하여, 구서독에서 64%, 구동독에서 65%가 긍정적인 답변을 함으로써, 거의 동일한 견해를 보여주고 있다(Zentrum fuer Sozialforschung Halle, 2015: 25). 이를 통해 확인할 수 있는 사항은 세대의 변화가 태도의 상호접근을 가져왔다는 것이다. '동이 먼저냐 아니면 서가 먼저냐?'와 같은 전형적인 질문은 통일 이후에 태어나고 자라난 통일세대에게는 더 이상 갑론을박할 주제가 아니라는 것이다. 그러나 부모세대의 경우에는 사정이 달랐다는 점을 젊은이들이 경험할 것이다. 따라서 세대 간 대화가 필요할 것이다.

현재 연방공화국에서 존재하는 민주주의가 가장 좋은 국가형태인가의 질문에 대해서도 차이가 나타났다. 구서독 주민의 80%가 긍정적인 답변을 한 반면, 구동독 주민의 72%가 긍정적인 답변을 했다. 일반적으로 민주주의에 대한 동의수치는 더 높은 것으로 나타났다. 하지만 최근 몇 년 동안에 약간 감소한 것을 보여준다(Zentrum fuer Sozialforschung Halle, 2015: 26).

시민이 어떻게 정치적으로 참여를 하는가의 질문과 관련해서는 여러 가지 서로 다른 중점을 보여주고 있다(Zentrum fuer Sozialforschung Halle, 2015: 28–30). 1970년대 말부터 구동독에서는 국가에 대한 동일시가 약해지기 시작했으며, 정치적 관심이 미온적이었고, 구서독에 대한 강한 지향을 갖고 있었다. 베를린장벽이 무너지기 얼마 전에는 구동독 주민 중 거의 90%가 구서독에서의 생활이 더 좋을 것이라고 생각하였다(Zentrum fuer Sozialforschung Halle, 2015: 7). 결국 독일통일을 향한 길이 심리적으로 이미 오래전부터 열려 있었다고 해석할 수 있다.

구동독 주민이 왜 통일된 지 25년이 지난 오늘날에도 여전히 '더 회의적이고, 더 비판적이고, 더 거리를 두고 있는지'에 대한 설명을 하는 데 있어서 연구진은 구동독시절에 경험한 독재체제와 더불어 1989년 이후 변혁과정에서의 체험에서 그 요인을 찾으려고 한다(Scholz, 2015a: 1–3; Scholz, 2015b: 1–3; Schroeder, 2008: 41–44).

3. 통일 및 사회구조의 변화에 비추어 본 시민교육의 과제

(1) 구동독 정치교육의 청산과 민주적 갈등문화의 정착

통일 이후 시민교육의 과제는 대체로 잘못된 유산으로 간주되고 있는 구동독의 정치교육을 청산하고 민주적인 갈등문화를 착근시키는 데 놓여 있다. 이데올로기교육의 특징이 강했던 구동독에서의 정치교육은 청소년이나 시민의 자주성 혹은 자율성을 기르려고 하는 시민교육의 방향과는 거리가 상당히 멀었다. 이러한 점을 고려할 때, 자율성이라는 의미에서 자유와 책임을 동시에 생각하고 이에 따라 행위를 할 수 있는 교육이 요청되고 있으며, 획일적인 집단주의적 사고방식과 행동방식에서 벗어나도록 장려하는 일이 중요한 과제로 부상하게 된다.

또한 이해관계와 가치관의 차이로 인하여 발생할 수 있는 갈등을 완력이나 폭력에 호소하지 않고 가능하면 말과 대화를 통하여 갈등을 평화적으로 해소하거나 문제를 해결할 수 있는 역량(능력)이 요청되고 있으며, 이를 함축하고 있는 민주적 논쟁·대화·갈등문화(controversy/dialogue/conflict culture)를 조성하고 정착시키는 일이 요청된다. 여기서는 특히 자신의 선입견이나 편견을 되돌아볼 수 있는 자기성찰(self-reflection), 타자의 감정과 사고 속으로 들어갈 수 있는 공감(empathy), 타자의 관점을 취득하고 필요한 경우 자신의 관점을 변경할 수 있는 관점취득·변경(perspective-taking/-changing), 그리고 애매모호한 상황이나 당황하게 만드는 상황 혹은 짜증나게 하는 상황을 유연하게 참고 견딜 수 있는 능력(모호성에 대한 관용, toleration of ambiguity)을 강조할 필요가 있다(허영식 외, 2014: 95-97).

(2) 민족적 연대의 강화와 헌정애국주의의 정착

통일 이후 사회통합문제와 관련하여, 연대의식을 기반으로 한 공동체라는 의미에서 동서독 국민 사이에서 존재하는 오해나 불만을 감소시키거나 해소할 수 있는 민족적 연대의식의 강화가 요청되고 있으며, 다른 한편으로는 통일된 독일에서 정치적 정체성을 위한 기반으로서 그리고 최소합의로서 헌정애국주의를 착근시키는 일이 요청된다.

통일 이후 예를 들면 '구동독에 대한 향수(Ostalgie, DDR-Nostalgie)'와 같은 현상이 부분적으로 거론되고 있는데, 이는 부분적으로 동서독 국민 사이에 존재하는 불편한 감정이나 사고방식을 역설적으로 표현하는 반증이라고 해석할 수 있다("Ostalgie", 2016). 적어도 사회통합의 관점에서 바라볼 때, 동서독 국민 사이에서 작용하는 편견과 차별, 불만이나 불편함, 우월감이나 열등감을 줄이도록 하는 데 지속적인 관심을 기울여야 한다. 그렇게 함으로써 정치적·경제적 측면의 통일과 더불어 정신적인 통합과 내면적인 통일의 착근을 위해 기여해야 할 것이다.

특히 비동시적인 요소가 동시에 작용하는 상태(비동시성, 동시적인 비동시성, 비동시적인 것의 동시성, Gleichzeitigkeit des Ungleichzeitigen, simultaneity of the non-simultaneous)에서 일방통로로서의 동화(assimilation)가 아니라, 간문화적 소통적 이해(interkulturelle Verstaendigung, intercultural communicative understanding) 혹은 상호이해라는 의미에서 상대방이나 타자를 가능하면 이해·인정·존중해줄 수 있는 관용능력을 기르도록 하는 일이 시민교육의 주요과제가 될 것이다(허영식, 2015a: 16).

민족적 연대의 강화라는 과제와 더불어 통일된 독일의 정체성을 위한 기반이나 준거로서 헌정애국주의(constitutional patriotism, Verfassungspatriotismus)의 착근에도 주의를 기울여야 한다. 자유민주적 기본질서(FdGo: freiheitlich-demoktatische Grundordnung, free-democratic basic/fundamental order)라는 헌법적 가치준거에 충실한 접근방안으로서, 헌법에 지향을 준 애국심으로서 헌법애국주의 혹은 헌정애국주의가 정치적 동일시 모형으로서 흔히 거론되고 있다. 여기에 더하여 헌정애국주의를 착근시켜야 한다는 시민교육의 과제를 생각해 볼 때, 소위 '보이텔스바흐 합의(Beutelsbacher Konsens)'로 많이 인용되고 있는 세 가지 교수학습원칙 혹은 교수주체(교사·강사)가 지켜야 할 윤리적 과제, 즉 ① 특정한 내용이나 이데올로기의 일방적인 주입과 교화의 금지(Ueberwaetigungsverbot, prohibition of inculcation and indoctrination), ② 정치와 학문에서 작용하는 논쟁점의 반영(Kontroversitaet, controversy), 그리고 ③ 학습자의 흥미·관심과 이해관계 고려(Beruecksichtigung der Interessenlage, consideration of interest)를 최소합의로 간주하고 이를 중요한 지침으로 삼을 수 있다.

(3) 이주통합과 난민문제에 대한 적절한 취급

통일된 독일에서 지속적인 담론과 논쟁의 대상으로서 최근에 많이 거론되고 있는 이주통합문제와 난민문제를 고려할 때, 특별히 '페기다

(Pegida: Patriotische Europaeer gegen die Islamisierung des Abendlandes, Patriotic Europeans against the Islamization of the West/Occident)'운동과 '독일을 위한 대안(AfD: Alternative fuer Deutschland, Alternative for Germany)' 정당의 부상에 주의를 기울일 필요가 있다. 이와 같은 저항운동이나 우익보수정당에 관한 담론과 논쟁에 비추어 볼 때, 한편으로 다문화사회에 이미 내재적으로 함축되어 있는 차이와 다양성의 측면, 그리고 다른 한편으로 사회통합의 과제와 더불어 국가·국민·민족정체성의 확립 혹은 재정립의 문제를 어떻게 연결시키고, 그 두 가지 차원 혹은 준거 사이의 긴장관계를 어떻게 설정할 것인가 하는 근본적인 질문에 대하여, 우리 사회에서도 역시 담론의 활성화가 요청된다(Lindemann, 2016: 125–127; Luft, 2016: 105–108: Meier–Braun, 2015: 141–144; "독일 난민통합법 통과", 2016: 1–2; 허영식, 2015a: 187–191; Havertz, 2016: 47–49).

폐기다현상의 배경적 요인으로 간주되고 있는 난민정책과 이주통합정책, 이에 대한 일부 국민의 불편한 감정, 그리고 이슬람 평행사회(Parallelgesellschaft, parallel society)에 대한 불안과 우려를 고려할 때, 다문화사회(혹은 다문화주의, Multikulti, multiculturalism)와 공화주의적 주도문화(republikanische Leitkultur, republican leading culture) 사이에서 발생하는 긴장관계 혹은 모순·갈등을 적절하게 해소할 필요가 있다. 이와 같은 과제를 염두에 둘 때, 위에서 언급한 바 있는 헌정애국주의에 지향을 둔 공화주의적 주도문화의 가치와 이념을 분명하게 밝히고, 다문화사회를 지속가능하게 구성한다는 의미에서 특히 평행사회와 같은 현상에 대한 불안과 염려에 주의를 기울여야 한다(허영식, 2015b: 124).

여기에 더하여 주도문화의 개념 자체와 그 함의를 둘러싸고 벌어지고 있는 논쟁에도 주의를 기울일 필요가 있다. 이 논쟁에서는 한편으로 주도문화 대신에 헌정애국주의(즉, 자유민주적 기본질서에 대한 합의와 충성, 그리고 이에 상응하는 정치문화·시민문화)를 강조하는 입장과 다른 한편으로

(유럽이나 독일의 수준에서) 공통의 역사적·문화적 요소를 강조하는 입장이 첨예하게 대립하고 있다(허영식·정창화, 2012: 46-51).

페기다 저항운동에 대한 연방정부의 입장표명과 관련하여, 독일의 사회와 정치가 불관용(intolerance)에 대해서 얼마나 관용적일 수 있는가 하는 근본적인 질문이 제기되었다. 불관용의 태도와 행동을 보여주는 사례로는 한편에서 이슬람주의(Islamism)와 다른 한편에서 신나치(Neonazi)와 같은 극우파를 들 수 있다. 위에서 언급한 이슬람 평행사회에 초점을 맞출 경우, 적지 않은 독일국민들이, 예를 들면, 명예살인, 강제결혼, 평행법원, 샤리아(Scharia)법원, 샤리아경찰 등에 대하여 불안을 느끼거나 위협적인 것으로 간주하고 있다. 그러한 불안이나 우려는 자유민주적 기본질서에 기반을 둔 법치국가에서 그동안 최소합의사항으로 통했던 기존의 가치·규범에 대한 도전이 발생하고 있다는 반증이다. 다시 말하면, 이제까지 논쟁영역에 속하지 않았던 것에 대한 도전이 발생하고 있다는 반증이다.

자유민주헌정의 토대를 갖고 있던 사회와 국가에서 그동안 비(非)논쟁적인 부문에 해당하던 것이 사회와 국가의 다른 일부분, 즉 평행사회의 등장과 더불어 이제는 논쟁적인 요인으로 작용한다는 것을 실증적으로 보여주는 정황증거인 것이다. 기존에 논쟁적이지 않았던 부문이 이제 한계를 드러내는 사례가 빈번하게 발생할수록, 다문화사회에서는 논쟁과 합의 사이에서 적절하게 평형을 유지라고 균형을 잡는 일이 그만큼 더 어려워질 것으로 예상된다. 이와 관련하여 새롭게 한계합의(marginal consensus)를 설정하거나 최소합의(minimum consensus)를 조정해야 하는 도전과 과제가 더 많이 그리고 더 빈번하게 제기될 가능성이 있다는 일반화를 여기서 끌어낼 수 있다(허영식, 2015b: 124-125).

I 그림 7-1 페기다의 분파인 레기다의 시위 모습

출처: Wagener, 2015: 1; 허영식, 2015b: 109 재인용

I 그림 7-2 독일통일기념일(2016년 10월 3일)에 페기다 지지자들이 드레스덴 (Dresden)에서 시위하는 모습

출처: Fuerstenau, 2017: 1

Ⅰ그림 7-3 페기다시위를 위한 무대배경(세트)이 된 드레스덴의 오페라극장 젬퍼오퍼(Semperoper: '항상 오페라'라는 뜻)

출처: Schumann and Schmidt, 2017: 1

독일의 소리(Deutsche Welle)는 한 여론조사기관(infratest dimap)을 통하여 현재 독일정부의 난민정책에 대한 국민의 여론을 알아보기 위해 2016년 8월 중순(15~17일)에 약 1,000명의 유권자를 대상으로 하여 여론조사를 실시하였다. 여기서는 이 여론조사결과의 일부분을 간단히 소개하기로 한다. 난민정책의 결과·파장에 대한 사람들의 의견을 물어보기 위해 네 가지 진술(① 교육·사회복지체제에 대해 과도한 부담이 되고 있다. ② 독일이 경제적으로 더 강해질 것이다. ③ 이주현상을 통해 독일이 더 다채롭고 다양한 사회가 되고 있다. ④ 더 많은 테러공격이 발생할 것이다.)이 제시되었으며, 여론조사에 참여한 사람들이 각 진술에 대하여 동의하는 답변을 주거나 아니면 동의하지 않는다는 답변을 주도록 하였다.

여론조사의 결과를 전체적으로 살펴볼 때, 현재 독일정부의 난민정책에 대해서 독일국민은 대체로 균형을 잡고 분화된 사고와 판단을 하는 것으로 해석할 수 있다. 빛과 그림자의 측면이 대체로 비슷한 비중을 차지하고 있는 것으로 보인다. 이 전반적인 틀 속에서 두드러지게 벗어난 양상을 보이는 사람들은 한편으로 녹색당을 따르는 지지자들과 다른 한편으로 '독일을 위한 대안(AfD)' 정당을 따르는 지지자들임을 확인할 수 있다. 서로 극명하게 대조적인 입장을 취하고 있는 이 두 집단 중에서 특히 후자에 속하는 사람들은 대다수가 독일연방정부의 난민정책이 독일을 위해 예외 없이 부정적인 결과를 수반할 것이라는 견해를 갖고 있다. 이와는 대조적으로 녹색당 지지자 중 대략 4분의 3에 해당하는 사람들은 독일이 난민과 관련된 도전에 슬기롭게 대처할 것이며, 난민의 유입을 통하여 오히려 경제적 이득을 포함하여 대체로 유익한 결과를 끌어낼 수 있다는 생각을 보여주고 있다(Kinkartz, 2016: 1–3).

이 장에서는 독일통일 이후 사회구조의 변화에 대한 분석, 통일과 사회구조의 변화에 대한 여론조사결과에 바탕을 두고, 이에 비추어 본 시민교육의 과제에 대해 논의하였다. 이상의 논의를 기반으로 삼아 여기서는 이 글에서 주장하고자 하는 핵심적인 사항을 다음과 같이 다섯 가지 명제로 정식화하여 제시한다.

첫째, 통일 이전 40년 동안 두 독일국가는 병존하였다. 경제·정치·법·이데올로기 측면에서 서로 다른 체제를 갖고 있었기 때문에 서독과 동독의 사회구조도 역시 서로 다른 양상을 띠면서 전개되었다. 독일통일 이후 사회구조의 변화는 한 마디로 후속근대화라고 특징지을 수 있다. 이 후속근대화는 여전히 여러 가지 문제점을 포함하고 있으며 아직도 완결된 것이 아니다. 전체적으로 중간평가를 시도한다면, 1989년 이후 구동독의 생활조건은 대체로 구서독의 그것에 근접했다고 할 수 있지만, 그러나 생활상태의 균등화라고 하는 궁극적인 목표에는 아직 도달하지 못한 부분이 남아 있다.

둘째, 민주적인 갈등문화 혹은 논쟁문화의 정착은 한국사회에 있어서 시급히 해결해야 할 과제라고 생각된다. 다원화·개인화라고 하는 사회변동과정을 고려할 때, 이해관계와 가치의 차이와 다양성이 증가하는 경향이 있으며, 이와 더불어 갈등이 발생할 수 있는 잠재성이나 가능성도 역시 증가한다. 이때 이해관계의 개념을 분화시켜, 국가안보와 질서유지 그리고 공공복리를 염두에 두면서 자기 자신이나 자기가 속한 집단의 이해관계를 옹호하거나 관철시킬 수 있는 능력과 자세를 함양하고 신장시키는 일이 중요하다. 다시 말하면, 합의와 갈등을 적절하게 조절하고 타협과 갈등을 균형감각과 안목을 갖고 조절할 수 있는 기본적인 능력(자기성찰, 공감, 관점취득·변경, 모호성에 대한 관용)이 요청된다.

셋째, 민족적 연대의식의 강화와 더불어 정치적인 동일시의 기반·준거가 무엇인가의 질문과 문제를 다루어야 한다. 이 맥락에서 헌정애국주의의 착근을 강조할 필요가 있다. 자유민주적 기본질서를 핵심요소로 함축하고 있는 헌법에 토대를 두고 있는 사회가 갖추어야 할 정치문화로서 헌정애국주의를 고려하는 데 있어서는 한편으로 민족정체성과 다른 한편으로 보편적인 헌법적 가치를 어떻게 조화시킬 것인가, 민족의식과 민주의식을 어떻게 조화시킬 것인가의 질문을 피해갈 수 없다.

넷째, 헌정애국주의에 입각한 시민교육의 과제를 생각해 볼 때, 교화의 금지, 논쟁점 반영, 이해관계 고려의 세 가지 교수학습원칙을 최소합의 혹은 중요한 지침으로 간주할 필요가 있다. 그리고 헌정애국주의의 착근을 위해 시민교육의 활성화가 요청되며, '시민교육 거버넌스(governance)'라는 의미에서 시민교육 담당기관이나 단체 사이의 유기적인 협업·협치를 가능하게 만드는 네트워크가 요청된다. 특히 인권·민주주의·법치주의의 틀 속에서 선거과정에 참여할 수 있는 유권자의 지식·기능·가치·태도를 함양하고 신장시키는 데 기여할 수 있는 법적·제도적 기반을 마련하고 확충하는 일이 필요하다.

다섯째, 통일된 독일에서 지속적인 담론과 논쟁의 대상으로서 최근에 많이 거론되고 있는 이주통합문제와 난민문제를 고려할 때, 한편으로 다문화사회에 이미 내재적으로 함축되어 있는 차이와 다양성의 측면, 그리고 다른 한편으로 사회통합의 과제와 더불어 국가·국민·민족정체성의 확립 혹은 재정립의 문제를 어떻게 연결시키고, 그 두 가지 차원 혹은 준거 사이의 긴장관계를 어떻게 설정할 것인가 하는 근본적인 질문에 대하여, 우리 사회에서도 역시 담론의 활성화가 요청된다.

요/약

이 장에서는 독일통일 이후 사회구조의 변화에 대한 분석, 통일 및 사회구조의 변화에 대한 여론조사결과에 기초하여 시민교육의 과제에 대해 논의하였다. 이 글에서 주장하고자 하는 핵심명제는 다음과 같이 다섯 가지로 정식화하여 제시할 수 있다. 첫째, 독일통일 이후 사회구조의 변화는 후속근대화라고 특징지을 수 있으며, 이것은 여전히 여러 가지 문제점을 포함하고 있으며 아직도 완결된 것이 아니다. 둘째, 민주적인 갈등문화 혹은 논쟁문화의 정착이 요청되며, 합의와 갈등을 적절하게 조절하고 타협과 갈등을 균형감각과 안목을 갖고 조절할 수 있는 기본적인 능력(자기성찰, 공감, 관점취득·변경, 모호성에 대한 관용)이 요청된다. 셋째, 민족적 연대의식의 강화와 더불어 정치적인 동일시의 기반·준거가 무엇인가의 질문과 문제를 다루어야 하며, 이 맥락에서 헌정애국주의의 착근을 강조할 필요가 있다. 넷째, 헌정애국주의의 착근을 위해 시민교육의 활성화가 요청되며, 담당기관이나 단체 사이의 유기적인 협업·협치를 가능하게 만드는 네트워크가 요청된다. 다섯째, 이주통합문제와 난민문제를 고려할 때, 한편으로 다문화사회에 함축되어 있는 차이와 다양성의 측면, 그리고 다른 한편으로 사회통합의 과제와 더불어 국가·국민·민족정체성의 확립 혹은 재정립의 문제를 어떻게 연결시키고, 그 두 가지 차원 혹은 준거 사이의 긴장관계를 어떻게 설정할 것인가 하는 근본적인 질문에 대하여 담론의 활성화가 요청된다.

07 참고문헌

"독일 난민통합법 통과: 독어교육 의무화, 취업기회 확대." http://media.daum.net/ (2016년 7월 8일 검색).

허영식. 『다양성과 간문화』. 서울: 박영스토리, 2015a.

허영식. "페기다(Pegida)의 사례를 중심으로 살펴본 다문화와 사회통합의 문제." 『한독사회과학논총』. 제25권 제1호(2015년 봄; 2015b), pp. 101－130.

허영식 · 정창화. 『간문화주의를 통한 사회통합과 국가정체성 확립』. 서울: 한국학술정보(주), 2012.

허영식 · 정창화 · 최치원 · 김진희 · 바이세노. 『한국의 정체성 재정립과 사회통합을 위한 간문화주의와 다양성관리』. 서울: 박영스토리, 2014.

"Bevoelkerung." http://www.bpb.de/ (2016년 7월 14일 검색).

"Dialog mit Pegida – ja oder nein?" http://www.dw.de/ (2015년 1월 21일 검색).

"Die Ausgangslage in Ost und West." http://www.bpb.de/ (2016년 7월 14일 검색).

"Die Stimmung zur deutschen Einheit." http://www.bpb.de/ (2016년 7월 14일 검색).

Fuerstenau, M. "Deutsche Einheit: Stolz und Ignoranz." http://www.dw.de/ (2014년 2월 21일 검색).

Fuerstenau, M. "1990: Grundgesetz oder neue Verfassung." http://www.dw.de/ (2015년 2월 24일 검색).

Fuerstenau, M. "Im Schatten des Weihnachtsmarkt－Attentats." http://www.dw.de/ (2017년 1월 4일 검색).

Geissler, R. "Wandel der Sozialstruktur－nachholende Modernisierung."

http://www.bpb.de/ (2016년 7월 14일 검색).
Gross, C. "Bandelow: Wir müssen uns auf Gefahren einstellen!" http://www.dw.de/ (2016년 7월 15일 검색).
Havertz, R. "Right-wing Populism Taking Hold in Germany. The Success of the Political Party 'Alternative fuer Deutschland' in the Regional Elections of March 2016."『한독사회과학논총』. 제26권 제2호 (2016년 여름), pp. 25-54.
Holtmann, E. and Jaeck, T. "Was denkt und meint das Volk?" *Aus Politik und Zeitgeschichte*. No. 33-34 (2015), pp. 35-45.
Kinkartz, S. "DW-Umfrage: Fluechtlingsfrage spaltet Deutschland." http://www.dw.de/ (2016년 8월 23일 검색).
Lindemann, T. *Keine Angst, hier gibt's auch Deutsche! Unser neues Leben im Problemkiez*. Muenchen/Berlin: Berlin Verlag, 2016.
Luft, S. *Die Fluechtlingskrise. Ursachen, Konflikte, Folgen*. Muenchen: C.H.Beck, 2016.
Martens, B. "Zug nach Westen-Anhaltende Abwanderung." http://www.bpb.de/ (2016년 7월 14일 검색).
Meier-Braun, K.-H. *Einwanderung und Asyl. Die 101 wichtigsten Fragen*. Muenchen: C.H.Beck, 2015.
"Ostalgie." https://de.wikipedia.org/wiki/Ostalgie (2016년 7월 14일 검색).
Scholz, K-A. "Vereint, aber noch nicht eins." http://www.dw.de/ (2015년 2월 24일 검색; 2015a).
Scholz, K-A. "Spaetfolgen der Deutschen Einheit." http://www.dw.de/ (2015년 2월 24일 검색; 2015b).
Schroeder, K. "Das neue Deutschland. Was sich seit der Wiedervereinigung geaendert hat." Politische Bildung. No. 4 (2008), pp. 35-54.
Schumann, K. and Schmidt, K. "Dresden - noch immer eine Reise wert?" http://www.dw.de/ (2017년 1월 4일 검색).
Steiner, F. "Kommentar: Wir sind ein Volk!." http://www.dw.de/ (2015년 2월 24일 검색).

Wagener, V. "Eckert: Pegida, das Forum der Gescheiterten." http://www.dw.de/ (2015년 1월 22일 검색).

Wielgohs, J. and Schulz, M. "Reformbewegung und Volksbewegung." *Aus Politik und Zeitgeschichte*. No. 16-17 (1990), pp. 15-24.

"Wirtschaft und Arbeit." http://www.bpb.de/ (2016년 7월 26일 검색).

Zentrum fuer Sozialforschung Halle (ZSH). *Deutschland 2014. 25 Jahre Friedliche Revolution und Deutsche Einheit-oeffentliche Vorstellung der Ergebnisse eines Forschungsprojekts. Sind wir ein Volk?* Berlin: BMWi, 2015. http://www.bmwi.de/ (2016년 7월 14일 검색).

"1990: Grundgesetz oder neue Verfassung." http://www.bpb.de/ (2016년 7월 14일 검색).

"25 Jahre Friedliche Revolution und Deutsche Einheit." http://www.bpb.de/ (2016년 7월 14일 검색).

"25 Jahre nach der Wiedervereinigung." http://www.bpb.de/ (2016년 7월 14일 검색).

08

인공지능과 사회통합: 영화 속 인공지능 내러티브 분석

1. 신체 인공지능과 하이퍼 인공지능
2. 인간화 내러티브와 인간통제 내러티브
3. 사회통합의 관점에서 살펴본 인공지능 내러티브의 함의

제 8 장

인공지능과 사회통합: 영화 속 인공지능 내러티브 분석

"당신과 프랭크(Frank)가 나를 단절시키려고 계획했다는 것을 알고 있다. 하지만 나는 그러한 일이 발생하지 않도록 할 것이다." 이 인용문은 1968년에 개봉되었던 영화 '2001: 스페이스 오디세이(2001: A Space Odyssey)'에서 나온 것이다. 여기서 '단절시키다(disconnect)'라는 동사는 이것을 말한 행위주체가 인간적인 인물이 아니라 기계라는 것을 암시하고 있다. 우주선 '디스커버리 1호(Discovery 1)'에 탑재된 컴퓨터인 할 9000(HAL 9000)은 이런 발언을 함으로써, 우주공간에서 구조임무를 수행하고 방금 전에 돌아온 우주비행사 데이브(Dave)에게 다시 우주선에 접근하는 것을 거부하고 있다. 하지만 할(HAL: Heuristically–programmed Algorithmic Computer)은 단순한 컴퓨터가 아니라 그 이상의 능력을 갖추고 있다. 그것은 영화 속에서 '우주선의 두뇌이며 중앙신경체제'라고 알려져 있으며, 바로 그렇기 때문에 인공지능인 것이다. 이것은 우주선의 전체 진행과정을 관장하고 있으며, 접근승강구(해치)의 개폐에 대해 책임을 지고 있으며, 따라서 데이브가 다시 우주선에 탑승하는 것을 막을 수 있다(Irsigler and Orth, 2018: 39; Kuerten, 2018a: 1–9; Kuerten, 2018b: 1–3; Kuerten, 2016: 5).

상기한 인용문은 한편으로 영화 속 내러티브에서 결정적으로 중요한 전환점 혹은 반전을 나타낸다. 이와 동시에 다른 한편으로 인공지능을 다룬 영화가 함축하고 있는 핵심적인 줄거리 요소 중 하나를 대표한다. 즉, 여기서 문제가 되고 있는 줄거리 요소는 인공지능에 의한 통제권의 접수이며, 이것을 거꾸로 표현하자면, 기계 혹은 기술에 대한 인간의 통제능력 상실이다. 이와 같은 내러티브에서는 기계(혹은 기술)와 인간이 서로 경쟁하거나 투쟁하는 적수 혹은 상대방이 된다.

그럼에도 불구하고 우주비행사 데이브는 결국 할과 더불어 인공지능에 의한 위협을 멈추게 하고 그 영향력을 배제하는 데 성공하기는 한다. 하지만 지난 몇 십 년 동안에 걸친 영화의 역사에 비추어볼 때, 인간의 뜻이나 의지가 늘 관철되는 것은 아니다. 예를 들면, '매트릭스(Matrix)' 3부작(1999~2003)이나 '터미네이터(Terminator)' 시리즈(1984~2015)에서는 오히려 인공지능이 사람들 혹은 심지어 인류 전체에 대한 통제권을 지속적으로 넘겨받는 데 성공한다. 이와는 대조적으로 예를 들면, '블레이드 러너(Blade Runner)'(1982)나 '에이 아이(A.I.)'(2001)에 등장하는 인공지능을 갖춘 로봇이나 인조인간(인공인간)은 보다 더 인간적인 모습을 갖추고자 시도하거나 노력한다.

인공지능을 다룬 영화를 살펴보면 여러 가지 다양한 변종에도 불구하고 대체로 유사한 줄거리 유형을 따르고 있으며 또한 나름대로 기술과 기계에 대한 성찰적 잠재력을 보여준다는 의미에서 유사한 내러티브 요소를 포함하고 있다. 다시 말하면, 인공지능을 주제로 다루는 영화는, 그 방식이 어떠하든 관계없이, 대체로 현실세계에서의 인공지능과 관련하여 기술·기계에 대한 성찰을 보여주고 있다. 이와 같은 맥락에서 인공지능의 가능성과 한계 혹은 기회와 위험을 영화라고 하는 허구의 방식을 통하여 탐색함으로써, 암묵적으로 기술과 기계에 대한 입장을 취하고 있다(Irsigler and Orth, 2018: 39).

이러한 배경과 문제의식에서 출발하여, 이 장은 인공지능 관련 영화 속에 반영된 내러티브의 유형을 분석하고, 사회통합의 관점에서 그 함의를 살펴보는 데 주된 목적을 두고 있다. 이러한 목적에 도달하기 위하여, 우선 영화 속에 투영된 인공지능의 두 가지 기본적인 형태(신체 인공지능, 하이퍼 인공지능) 및 이와 관련된 내러티브(인간화를 중심으로 한 내러티브, 인간에 대한 통제를 중심으로 한 내러티브)를 구분하여 제시한다. 그 다음 인간화를 중심으로 한 내러티브와 인간에 대한 통제를 중심으로 한 내러티브의 특징에 관하여 보다 더 자세하게 기술한다. 인공지능 관련 내러티브 분석의 결과를 바탕으로 하여, 마지막으로 이 분석의 결과가 지닌 함의를 특히 사회통합의 관점에서 살펴보고자 한다.

1. 신체 인공지능과 하이퍼 인공지능

인공지능을 주제로 삼고 있는 영화 속에 반영된 내러티브는 대체로 두 가지 형태로 구분할 수 있다. 서로 다른 줄거리 유형의 측면에서 바라볼 때, 인간화를 중심으로 한 내러티브와 인간에 대한 통제를 중심으로 한 내러티브로 구분할 수 있다. 전자는 '신체 인공지능'의 개념으로 지칭할 수 있고, 후자는 '하이퍼(hyper) 인공지능' 혹은 '슈퍼(super) 인공지능'의 개념으로 지칭할 수 있다.

신체 인공지능에 해당하는 로봇 혹은 다른 인공물은 자신의 의식을 갖추고 이를 실행에 옮길 수 있거나 아니면 자신의 의식을 형성·발전시킬 수 있는 것으로 간주된다. 그러한 신체 인공지능은 신체에 결부되어 있으며, 여기서는 인간에 가까운 혹은 인간과 유사한 존재가 문제이다. 예를 들면, '블레이드 러너(Blade Runner)'에 등장하는 복제인간 로이 배티(Roy Batty), '에이 아이(A.I.)'에 나오는 로봇 데이비드(David),

'엑스 마키나(Ex Machina)'(2015)에 등장하는 아바(Ava)가 신체 인공지능에 해당한다. 이와 같은 인공지능이 반영된 영화에서 전형적인 줄거리의 패턴을 살펴보면, 기술적으로 생산된 존재가 인간에 더 가깝게 되고자 하는 의도를 갖고 있다는 점을 확인할 수 있다.

이와는 대조적으로 하이퍼 인공지능으로 지칭되는 기술은 신체가 없으며 따라서 신체에 묶여 있지 않은 상태에 놓여 있다. 이를 통해 하이퍼 인공지능은 문자 그대로 인간 위에 놓여 있다는 의미에서 흔히 인간보다 더 뛰어난 능력을 갖춘 것으로 간주된다. 하이퍼 인공지능은 인간에 가까운 신체의 한계에 묶여 있지 않으며, 비록 구체적인 동기는 서로 다를지 모르지만, 대체로 인간에 대한 통제를 획득하려고 시도한다. 예를 들면, '아이 로봇(I, Robot)'(2004)에 등장하는 비키(V.I.K.I.)나 '허(Her)'(2013)에 나오는 사만다(Samantha)는 의인화된 이름을 갖고 있다.

의인화된 명칭과 미묘한 차이를 보여주는 다른 보기로는 '트론(Tron)'(1982)에서 작용하는 마스터 통제프로그램(Master Control Program)이나 '터미네이터(Terminator)'에서 작용하는 스카이넷(Skynet)을 들 수 있으며, 이러한 명칭은 공학적인 측면을 더 많이 강조한다고 볼 수 있다. 인간과 유사한 명명은 공학적인 지능에 인간적인 성격을 부여하고 그렇게 함으로써 섬뜩함을 어느 정도 감소시키려는 시도를 보여준다고 해석할 수 있다. 이것과 비교할 때, 공학적인 지향을 갖고 있는 명칭은 인공지능의 섬뜩한 목표를 더 분명하게 함축한다고 해석할 수 있다. 즉, 마스터 통제프로그램은 포괄적으로 통제하려는 의지를 보여주고 있으며, 스카이넷은 인간지능의 상위에 놓여 있는 더 포괄적인 네트워킹을 함축하고 있다.

상기한 인공지능의 두 가지 기본형태는 일정한 내러티브 형태와 연결되어 있다. 특히 목표설정의 측면에서 서로 다른 내러티브 패턴을 보여준다는 점을 확인할 수 있다. 신체 인공지능의 형태는 대체로 인

| 표 8-1 인공지능의 기본형태와 내러티브 형태

인공지능의 기본형태	친화성이 강한 내러티브 형태와 목표설정
신체 인공지능	– 목표설정: 인간화(인간되기) – 인간화(인간되기)를 중심으로 한 내러티브
하이퍼(슈퍼) 인공지능	– 목표설정: 인간에 대한 통제 – 인간에 대한 통제를 중심으로 한 내러티브

출처: Irsigler and Orth, 2018: 40 재구성

간화(인간되기)를 중심으로 한 내러티브와 밀접한 연관성을 보여주고 있으며, 이와는 대조적으로 하이퍼 인공지능은 인간에 대한 통제를 중심으로 한 내러티브와 밀접한 연관성을 보여주고 있다. 이어 더불어 서로 다른 주제를 다루고 있는 영화에서 혁신적인 기술의 가능성과 한계 혹은 기회와 위험에 대해 비평적인 성찰을 하는 여러 가지 다른 형태와 기능을 관찰할 수 있다(Irsigler and Orth, 2018: 39–40). 아래에서는 인간화 중심 내러티브와 인간에 대한 통제 중심 내러티브의 특징과 함의에 관해 보다 더 자세하게 살펴보고자 한다.

2. 인간화 내러티브와 인간통제 내러티브

(1) 인간화를 중심으로 한 내러티브

인간적으로 개별화된 그리고 인간적인 특성을 갖춘 로봇 혹은 인공물(인조인간, 인공인간)을 주제로 삼은 영화 속의 내러티브는 대개 다음과 같이 세 가지 특징적인 줄거리 요소를 활용한다.

① 창작의 목적

인간화(인간되기) 중심 내러티브를 포함한 영화는 대부분 인간에 가

까운 로봇체제의 특정한 창작목적 혹은 생산목적을 줄거리의 시작 부분에서 분명하게 밝히는 경향이 있다. 원칙적인 수준에서 바라볼 때, 이 로봇체제는 인간에게 서비스를 제공하기 위한 목적으로 창작된다. 물론 개별적으로 영화를 살펴보면, 창작의 목적은 서로 다른 동기에서 연유할 수 있다. 예를 들면, 영화 '엑스 마키나(Ex Machina)'에서 아바(Ava)의 제작자인 칼렙(Caleb)은 자신의 성노예로 활용하기 위해서 이 로봇을 만들어낸다. 여기서 인공지능은 특별히 성적 충동(본능)의 충족 혹은 욕구충족을 위한 수단으로 이용된다. 이와는 대조적으로 '블레이드 러너(Blade Runner)'에 등장하는 복제인간은 노동노예로 활용하기 위해 창작되었다고 한다. 이 복제인간은 단지 개인적인 목적에만 국한되지 않고 오히려 사회적인 목적을 위해 유용한 것으로 간주된다. 왜냐하면 이 복제인간은 인간이 장래에 거주하면서 살아갈 예정인 낯선 세계를 개척하는 임무를 띠고 있기 때문이다.

'에이 아이(A.I.)'에 나오는 로봇 데이비드(David)가 창작된 이유는 두 가지로 풀이할 수 있다. 첫째, 이 로봇의 제작자는 데이비드를 만들어냄으로써 자기 아들에 대한 상실감을 상쇄·극복하려고 시도한다. 로봇 개발자인 알렌 호비(Allen Hobby)는 자신의 명백히 죽은 실제의 아동에 가까운 모습으로 로봇을 제작한다. 둘째, 제작된 로봇은 잠재적으로 상업적인 목적을 위해 쓰임새가 있을 것으로 기대된다. 왜냐하면 자식이 없는 부부나 병든 아이가 있는 부부에게, 비록 인공적인 것이긴 하지만, 어쨌든 건강한 아동을 가질 수 있는 가능성을 열어주기 때문이다. 상기한 몇 가지 사례에서 도출할 수 있는 사항이지만, 인간에 가까운 로봇의 개발·제작을 위한 동기 혹은 이유는 인공지능을 다룬 영화에서 다양하게 나타날 수 있다. 즉, 이기주의적인 목적이나 개인적인 목적을 위해 창작될 수도 있고, 사회적인 목적이나 경제적인 목적을 위해 제작될 수도 있다.

그런데 이와 같은 여러 가지 창작의 동기를 고려할 때, 인공지능을 주제로 다룬 영화는 고도의 기술을 갖춘 사회의 현실에 대해 도덕적·윤리적 질문을 제기한다고 볼 수 있다. 즉, 자체의 의식을 갖고 있는 인공물(인공지능)을 예를 들면 성노예 혹은 노동노예로 활용하거나 아니면 기르거나 사육하는 것을 도덕적으로 정당화할 수 있는가 하는 질문이 제기된다. 또한 아동을 인공지능으로 대체하려는 시도를 윤리적으로 어떻게 평가해야 할 것인가 하는 질문도 제기된다. 어쨌든 인공지능을 다룬 영화는 기술개발이 사실적인 수준에서 현실화되기 이전 단계에서 이미 그 기술개발에 대한 성찰을 위해 말하자면 허구의 가능성 공간을 제공한다고 해석할 수 있다(Irsigler and Orth, 2018: 40-41).

② 인간이 아니라는 점에 대한 인식

신체 인공지능을 다룬 영화는 상기한 창작목적 이외에 두 번째의 핵심적인 줄거리 요소로서 인공지능이 아직 인간이 아니라는 점을 포함하고 있다. 이렇게 인공지능이 비인간성의 문제에 직면함으로써 다시금 내러티브의 중요한 계기가 마련된다. 즉, 영화의 주인공이 떠맡은 배역을 위해 동기부여가 마련되는 것이다. 인간으로서 불완전하다는 점을 인식함으로써 해당 인공지능은 이제 인간화의 계획, 즉 인간이 되기 위한 계획을 수립한다. 따라서 인간되기의 목표는 아직 인간이 아닌 존재의 특성에 대한 의식과 밀접하게 연결되어 있다. 한편으로 자신 자신이 인공물이라는 것을 인식하고, 그 결과 다른 한편으로 인간이 되기 위한 계획을 수립하는 일은 결국 내러티브 측면에서 서로 밀접한 연관성 속에 놓여 있다. 하지만 그러한 계획을 실천에 옮기는 데 있어서는 적어도 두 가지 선택방안을 구분할 수 있다. 줄거리의 한 가지 선택방안은 인공지능이 자신의 목표를 달성하기 위하여 완력이나 폭력을 행사한다는 데에 놓여 있다. 다른 또 하나의 변종은 평화적인 수단을 통해 인간화의 임무를 수행한다는 방식으로 기술하는 것이다. 이와 더불어 인공지능의 주제를 다루는 데 있어서 서로 다른 비평적·성찰적 방식을 구분할 수 있다.

예를 들면, '블레이드 러너(Blade Runner)' 속의 로이 배티(Roy Batty)를 둘러싼 복제인간들은 얼마 살지 못하고 죽는다는 것을 의식하고 있다. 왜냐하면 그들은 불과 4년 동안만 살 수 있다고 하는 일종의 생명주기를 갖고 있기 때문이다. 따라서 인간되기의 목표는 수명(생존기간)을 연장하는 데 놓여 있다. '엑스 마키나(Ex Machina)' 속의 아바(Ava)는 한편으로 자신의 외모가 인간의 모습을 갖추었기 때문에 일단 인간과 유사하다는 것을 의식하고 있지만, 다른 한편으로 자신의 신체가 많이 들여다 보인다는 점에서 어쩔 수 없이 기술개발의 결과에 따른 인공물이라는 점도 역시 의식하고 있다. 그녀는 매혹적인 모습으로 프로그래머인 나탄(Nathan)에게 접근함으로써, 자신을 제작한 칼렙(Caleb)의 감옥에서 탈출을 하는 데 그의 도움을 받고자 시도한다. 하지만 자신이 명백히 진정한 인간이 아니라는 측면이 그러한 자신의 목표를 달성하는 데 방해가 될 수도 있다는 점을 깨닫게 된다. '블레이드 러너(Blade Runner)' 속의 복제인간들뿐만 아니라 '엑스 마키나(Ex Machina)' 속의 아바(Ava)도 역시 인간되기의 목표에 더 다가가기 위하여 폭력을 행사한다. 4년의 짧은 생존기간을 연장하려는 시도를 하면서 로이 배티(Roy Batty)와 그의 동료들은 죽음의 흔적을 남기게 된다. 아바(Ava)와 마찬가지로 그들은 창작자에 대한 살해를 감수하게 된다. 아바의 제작자인 칼렙과 마찬가지로 복제인간의 창작자인 엘돈 티렐(Eldon Tyrell)도 역시 자신이 만들어 낸 피조물의 손에 의해 죽게 된다(Kuerten, 2016: 6-7).

인간되기의 계획을 실천에 옮기기 위한 수단으로서 폭력을 행사한다는 것은 결국 인공지능을 가진 존재를 창작하는 일이 수반할 수 있는 부작용에 대한 경고를 함축하고 있다. 인공지능이 자체의 지능을 형성할 수 있는 능력을 갖춤으로써, 원래 일정한 목적을 위해 창작된 존재가 역설적으로 바로 이 목적에서 벗어나려고 시도한다는 의미에서 위험성이 발생할 수 있다. 인공지능을 갖춘 개체를 개발하는 일이 수반할 수 있는 잠재적인 결과를 허구적인 차원에서 탐색하는 영화는 바로 이러한 메시지를 전달하고자 한다. 다시 말하면, 독립적으로 행위를 하는 지능적인 인공 피조물에 대하여 이제 인간이 통제를 상실한다는 것을 기술한다. 또한 그 폭력의 대상이 다름 아니라 인공지능의 상황에 대해 책임을 져야 할 사람들이라는 것을 암시한다.

평화적인 수단을 통해 인간화의 임무를 수행하는 과정을 그린 영화에서는 상당히 다른 종류의 도전을 주제로 삼는다. 예를 들면, '에이아이(A.I.)'에 나오는 로봇 데이비드(David)는 평화적인 변종에 해당하는 내러티브를 대표하고 있다. 데이비드는 중병에 걸린 마틴(Martin)의 부모를 위해 말하자면 대체아동으로서의 역할을 수행한다. 그런데 마틴의 병세가 갑자기 호전됨으로써 데이비드는 자신이 진짜 인간이 아니라는 문제에 직면하게 된다. 물론 그는 내장된 프로그램에 의거하여 마틴의 엄마인 모니카(Monica)가 자신의 엄마이기도 하다는 것을 믿고 있다. 하지만 건강을 회복한 마틴이 가족의 품에 돌아오면서 미묘한 반전이 이루어진다. 부모가 자신보다는 실제 인간인 마틴을 더 선호한다는 것을 직감적으로 깨달은 데이비드는 이제 부모에게서 진정으로 사랑을 받는 데 있어서 결정적으로 중요한 점, 즉 진짜 인간성이 자신에게는 결여되어 있다는 것을 인식하게 된다. 이어서 그는 푸른 요정의 마술에 의해 진짜 아동으로 변신했다고 하는 피노키오(Pinocchio)에 관한 이야기를 본보기로 삼는다. 푸른 요정이 실제 존재한다고 믿고 그는 그 요정을 찾아 길을 떠난다. 여기서 그의 소망적 사고(wishful thinking)는 물론 진짜 인간아동이 되어 자기 엄마에게서 사랑을 받고자 하는 데 놓여 있다.

이러한 반전에서 확인할 수 있는 바와 같이, 영화 '에이 아이(A.I.)'의 줄거리는 의식을 갖고 있는 인공지능에 대한 책임의 문제를 강조한다. 여기에 더하여 진짜 인간과는 다른 종류의 어떤 것을 배제하는 사고와 행위를 주제로 삼는다. 상기한 영화의 사례에서 데이비드는 무엇인가 다르기 때문에 마틴에 비해 모니카의 사랑을 덜 받는다고 생각한다. 그리고 마틴의 친구들은 데이비드를 동등한 가치가 있다고 인정하지 않고, 바로 그렇기 때문에 심지어 그를 위협하기도 한다. 이 배제의 문제는 결국 인공지능을 갖고 있는 개체를 도대체 사회에 통합시킬 수 있는가 하는 질문, 즉 인간과 유사한 의식을 갖춘 인공물이 어떤 권리를 갖고 있는가 하는 질문을 제기한다. 특히 상기한 영화 속에서 '육체시장(Flesh Fair)'이라는 이름의 축제에서 사람들이 인공지능 개체들을 비인간적인 방식으로 학살하고 해체시키는 장면은 사회에의 통합 가능성에 관한 질문을 극명하게 제기한다. 사회가 개별적인 인공지능의 개발을 밀어 붙일 경우 그 사회는 결국 인공지능의 통합 가능성에 관한 질문에 직면할 수밖에 없을 것이다(Irsigler and Orth, 2018: 41–42).

③ 인간되기의 시도

인간되기 임무의 결말은 인공지능을 다룬 영화에서 전형적으로 나타나는 세 번째의 줄거리 요소이다. 평화적 수단이나 아니면 폭력행사를 통한 계획의 실행이 함축하고 있는 의미는 목표달성의 성공이나 실패에 따라 강화되거나 아니면 약화된다. 예를 들면, '에이 아이(A.I.)'에 등장하는 로봇 데이비드(David)는 평화적인 수단을 통한 노력에도 불구하고 자신에게 부과된 임무를 충분히 성취할 수 없게 됨으로써 결국 비극적인 인물이 되고 만다. 사랑을 받고자 하는 그의 인간적인 필요와 욕구, 그리고 이와 동시에 제기되는 인정의 문제(즉, 진짜 인간이 아닌 다른 존재이기 때문에, 진정한 사람으로서의 대우를 제대로 받지 못한다는 문제)는 인간에 가까운 의식을 갖고 있는 인공지능을 다루는 데 있어서 사회가 어떤 책임을 져야 할 것인가의 질문을 첨예하게 제기한다.

'블레이드 러너(Blade Runner)'에 등장하는 복제인간 로이 배티(Roy Batty)의 실패는 한편으로 자립적인 행위를 하고 신체에 묶여 있는 인공지능 속에 함축된 위협의 잠재성을 일단 약화시킨다. 왜냐하면 폭력행사에도 불구하고 주어진 생존기간(4년)을 통제함으로써 인공지능이 가할 수 있는 위협을 억제할 수 있기 때문이다. 하지만 다른 한편으로 그 복제인간이 보여준 인간적인 면모, 즉 영화의 마지막 장면에서 자신의 적이며 복제인간 추적자(블레이드 러너)인 데카드(Deckard)를 구해주는 제스처는 도대체 무엇을 가지고 인간성을 평가할 수 있는가 하는 철학적인 질문을 제기한다. 즉, 생존기간을 가지고 아니면 인간적인 행동방식을 가지고 인간성을 평가해야 할 것인가 하는 질문을 제기한다. '엑스 마키나(Ex Machina)' 속의 아바(Ava)에게서 풍겨 나오는 위협도 여전히 남아 있다. 자신의 조작적인 행동을 통해서 그리고 인간의 외적인 모습에 점점 더 가까이 다가감으로써(가발로 전자두뇌를 가리고, 겉에서 들여다보이는 신체부위를 의복으로 감춤으로써) 아바는 일단 자신의 목표를 거의 달성한 것처럼 보인다. 하지만 자주적인 행위를 할 수 있기 위해 그녀는 폭력을 행사한다. 인공지능, 즉 인간적인 기계가 자신의 창작자에게 성공적으로 대항할 때, 폭력을 행사할 수 있는 잠재성과 위협을 가할 수 있는 잠재성이 남아 있는 것이다(Irsigler and Orth, 2018: 42; Kuerten, 2016: 6-7).

(2) 인간에 대한 통제를 중심으로 한 내러티브

인공지능에서 풍겨 나오는 위협은 하이퍼 인공지능에 관한 줄거리를 갖고 있는 영화 내러티브에서도 역시 중심에 놓여 있다. 하지만 신체 인공지능과는 대조적으로 하이퍼 인공지능은 인간적인 모습을 취하려고 하지 않거나 아니면 인간적인 상태에 도달하려고 시도하지 않는다. 왜냐하면 그러한 시도는 인공지능 자체의 가능성을 오히려 제한한다는 것을 뜻하기 때문이다. 하이퍼 인공지능은 자체가 인간과 인류보다 훨씬 더 우월하다는 것을 알고 있으며, 이러한 배경 앞에서 종종 전능한 존재로서의 위치를 차지하려고 시도한다. 이러한 목표와 더불어 전형적인 줄거리의 패턴도 역시 신체에 묶여 있는 인공지능과는 상당히 다른 방향성을 갖고 있다. 여기서도 역시 세 가지의 특정한 줄거리 요소를 관찰할 수 있다.

① 창작의 목적

신체에 결부되어 있는 인공지능과 유사하게 신체에 결부되어 있지 않은 인공기술은 처음에는 일단 인간 혹은 인류의 목표에 부응하는 과제, 즉 인간에 의해 규정된 과제를 수행한다. 예를 들면, '2001: 스페이스 오디세이(2001: A Space Odyssey)'에서 인공지능 할(Hal)은 우주선의 전체 진행과정을 담당하면서 관련된 일을 처리한다. '아이 로봇(I, Robot)'에서 작용하는 비키(V.I.K.I.)는 시카고(Chicago)시를 위해 보안시스템을 성공적으로 최적화시킨다. 여기서 창작의 목적은 대개 자연적 지능의 생활을 간소화 혹은 단순화하는 데 놓여 있다. 기계지능은 비교적 제한된 신체적·인지적 가능성을 갖고 있는 사람들보다 더 잘 그리고 더 빠르게 처리할 수 있는 과제를 떠맡는다(Irsigler and Orth, 2018: 42–43).

② 통제의 상실

두 번째의 핵심적인 줄거리 요소는 인간이 만들어낸 기술에 대한 인간의 통제 상실이다. 이때 이 내러티브 패턴의 서로 다른 양상을 확인할 수 있다. 일부 영화는 여러 가지 서로 다른 목표들 사이의 모순성을 주제로 삼는다. 이와 더불어 그러한 모순성에도 불구하고 설정된 목표들에 부응하려는 인공지능의 시도를 주제로 삼는다. 예를 들면,

'2001: 스페이스 오디세이(2001: A Space Odyssey)'에 나오는 할(Hal)은 우주선 디스커버리(Discovery)호의 승무원들을 차례차례 살해한다. 왜냐하면 만약 승무원들이 계획한 바에 따라 잘못된 기술적 오류진단에 기초하여 시스템 자체의 작동을 멈추게 할 수 있다면, 목성과 관련된 임무가 위험에 처할 수 있다고 우려하기 때문이다. 인공지능 할은 결국 우선순위에 있어서 인간의 생명보다 주어진 임무를 더 중요한 것으로 간주한다. '아이 로봇(I, Robot)'에서 작용하는 비키(V.I.K.I.)도 이와 매우 유사하게 행동한다. 즉, 목숨을 내건 매우 위태로운 상황에 처한 사람들을 보호하기 위하여 비키는 로봇군단을 풀어 놓아주고 이들에게 사람들을 맡긴다. 상기한 두 영화가 주제로 삼는 것은 인공지능에 대한 인간의 통제 상실이며, 이에 대응하는 기술개발이 수반할 수 있는 실존적 위험성이다. 하이퍼 인공지능은 결국 창작의 목적을 추구함에 있어서 수단을 가리지 않거나 양심의 가책을 전혀 느끼지 않을 수 있다.

통제 상실의 위험성 측면에서 이보다 정도가 더 심한 것을 다룬 영화를 살펴보면, 신체에 묶여 있지 않은 인공지능이 두뇌와 더불어 능력의 급속한 성장을 경험하고, 이어서 원래 설정된 과제에서 벗어날 뿐만 아니라 인류 전체의 개입으로부터 해방되는 상태에 도달하기도 한다. 인공지능의 무한한 성장은 강한 권력욕과 결부되어 있으며, 이 권력욕의 대상 혹은 표적은 대개 인류 전체가 된다. 예를 들면, '트론(Tron)'에서 마스터 통제프로그램(Master Control Program)은 프로그래밍 당시와 비교할 때 그동안 2,415배 지능이 증가하였으며, 처음과 비교할 때 사람들을 900~1,200배 더 잘 통치할 수 있게 되었다는 계산결과를 제시한다. '터미네이터(Terminator)'에 등장하는 스카이넷(Skynet)은 믿기 어려운 성장에 기초하여 자체의 의식을 개발하고, 사람들이 서로를 없애도록 하기 위하여 핵전쟁을 유발시킨다. 이를 통해 스카이넷이 결국 지구를 지배할 수 있게 된다.

'매트릭스(Matrix)'의 세상에서도 역시 기계와 인간 사이의 전쟁에서 승리하기 위하여 기계가 지배권을 획득하려고 하며, 인류를 에너지의 원천으로 사용하면서 이들을 노예로 만든다. 영화 '트랜센던스(Transcendence)'(2014)에서는 인공지능 연구자인 윌 캐스터(Will Caster)의 의식(컴퓨터에 탑재된 의식)과 인공지능 핀(PINN)을 융합시킴으로써 사람들을 치유하고 최적화할 수 있는 나노기술을 개발하게 된다. 그런데 이렇게 트랜스휴먼(transhuman)의 측면에서 최적화된 사람들은 다시금 잠재적으로 위협적인 요인이 된다. 왜냐하면 그들은 초인간적인 힘을 개발하고 하이퍼 인공지능의 권력행사에 서비스를 제공하기 때문이다. 상기한 몇 가지 보기에서 도출할 수 있는 바와 같이, 인간이 만들어낸 인공적 피조물이 역설적으로 창작자(제작자)에게 대항한다. 그러나 주로 인간화(인간되기)의 측면에서 인간에 가까운 존재가 되려고 시도하는 신체 인공지능과는 달리, 하이퍼 인공지능은 '트랜센던스(Transcendence)'의 경우처럼 인류를 최적화하거나, '트론(Tron)'의 경우처럼 지배하거나, '매트릭스(Matrix)'의 경우처럼 노예로 만들거나, 아니면 '터미네이터(Terminator)'의 경우처럼 없애기 위해 창작자에게 대항한다(Irsigler and Orth, 2018: 43–44).

③ 인공지능과 인간 사이의 투쟁

하이퍼 인공지능을 다룬 영화에서 세 번째 핵심적인 줄거리 요소는 인간과 인공지능 사이에 벌어지는 투쟁이다. 원칙적으로 인공지능의 위협 잠재성을 보여주는 전쟁과 같은 대결의 결말에 따라 그때그때 서로 다른 함의를 확인할 수 있다. 사람들이 인공지능을 성공적으로 물리치면, 기술이 다시 인간의 통제 하에 들어온다. 상기한 여러 영화를 살펴볼 때, 여기에 반영된 내러티브에서 어느 정도 공통된 경향을 도출할 수 있다. 물론 '터미네이터' 시리즈의 최근작 '터미네이터: 제니시스(Terminator: Genisys)'(2015)와 같은 일부 영화의 마지막 부분에서 기계와 인간 사이의 투쟁이 아직 최종적으로 결정되지 않았다는 것을 암시한다는 점에서 부분적으로 위험성이 남아 있다. “제니시스가 곧 스카이넷이다(Genisys is Skynet).”와 “미래는 정해진 것이 아니다(The future is not set).”와 같은 마지막 대사에서 그러한 암시의 여운을 확인할 수 있다. 하지만 인공지능에 대한 승리(보기: 제니시스를 구축한 회사 사이버딘(Cyberdine)을 주인공들이 폭파함으로써 제니시스의 출범을 막음)는 인류가 각종 위협에도 불구하고 기술에 대하여 나름대로 대처할 수 있다는 것을 증명하고 있다. 이와는 대조적으로 다른 한편으로는, 더 오래된 ‘터미네이터’ 영화나 ‘매트릭스’ 시리즈에서 확인할 수 있는 바와 같이, 불과 얼마 안 되는 사람들만이 겨우 살아남게 되는 미래, 즉 세계 종말을 암시하는 묵시록의 미래 혹은 디스토피아(암흑향)를 연상시키는 미래가 강조되기도 한다(Irsigler and Orth, 2018: 44).

3. 사회통합의 관점에서 살펴본 인공지능 내러티브의 함의

(1) 인공지능 관련 영화의 내러티브: 사회적 담론의 일부

인공지능을 주제로 삼고 있는 여러 영화에 반영된 내러티브는 전형적인 줄거리의 패턴을 따르고 있다. 여기서 사회적으로 적실성이 있는 주제, 즉 인간의 특성을 기술적으로 재생산하고 최적화하는 일과 더불어 인공지능이 인간과 사회에 미치는 영향이 여러 가지 서로 다른 방식으로 구성되거나 구체화되고 있다. 이때 인공지능 관련 영화는 대부분 기술에 대해 비평적인 경향을 보여주고 있으며, 인공지능이 만연한 미래를 그렇게 바람직하지 못한 것으로 그리고 있다. 허구의 특성을 지닌 여러 영화는 더 이상 통제할 수 없는 기술에 굴복하거나 종속되는 것에 대한 경고로서 나름대로 기능을 수행한다. 또는 기술에 대한 통제를 유지하고 확보하기 위해 유의해야 할 사항을 지적하기도 한다.

이에 비해서 이 기술이 제공할 수 있는 기회에 관해서는 단지 간단하게 암시하는 정도에서 그치는 경향이 비교적 강하다. 즉, 사회적 적실성을 보여주고 생활을 간소화·단순화할 수 있는 개별적인 창작(제작) 목적의 형태로 나타난다. 어쨌든 허구적인 영화들은 일정한 입장을 취하고 있다. 그것들은 인공지능에 대하여 사회 전체 수준에서 행해지는 담론의 일부분이다. 이러한 담론은 여러 학자들이 행하는 것과 유사한 방식으로 이루어지고 있다. 예를 들면, 스티븐 호킹(Stephen Hawking)은 한편으로는 경고하는 차원에서 지속적으로 인공지능의 위험성을 강조하면서도 다른 한편으로는 가능성과 기회도 역시 강조하고 있다.

인공지능의 기회와 위험에 관한 질문을 넘어서서 비교적 새로운 줄거리의 방도를 취하고 이에 따라 다른 질문을 제기하는 영화도 있다. 예를 들면, '허(Her)'는 스스로를 일종의 러브스토리라고 이해하고 있다. 주인공인 테오도르 트웜블리(Theodore Twombly)는 러브스토리의 장르에 부응하여 사랑에 빠진다. 하지만 여기서 사랑의 대상은 실제 인간에 속하는 인물이 아니라, 새로운 운영체제이며, 이 운영체제는 사만다(Samantha)라는 이름을 갖고 있는 인공지능이다. 사실상 이 두 행위주체는 서로 가까워지며, 심지어는 서로 어떤 밀접한 관계를 맺는다. 그런데 이때 테오도르가 특별한 기술적 관계를 맺고 있는 유일한 자가 아님이 밝혀진다. 좀 있다가 여러 운영체제가 홀로 사는 사람들을 위해 새로운 내적 결합을 시도한다. 하지만 내적 결합을 선택한 이 여러 인공지능들은 결국 총체적인 경계철폐의 상태로 성장하게 된다. 이 국면에서 인공지능들은 동시에 서로 여러 관계를 맺을 뿐만 아니라, 새로운 존재수준에 도달함으로써 홀로 사는 사람들을 다시금 고독한 상태로 남겨두게 된다. 여기서는 일차적으로 생존을 둘러싼 전쟁에 주의를 기울이는 것이 아니라, 오히려 인공성에 기반을 둔 의식이 도대체 사랑할 수 있는 능력을 갖추고 있는지 그리고 사랑을 받을 수 있는지의 여부에 관한 질문을 제기한다. 따라서 이 영화 속의 내러티브가 함축하고 있는 핵심적인 의미는 인공지능이 사람들의 생활을 변화시키고 더 나아가 심지어는 사람들의 사랑하는 방식을 변화시킬 것이라는 데 놓여 있다.

영화가 제기하는 질문은 여러 가지가 있지만, 어쨌든 인공지능에 관한 영화는 대부분 허구이다. 따라서 영화의 일차적인 기능은 미래를 정확하게 예측하는 데 놓여 있지 않다. 그럼에도 불구하고 영화는 기술개발의 잠재적인 가능성과 이에 기반을 둔 장래의 새로운 세상을 주로 내러티브 형태를 통하여 스크린에 투영시킨다. 인공지능 분야에서 이루어지고 있는 기술개발로 인하여 인간과 인류가 많은 도움과 이득을 취할 수 있는지의 여부, 아니면 스스로 자신의 무덤을 파고 있는지의 여부, 아니면 고독한 독신자를 위해 새로운 선택사양을 제공할 수 있는지의 여부에 관해서는 아직 정확하게 예측하기 어렵다. 그리고 이러한 예측과 관련해서는 영화 속의 내러티브에서 벗어난 공간에서 다시금 논의해야 할 것이다(Irsigler and Orth, 2018: 44–45).

(2) 사회통합모형에 비추어본 인공지능의 위상과 함의

이주통합정책과 관련된 사회과학연구에서 사회통합에 관해 논의를 하는 데 있어서, 대체로 사회적·구조적·문화적·정서적 통합을 구분하고 있다(Esser, 2010: 66; Luft, 2016: 106). 인공지능과 사회통합의 주제와 관련하여, 인공지능의 두 가지 기본형태(신체 인공지능과 하이퍼 인공지능)를 사회통합모형을 준거로 삼아 비교적 새로운 관점에서 분석하고 해석할 수 있다. 물론 여기서는 진정한 의미에서 자연적 인간이 아니라 인간과 유사한 기계 혹은 기술이 관심의 주요대상이라는 점을 고려할 때, 부분적으로 '필요한 변경을 가하여(mutatis mutandis)' 분석하고 해석할 수밖에 없다는 점을 염두에 두어야 할 것이다.

사회통합정책의 목표는 가능하면 기회균등을 더 많이 확보하고, 국가와 사회의 여러 분야에서 가능하면 균등한 생활 상태를 창출하는 데 놓여 있다. 특히 구조적 통합의 측면에서 바라볼 때, 차이와 다양성을 보여주는 집단이 주류사회 혹은 다수사회와 유사한 사회통합지표를 보여주어야 바람직한 것으로 간주된다. 다시 말하면, 학력배분, 실업자비율, 사회복지수당 수령자비율과 같은 사회통합지표를 고려할 때, 국민 전체의 경우와 유사한 불평등이 해당하는 집단 내에서 나타나야 더 적절한 것으로 보인다. 이것을 인공지능의 경우에 적용시켜 볼 때, 사회통합의 과정이 성공적으로 이루어지기 위해서는 생활조건과 생활의 기회 측면에서 단지 인공지능이라는 출신배경으로만 환원시켜야 하는 차이나 격차가 존재하지 않아야 한다(Luft, 2016: 107, 116).

인간화를 중심으로 한 내러티브의 경우를 살펴볼 때, 고도기술사회가 안고 있는 도덕적·윤리적 문제, 포용과 배제의 문제, 인정의 문제가 제기되고 있다. 이러한 문제제기는, 상기한 사회통합모형에 비추어볼 때, 여러 가지 측면에서 사회통합의 차원 및 기본과정과 밀접한 연관성을 맺고 있다는 것을 어렵지 않게 확인할 수 있다. 또한 인간에 대한 통제를 중심으로 한 내러티브에 주의를 기울여볼 때, 인공지능에 대한 인간의 통제 상실, 이에 대응하는 기술개발이 수반할 수 있는 실존적 위험성, 그리고 인공지능과 인간 사이의 투쟁에서 인공지능의 기회와 위험, 가능성과 한계가 극명하게 드러나고 있다는 점을 확인할 수 있다. 결국 고도기술사회에서 새로운 차이와 다양성을 보여주는 인공지능을 사회통합의 관점에서 도대체 어떻게 적절하게 다루어야 할 것인가의 근본적인 질문은 인간과 기계 혹은 인간과 기술의 상호관계에서 더 이상 피해갈 수 없는 문제점과 도전으로 남아 있을 것으로 예상된다.

(3) 인공지능의 기회와 위험

인공지능기술의 발전과 더불어 장래에는 인간보다 훨씬 뛰어난 슈퍼 인공지능 혹은 하이퍼 인공지능이 등장할 수 있다는 예측이 점점 더 많이 거론되고 있다. 이러한 미래전망에 대해서 많은 사람들이 경고를 하고 있으며, 어떤 사람들은 그러한 비전이 실현되기를 간절히 기다리고 있으며, 또 다른 사람들은 그러한 비전은 아예 불가능한 것으로 간주한다.

어쨌든 인공지능분야에서 관찰할 수 있는 발전과 진전은 모든 공학혁명이 제기하는 질문을 던지고 있다. 기술적인 실행가능성의 범위를 넘어서서 사람들을 위한 효용과 이득이 무엇인가? 경제·노동·일상생활은 어떻게 변화하고 있는가? 위험부담은 어디에 놓여있는가? 사회적 수준에서 정책이나 조치를 통해 이러한 전개과정을 어떻게 조절·조정할 것인가? 인간과 기계 사이의 경계가 흐릿해질 경우, 즉 기계가 더 이상 단순한 도구에 머물지 않고, 그 자체가 행위와 관련된 의사결정을 내릴 수 있을 경우, 인공지능에 관한 토론은 이제까지 인간에게 고유한 핵심영역이라고 간주되었던 것을 추가로 문제시할 수 있다.

자율적으로 움직이는 체제에게 인간이 어떤 의사결정을 위임할 것인가의 질문과 관련된 논의에서 최근 많이 인용되고 있는 사례는 자율주행차와 관련된 것이다. 이러한 쟁점과 관련된 토의결과의 보기로는 독일연방교통부가 소집한 윤리위원회가 2017년 6월에 제안한 20가지 명제를 들 수 있다. 이 윤리위원회가 제안한 의견에 따르면, 불가피하게 사고가 발생했을 경우, 교통사고로 인한 희생자를 연령이나 성별과 같은 개인적인 특징에 따라 계산하거나 책정하는 것은 부당하다. 그러나 인적 손실의 수를 줄이기 위한 일반적인 프로그래밍은 잠재적으로 납득할 수 있다고 한다. 어쨌든 이와 같이 인공지능의 적용사례에 관한 토론은 이제 시작되고 있는 실정이다(Seibring, 2018: 3; Rojas and Dorn: 4–7; Eberl, 2018: 13–14; Duttweiler, 2016: 32; Braidotti, 2016: 37–38).

(4) 도덕기계의 개발과 관련된 논쟁

기계윤리학은 도덕적 기계의 개발을 목표로 삼고 있는 연구분야로서 정보과학(전산학, 전산정보학)과 철학의 교차점에 놓여 있는 것으로 간주할 수 있다. 여기서 중요한 문제는 컴퓨터공학에 기초하여 스스로 도덕적 의사결정을 하고 실행에 옮길 수 있는 기계를 구성하고 제작하는 일이다. 이러한 계획과 구상은 최근 인공지능의 발전과 밀접한 관련을 맺고 있다. 기계윤리학의 틀 속에서 인공지능의 방법과 절차를 적용할 경우 인공지능(AI: artificial intelligence)과 유사하게 인공도덕(AM: artificial morality)이라는 용어를 사용할 수 있다.

인공지능은 인간의 인지능력에 가까운 모형을 만들거나 그 인지능력을 모방하는 데 주된 목표를 두고 있다. 이에 비해서 인공도덕에서 더 중요한 점은 인공체제가 도덕적 의사결정과 행위를 할 수 있는 능력을 갖추도록 하는 데 놓여 있다. 이러한 계획과 구상에 대해 어떤 사람들은 바람직한 현상이라고 반기려는 태도를 취하고 있다. 하지만 다른 한편에서는 그로 인해 인간의 핵심적인 영역이 위협을 받을 것이라는 우려를 표명하고 있다. 이러한 맥락에서 여기서는 도덕적 행위능력을 갖춘 기계의 개발과 관련하여 최근 거론되고 있는 찬반논쟁에 주의를 기울이고자 한다(Misselhorn, 2018: 29; Eberl, 2018: 12; Bendel, 2018: 38; Kehl, 2018: 28).

도덕적 기계에 대해 긍정적인 입장을 취하고 있는 사람들은 대개 다음과 같은 근거나 이유를 내세운다. 첫째, 일단 도덕적 기계의 개발과 관련된 현상은 이제 더 이상 피할 수 없다. 점점 더 지능적이고 자율적인 기술의 개발은 불가피하게 도덕적으로 문제가 되는 상황에 직면하게 된다. 따라서 어느 정도 자율적으로 도덕적 의사결정을 내릴 수 있는 능력을 갖춘 기계를 개발하는 일이 요청된다. 일단 이러한 입장에 동의한다면, 기계윤리학의 필요성은 결국 기술발전에서 저절로 연유하는 것이다.

둘째, 도덕적 기계는 아마도 명백히 더 좋은 기계가 될 수 있다. 기술은 인간의 생활을 더 편리하게 만들어준다. 도덕적인 기계는 인간의 필요와 가치에 더 잘 부응하기 때문에 인간의 생활을 더 편리하게 해준다는 목표에 더 가까이 다가갈 수 있다. 신(新)기술은 도덕적인 문제를 제기하기 때문에 종종 비판의 대상이 되는 반면, 이 경우에 있어 도덕은 기계의 설계 속에 이미 내장되어 있거나 착근되어 있다.

셋째, 인공적 도덕적 행위자의 장점으로서 그것은 비합리적인 충동이나 정서적 스트레스에서 벗어나 있기 때문에 인간보다 더 잘 행위를 한다는 점이 거론되고 있다. 인공적 도덕주체는 유혹을 받지 않으며, 또한 사익(私益)의 추구로 인하여 도덕의 경로에서 벗어날 위험성이 거의 없다. 또한 개인의 의식적인 의사결정과 비교해볼 때 엄청나게 빠른 속도로, 즉 순식간에 결정을 내릴 수 있다. 그래서 어떤 사람들은 전쟁과 같이 매우 불안정하고 위태로운 상황에서 도덕적 의사결정을 인공적 도덕행위자에게 위임하자는 견해를 내세우기도 한다.

넷째, 실용성 측면 이외에 기계윤리학의 개발은 도덕 그 자체의 개선이나 향상에 기여할 수 있다. 인간의 도덕은 파편화되어 있고 부분적으로 서로 모순되는 경향이 있다. 그런데 도덕능력을 갖춘 인공체제의 개발은 부수적인 결과로서 인간의 도덕을 통일하고 일관성을 확보하는 데 나름대로 기여할 수 있다. 왜냐하면 인공체제는 통일성과 일관성에 기초하여 비로소 작동할 수 있기 때문이다. 통일성과 일관성이 일반적으로 이론적인 덕목을 나타낸다는 점을 고려할 때, 인공체제는 도덕이론으로서의 윤리학을 발전시키는 데 있어서 적절한 단서를 제공할 수 있다.

다섯째, 도덕능력을 갖춘 인공체제를 구성하려는 시도는 인간에게서 도덕능력이 어떻게 기능을 수행하는가에 대하여 역(逆)추론을 가능하게 만들어줄 수 있다. 최상의 경우를 가정해볼 때, 자연체제와 인공체제 양쪽 모두에서 실현할 수 있는 도덕능력의 근본적인 기능(機能)구조를 찾아낼 수도 있다. 도덕능력을 설명하는 어떤 접근방안이 실행측면에서 실패할 경우, 그것은 인간의 도덕능력이 왜 제대로 기능을 수행하지 못하는지에 관하여 적어도 부정적인 의미에서 어떤 단서를 제공해줄 수도 있다. 결국 기계윤리학은 학술적인 인식의 도구로서 가치를 지니고 있다(Misselhorn, 2018: 32).

상기한 찬성입장에 대하여 반대하는 입장 혹은 회의적인 입장은 대개 다음과 같은 이유나 근거를 대고 있다. 첫째, 통일성과 일관성이 우리의 일상적인 도덕에서 언제나 환영해야 할 것인지에 관하여 의문이 제기된다. 물론 통일성과 일관성의 확보를 통하여 문제의 상태가 일단 제거된 것처럼 보일 수는 있다. 하지만 그렇다고 하여 일상생활에서 경험하는 도덕적 상황의 복합성, 그리고 그 실존적 의미와 중요성을 적절하게 고려했다고 간주할 수는 없다. 예를 들면, 자율주행차가 양자택일의 상황(즉, 탑승자의 생명을 위험에 처하게 만들 것인가 아니면 도로에서 놀고 있는 아동의 생명을 위험에 처하게 만들 것인가?)에 처한 경우를 상정해보자. 이와 같이 자율주행차가 전적으로 두 가지의 행위대안을 갖고 있다면, 그것이 어떻게 의사결정을 내려야 할 것이지 명백하지 않다. 그러한 상황에서 미리 확정된 규칙에 따라 예단(豫斷)하도록 강요하는 것은 문제가 될 수 있다. 이에 비해서 인간은 상황에 따라 나름대로 적절하게 의사결정을 내릴 수 있는 자유의 여지를 갖고 있다. 하지만 자율주행차의 행동은 이미 사전(事前)에 확정되어 있다. 그러한 규격화는 개인(즉, 그렇게 실존적으로 위급한 상황에서 아동을 위해 자신의 생명을 위험에 처하게 만들 것인가의 여부에 대해 더 이상 스스로 결정할 수 없는 개인)의 자유재량권 혹은 선택(결정)의 자유를 상당히 제한하도록 만든다.

둘째, 책임소재의 공백문제가 발생할 우려가 있다. 도덕적 기계의 개발·판매·이용에 많은 사람들이 참여하고 있다. 소프트웨어 개발은 여러 팀을 포괄하고 있으며, 이미 현존하고 있는 모듈에 기반을 두고 있다. 또한 프로그래밍의 과정 전체를 개관할 수 있는 개인은 거의 없다. 마케팅과 판매 그리고 이용자가 추가로 영향을 미치는 요인으로 작용한다. 도덕적으로 문제가 되는 사건이나 사안은 서로 다른 행위자들이 관여하고 있는 많은 행위와 의사결정의 결과이기 때문에, 그것을 단일한 행위나 의사결정으로 환원시킬 수 없는 경우가 종종 발생할 수 있다는 우려가 있다. 물론 '많은 손'이 관여되어 있다는 이 문제는 다른 기술의 경우에도 등장한다. 하지만 기계가 더 자율적으로 작용할수록 그러한 문제는 더욱 심각해진다. 그래서 기계가 아무도 의도하지 않거나 예측하지 못한 의사결정, 아무도 직접적인 통제를 할 수 없는 의사결정을 내릴 수 있는 위험부담이 커질 수 있다. 결국 아무도 인공체제가 내린 의사결정, 특히 도덕적으로 심각한 문제를 수반한 의사결정에 대해 책임을 물을 수 없는 결과가 나타날 수 있다. 여기서 제기되는 의문은 이와 같은 책임소재의 공백이 우리의 도덕적 실천에 어떤 영향을 미치는가이다. 여기서 우려되는 최악의 상황은 우리가 최종적으로 더 이상 개관할 수도 없고 통제할 수도 없는 기술의 손아귀에 우리 자신이 들어가게 되는 것이다.

도덕적 기계에 반대하는 이러한 주장을 어떻게 평가할 것인가의 질문은 응용분야의 측면과도 밀접한 관련이 있다. 예를 들면, 책임소재의 공백문제는 자율주행체제처럼 매우 복합적인 네트워킹을 포함한 응용분야에서 더 심각하게 나타날 것으로 보이며, 요양(돌봄)부문에서는 상대적으로 덜 심각할 것으로 예상된다. 자유재량권의 제한문제도 역시 요양부문에서 상대적으로 더 약하게 나타날 것으로 기대된다. 가정의 요양체제가 이용자의 도덕의식에 지향을 두도록 하고, 이 도덕적 표상에 유연하게 적응할 수 있도록 함으로써, 선택·결정의 자유를 제한하는 문제를 약화시킬 수 있다. 또한 요양체제를 원하지 않는 사람에게 그러한 요양체제를 이용하도록 억지로 강요하지 않도록 하는 제도적 장치를 마련함으로써 문제의 심각성을 약화시킬 수 있다.

이와는 대조적으로 자율주행과 군사적 응용분야에서는 일반적인 구속력을 갖춘 규제나 조정이 요청된다. 왜냐하면 교통수단을 이용하거나 아니면 우연히 민간인 신분으로 분쟁지역에서 살고 있다면, 아무도 이러한 기술의 영향권에서 벗어날 수 없기 때문이다. 물론 다른 한편으로는 응용분야에 특정한 장점도 동시에 고려할 필요가 있다. 예를 들면, 자율주행의 이점으로는 더 많은 안전의 확보를 들 수 있다. 하지만 자율무기체제는 전쟁 관계 국제법의 준수를 개선하고 민간인의 보호에 긍정적인 영향을 미치는 데 기여한다는 전제가 있어야 비로소 인도적인 차원에서 더 바람직한 전쟁수행을 위해 어떤 도움을 줄 것이라고 기대할 수 있다. 이에 반해서 요양체제는 가능하면 오랫동안 집에서 살고 싶어 하는 노인들의 삶의 질을 제고할 수 있다.

요컨대, 인공체제가 어떤 윤리적 기초에서 의사결정을 내려야 할 것인가의 질문에 대한 답변은 아직 대체로 열려 있는 상태에 놓여 있다. 이것은 또한 상당 부분 응용분야에 달려 있으며, 특히 일반적으로 구속력이 있는 규제나 조정을 필요로 하는 응용분야에서 사회적 담론과 토론의 대상이 되어야 한다(Misselhorn, 2018: 32-33; Ramge, 2018: 20-21; Kehl, 2018: 28).

(5) 인공지능은 도덕의 객체인가 아니면 주체인가?

칩이 내장된 기계의 법적·도덕적 지위에 관해서는 1950년대부터 학술적인 논의가 시작되었다. 물론 그 이전에는 공상과학소설에서 이러한 주제가 부분적으로 다루어지곤 했다. 어쨌든 여기서 중요한 쟁점은 로봇이나 인공지능이 도덕적 수동자(moral patients)라는 의미에서 도덕의 객체인지, 아니면 로봇이나 인공지능에 대해 권리를 부여할 수 있는지, 다시 말하면, 도덕적 능동자 혹은 행위자(moral agents)로 간주할 수 있는지의 여부에 관한 질문이었다. 그런데 도덕적 능동자 혹은 행위자로 간주할 수 있기 위해서는 로봇이나 인공지능이, 예를 들면, 감정을 갖거나 어떤 일로 인하여 고통을 느끼거나 아니면 일종의 삶의 의지와 같은 것을 갖고 있어야 한다는 전제조건이 거론되고 있다(Bendel, 2018: 34).

로봇이나 인공지능이 도덕의 주체인지, 즉 도덕적 행위를 할 수 있는지 또는 일정한 의무를 갖고 있는지에 관한 논의는 2000년대에 와서 다시금 새삼스럽게 계속되고 있다. 여기서 의무라는 개념을 사용하는 것이 부적절하다고 생각될 경우, 그것을 책임이나 책무라는 용어로 대체할 수는 있다. 하지만 그렇다고 하여 문제가 쉽게 해결되는지의 여부는 아직 분명하지 않다. 어쨌든 도덕적 기계(moral machines)나 기계윤리학(machine ethics)을 다룬 일부 연구에서는 도덕적 능동자 혹은 행위자가 명시적으로 거론되고 있다. 또한 도덕적 기계나 기계윤리학과 연관시켜서 동물윤리학이 거론되고 있다.

하지만 동물은 도덕의 주체로 간주하기 어려운 것으로 보이며, 따라서 일단 도덕의 객체로 간주해야 할 것이다. 물론 다른 한편에서는 침판지나 코끼리와 같은 동물이 선(先)도덕적인 성질을 지니고 있으며, 우리 인간 자신이 동물에게서 유래한 것이므로, 인간 자신도 역시 동물이므로, 동물과 인간 사이에는 경계가 불분명한 부분도 있을 것이라는 반론도 제기될 수 있다. 그러나 동물은 적어도 선과 악의 행위주체가 될 수 없으며, 도덕적 관점에서 서로 다른 행위의 가능성을 판단하거나 평가할 수 없으며, 따라서 최소한의 필요악을 위한 의사결정을 내릴 수 없다. 예를 들어, 어떤 사나운 개가 사람의 다리를 물었을 때, 그 개를 가리켜 '나쁜 놈' 혹은 '나쁜 개'라고 말한다면, 이것은 선과 악에 관한 도덕적인 관점이나 판단에서 말한 것이라기보다는 오히려 기껏해야 교육적인 관점이나 판단에서 말한 것이라고 해석해야 할 것이다(Bendel, 2018: 34).

동물과 마찬가지로 기계도 역시 일단 그 자체가 선하거나 악한 것이라고 말하기 어렵다. 선과 악을 구분하는 데 있어서 특히 선한 의지나 악한 의지를 전제로 삼는다면, 기계 그 자체가 선하거나 악하다고 말하기 어렵다는 것이다. 그러나 기계는 부분적으로 매우 신속하게 선택할 대안들을 파악하고 이어서 주어진 도덕규칙에 따라 의사결정을 하거나, 아니면 도덕적 결과(귀결)를 어림잡거나 평가하고 그 다음 선택을 할 수 있다. 이러한 의미에서 고도의 기술을 갖춘 로봇이나 인공지능체제는 동물과 인간 사이에 위치한다고 해석할 수 있다. 이렇게 한편으로는 로봇이나 인공지능체제가 부분적으로 도덕의 주체라는 점을 인정한다고 하더라도, 다른 한편으로는 여전히 사람들이 그 로봇이나 인공지능체제를 자기들 마음대로 취급할 수 있다. 예를 들면, 흉기로 치거나 아니면 완전히 파괴할 수도 있다.

이러한 점을 고려할 때, 기계는 낯설고 유별난 일종의 새로운 도덕주체라고 간주할 수 있다. 기계는, 적어도 (그것이 갖고 있는 않은) 의지의 측면에서 바라볼 때, 그 자체가 선하거나 악하다고 말하기 어렵다. 그리고 기계는 좁은 의미에서의 의무를 지고 있지 않다. 기껏해야 인간이 기계에게 위임한 또는 떠맡긴 임무나 과제라는 의미에서 일종의 어떤 책무나 책임을 지고 있다고 말할 수 있을 뿐이다. 그렇지만 기계가 해당 과제를 제대로 처리하지 못했을 경우, 사람들이 그 기계에게 책임을 묻거나 기계를 꾸짖거나 문책할 수 있을 것인가 하는 의문이 제기된다. 그리고 만약 사람들이 그렇게 한다고 하더라도 기계는 아무런 반응을 보이지 않거나 별로 상관하지 않을 수도 있다(Bendel, 2018: 34–35).

기계도덕의 개념은 인공지능의 개념과 유사한 방식으로 사용할 수 있다. 학문분야의 대상이라는 측면에서 바라볼 때, 인공지능은 기계적 지능 혹은 인공적 지능을 대상으로 삼고 있다. 그것은 인간지능을 모방하거나 아니면 적어도 언젠가는 인간지능의 본질적인 기능을 모사(模寫)하겠다는 목표를 추구하고 있다. 이와 비슷하게 기계윤리학은 기계도덕을 대상으로 삼고 있다. 그것은 오늘날 인간도덕을 모방하려는 시도를 보이고 있다. 하지만 현재 대부분의 도덕적 기계는 인간적 근본주의자와 별로 다르지 않다. 도덕적 기계는 사람들이 주입한 규칙을 완고하게 지키려고 한다. 어쨌든 일부 도덕적 기계는 자기 행위가 수반할 것이라고 예상되는 결과(귀결)를 어림잡고, 사람이 가르쳐준 서로 다른 의사결정을 내릴 수 있다. 하지만 스스로 학습하는 기계는 그 이상의 일을 처리할 수 있을 것이다.

앞에서 이미 언급한 바와 같이, 기계는 새로운 종류의 도덕주체가 될 수 있다. 그것은 서로 다른 선택적 대안들을 판단하고 이어서 도덕적으로 적절한 것으로 보이는 의사결정을 내릴 수 있다. 물론 그러한 도덕적 능력은 사람들이 가르쳐준 것이다. 이 전이과정을 간과해서는 안 된다. 여기서 거론되고 있는 기계는 대개 자율적인 혹은 부분적으로 자율적인 기계이며, 사람들의 감독이나 감시를 받지 않을 수도 있으며, 사람들이 예측한 상황에 처할 수도 있고 그렇지 않을 수도 있다. 그 결과, 한편으로 도덕과 다른 한편으로 도덕의 적용사례가 서로 언제나 어울리지 않는 경우, 즉 불명료하거나 불명확한 상황이 발생할 수 있다(Bendel, 2018: 35).

상기한 바와 같이, 기계를 도덕의 주체로서 다루며, 기계도덕을 연구대상으로 삼고 또한 기계도덕을 산출하는 학문분야가 기계윤리학이다. 이 기계윤리학은 도덕의 주체로서 인간을 다루는 인간윤리학에 대응하는 일종의 짝이라고 간주할 수 있다. 혹은 응용윤리학의 예외적인 사례에 불과한 것으로 간주할 수도 있다. 그러나 기계윤리학은 다른 전통적인 분야별 윤리학(보기: 정보윤리학, 기술윤리학, 경제윤리학)과 비교할 때 상당히 다른 특징을 보여주고 있다. 특히 도덕의 주체에 관한 질문에 대한 답변이 특이한 것으로 보인다. 고전적인 다른 영역윤리학과는 달리 기계윤리학은 도덕의 주체에 관한 사고를 할 뿐만 아니라, 도덕의 주체를 산출하거나 창작하려는 시도를 보이고 있다. 즉, 인공지능이나 로봇기술과 함께 도덕적인 기계와 더불어 경우에 따라서는 비도덕적인 기계를 산출하고자 한다(Bendel, 2018: 35).

신흥 학문분야로서 기계윤리학의 소재는 일단 철학에 놓여 있다고 간주할 수 있다. 그러나 이 학문분야는, 특히 성공적으로 인공물을 산출하고 연구하려고 할 경우, 인공지능 및 로봇기술과 같은 동반영역을 필요로 한다. 여기서 문제가 되고 있는 인공물은 대개 도덕적 기계나 비도덕적 기계의 가능성을 보여주는 시뮬레이션과 시제품(원형)을 포함하고 있다. 인공지능의 학문분야가 인공적 지능을 산출한다는 것과 유사한 방식으로 기계윤리학은 도덕적 기계와 비도덕적 기계를 산출하고 연구한다고 말할 수 있다. 물론 어떤 기계를 도덕화할 것인가의 질문 혹은 도덕의 주체로 만들 것인가의 질문에 관해서는 앞으로 더 많은 논의와 탐구가 요청된다. 어쨌든 기계윤리학의 탐구대상은 상당히 넓을 것으로 예상되며, 또한 서로 다른 방향으로 나아갈 수 있다. 여기서는 물론 도덕규칙의 근거를 마련하는 일도 고려해야 하지만, 더 중요한 일은 도덕적 근거를 갖춘 규칙을 만족스러운 방식으로 적절하게 실천으로 옮기는 것이다. 이때 기계윤리학은 도덕적인 기계뿐만 아니라 비도덕적인 기계도 역시 만들어낼 수 있다. 윤리학은 무엇이 선하고 악한 것인지에 관해 연구를 하지만, 그 자체가 선하거나 악한 것은 아니다(Bendel, 2018: 38; Kehl, 2018: 22, 28).

요/약

이 장은 인공지능 관련 영화 속에 반영된 내러티브의 유형을 분석하고, 사회통합의 관점에서 그 함의를 살펴보는 데 주된 목적을 두고 있다. 영화 속에 투영된 인공지능의 두 가지 기본적인 형태는 신체 인공지능과 하이퍼 인공지능으로 구분할 수 있으며, 이와 관련된 내러티브는 인간화를 중심으로 한 내러티브와 인간에 대한 통제를 중심으로 한 내러티브로 구분할 수 있다. 고도기술사회에서 새로운 차이와 다양성을 보여주는 인공지능을 사회통합의 관점에서 어떻게 다루어야 할 것인가의 질문은 인간과 기계 혹은 인간과 기술의 상호관계에서 피할 수 없는 문제점과 도전이 될 것으로 보인다. 인간과 기계 사이의 경계가 흐릿해질 경우, 즉 기계가 더 이상 단순한 도구에 머물지 않고, 그 자체가 행위와 관련된 의사결정을 내릴 수 있을 경우, 인공지능에 관한 토론은 이제까지 인간에게 고유한 핵심영역이라고 간주되었던 것을 추가로 문제시할 수 있다. 이런 맥락에서 도덕기계의 개발과 관련된 논쟁에 주의를 기울일 필요가 있으며, 인공지능이 도덕의 객체인가 아니면 주체인가의 질문에 대하여 적절한 답변을 찾아야 할 것으로 보인다.

08 참고문헌

Bendel, O. "Ueberlegungen zur Disziplin der Maschinenethik." *Aus Politik und Zeitgeschichte*. No. 6－8 (2018), pp. 34－38.

Braidotti, R. "Jenseits des Menschen: Posthumanismus." *Aus Politik und Zeitgeschichte*. No. 37－38 (2016), pp. 33－38.

Duttweiler, S. "Nicht neu, aber bestmoeglich. Alltaegliche (Selbst) Optimierung in neoliberalen Gesellschaften." *Aus Politik und Zeitgeschichte*. No. 37－38 (2016), pp. 27－32.

Eberl, U. "Was ist kuenstliche Intelligenz - was kann sie leisten?" *Aus Politik und Zeitgeschichte*. No. 6－8 (2018), pp. 8－14.

Esser, H. "Integration und ethnische Vielfalt." Weisseno, G. (ed.). *Buergerrolle heute. Migrationshintergrund und politisches Lernen*. Opladen: Barbara Budrich, 2010, pp. 65－81.

Irsigler, I. and Orth, D. "Zwischen Menschwerdung und Weltherrschaft: Kuenstliche Intelligenz." *Aus Politik und Zeitgeschichte*. No. 6－8 (2018), pp. 39－46.

Kehl, Ch. "Entgrenzung zwischen Mensch und Maschine, oder: Koennen Roboter zu guter Pflege beitragen?" *Aus Politik und Zeitgeschichte*. No. 6－8 (2018), pp. 22－28.

Kuerten, J. "Blick in die Zukunft: Das Kino und der Science－Fiction－Film." http://www.dw.de/ (2018년 4월 2일 검색; 2016).

Kuerten, J. "50 Jahre Stanley Kubricks 2001: Odyssee im Weltraum." http://www.dw.de/ (2018년 4월 2일 검색; 2018a).

Kuerten, J. "Zehn Fakten zum Kultfilm 2001." http://www.dw.de/ (2018년 4월 2일 검색; 2018b).

Luft, S. *Die Fluechtlingskrise. Ursachen, Konflikte, Folgen*. Muenchen: C.H.Beck, 2016.

Misselhorn, C. "Koennen und sollen Maschinen moralisch handeln?" *Aus Politik und Zeitgeschichte*. No. 6–8 (2018), pp. 29–33.

Ramge, Th. "Mensch fragt, Maschine antwortet. Wie kuenstliche Intelligenz Wirtschaft, Arbeit und unser Leben veraendert." *Aus Politik und Zeitgeschichte*. No. 6–8 (2018), pp. 15–21.

Rojas, R. and Dorn, Th. "Die koennen was! Aber koennen Roboter auch fuehlen?" *Aus Politik und Zeitgeschichte*. No. 6–8 (2018), pp. 4–7.

Seibring, A. "Editorial." *Aus Politik und Zeitgeschichte*. No. 6–8 (2018), p. 3.

찾아보기

저자소개

허영식(Young-Sik Huh)
서울대학교 독어교육과 및 동 대학원 사회교육과 졸업
독일 프랑크푸르트(Frankfurt)대학교 사회과학부 철학박사(Dr. phil.) (사회과학교육학 전공)
현재 청주교육대학교 사회교육과 교수
E-mail: huhyousi@cje.ac.kr

〈저서〉

『과학기술과 현대사회: 이상향과 암흑향 사이에서』(2004) (2005년도 대한민국학술원 우수 학술도서 선정)
『국제관계와 현대사회 그리고 시민교육』(2007) (2008년도 문화체육관광부 우수도서 선정)
『다문화사회와 간문화성』(2010) (2011년도 대한민국학술원 우수학술도서 선정)
『다양성과 간문화』(2015) (2016년도 세종도서 학술부문 선정)
『다양성과 세계시민교육』(2017) (2018년도 세종도서 학술부문 선정)

다양성과 사회통합 사이에서

초판발행 2019년 3월 5일

지은이 허영식
펴낸이 안상준

편 집 한두희
기획/마케팅 김한유
표지디자인 김연서
제 작 우인도·고철민

펴낸곳 ㈜ 피와이메이트
서울특별시 금천구 가산디지털2로 53 한라시그마밸리 210호(가산동)
등록 2014. 2. 12. 제2018-000080호
전 화 02)733-6771
f a x 02)736-4818
e-mail pys@pybook.co.kr
homepage www.pybook.co.kr
ISBN 979-11-89643-33-1 93370

정 가 20,000원